# भारतीय जीवन दृष्टि

और विज्ञान आधारित परंपराओं का उपहास उड़ाना ही बौद्धिक जुगाली हो गया।

प्रकृति से समरस व्यवहारों और आचरणों के स्थान पर प्रकृति का शोषण करना ही विकसित होने का साधन और मानक बना। समाज और राष्ट्र के प्रति श्रद्धा भाव के [illegible] तथा समाज से हम क्या-क्या लें, यही निजी जीवन का ध्येय हो गया।

इस समग्र सामाजिक पतन में सबसे बड़ा क्षरण हुआ, संवाद की परंपरा का। समाज में ऐसे वर्ग बने, जो एक साथ रहते हुए भी आपसी संवाद में शून्य हैं। आज शिया और सुन्नी मुसलमानों में कोई वार्ता नहीं है। कश्मीर घाटी के मुसलमानों और उसी घाटी से विस्थापित कश्मीरियों में संवादहीनता है, मानो वे कभी भी एक मोहल्ले में न रहे हों। राजनीतिक क्षेत्र में दक्षिणपंथी दलों का वामपंथी दलों से संवाद, संसद और विधानसभाओं तक ही सीमित है। इस संवाद में भी कहीं सौहार्द नहीं झलकता। संयोगवश यदि दोनों एक विषय पर सहमत हों भी, तो एक मंच से उसका प्रकटीकरण नहीं है। एक संप्रदाय के मुखिया का दूसरे संप्रदाय के मुखिया से कोई संबंध नहीं है, जबकि वे एक ही देवता के पुजारी हैं। डॉक्टरों की इंजीनियरों से कोई वार्ता नहीं है, विद्यालयों के अध्यापक कभी कॉलेज और विश्वविद्यालय के प्राध्यापकों के साथ बैठे हों, ऐसा नहीं है। प्रशासनिक अधिकारियों का जनसामान्य से कोई [illegible] है। समाज का बौद्धिक वर्ग अपने-अपने [illegible] पर रहता है। धार्मिक [illegible] और राजनीतिक कार्यकर्ताओं का कोई परामर्श नहीं है। शैक्षणिक क्षेत्र में भी सब बंटे हुए दिखते हैं। अर्थशास्त्रियों का समाजशास्त्रियों के साथ औपचारिक विमर्श अनुपस्थित है। विश्वविद्यालयों के शोध कार्यों का शोध संस्थानों के साथ [illegible] न होने के कारण कितने ही शोध समानांतर व दोहराए जानेवाले होते हैं। अध्ययनों में यह तथ्य भी उजागर हुए हैं कि शहरों और नगरों में रहे रहे [illegible] में आपसी परिचय तक नहीं है। ग्रामीण क्षेत्र में भी सामाजिक [illegible] चलती थी, [illegible] संवादहीनता लगभग समाप्त है।

[illegible] संवाद [illegible] भारतीय [illegible] वैचारिक [illegible] अपमान [illegible] किया है। परंतु यह सब एकतरफा है। [illegible] छोटे समूहों द्वारा लाखों, करोड़ों लोगों को [illegible] की स्थिति है [illegible]

# भारतीय जीवन दृष्टि

प्रो. बृज किशोर कुठियाला

प्रभात प्रकाशन

प्रकाशक • **प्रभात प्रकाशन प्रा. लि.**
4/19 आसफ अली रोड,
नई दिल्ली–110002

संस्करण • 2025
मूल्य • पाँच सौ रुपए
मुद्रक • आर–टेक ऑफसेट प्रिंटर्स, दिल्ली

**BHARATIYA JEEVAN DRISHTI**
*by* Prof. Braj Kishore Kuthiala ₹ 500.00
Published by Prabhat Prakashan Pvt. Ltd., 4/19 Asaf Ali Road, New Delhi-2
e-mail: prabhatbooks@gmail.com ISBN 978-93-90923-05-2

माता श्रीमती **सावित्री**

एवं

पिता श्री **रतनचंद**

की

स्मृति को समर्पित

ही अस्पष्ट हो। ऐसा लगता है कि बुद्धि के प्रयोग से जीविका कमाना ही बुद्धिजीवी का धर्म बन चुका है और [illegible]शीलता कहीं खो गई है।

[illegible] दृष्टि से [illegible] है। सन् 1949 से आज तक इस विवाद के घटनाक्रम को देखा जाए तो साफ लगता है कि सरकार का पक्ष हमेशा ही गोलमाल रहा, पार्टी कोई भी हो। मूर्तियाँ रखने का मामला हो, ताला बंद करने और खोलने का मामला हो या उच्चतम न्यायालय द्वारा दिया गया रास्ता हो, सरकार का कदम समस्या के समाधान की ओर कभी नहीं बढ़ा। केवल कांग्रेस ही नहीं परंतु [illegible] सरकार भी इसी व्यवहार को दरशाती है। अभी भी जब इलाहाबाद उच्च न्यायालय के फैसले से समस्या का समाधान सामने आया है तो सरकार [illegible] ने यह घोषणा की कि समस्या का समाधान तो उच्चतम न्यायालय में ही होगा, ऐसा [illegible] मनःस्थिति का द्योतक है। विचारणीय विषय यह है कि [illegible] को इस फैसले को निर्णायक स्तर पर लाने के लिए क्या तीनों पक्षों की वार्ता की कोशिश नहीं करनी चाहिए? ऐसा लगता है कि वर्तमान भारतीय समाज में वार्ताओं के माध्यम से समस्याओं को सुलझाने की प्रक्रिया का विकल्प विचारणीय नहीं है।

प्रबंध शास्त्र का मूल सिद्धांत है कि केवल मिशन और उद्देश्य निर्धारण के लिए सामूहिक वार्ता की आवश्यकता है, परंतु तात्कालिक लक्ष्यों के निर्धारण तथा छोटी-बड़ी समस्याओं के हल के लिए भी परामर्श लाभकारी होता है। यह भी सर्वमान्य है कि औपचारिक-अनौपचारिक संवाद छोटी-बड़ी संस्थाओं का [illegible] है। इसलिए यह कैसे संभव है कि राष्ट्र विकासोन्मुख हो, परंतु संवादहीनता की मात्रा अत्यंत अधिक हो।

हमारे सामने तो संवाद की प्रभावशीलता के कई उदाहरण भी हैं। [illegible] से पूर्व अनाज की कमी थी। अवस्था विकराल थी, हर वर्ष कटोरा लेकर [illegible] यात्राएँ करनी पड़ती थीं, परंतु कुछ ही वर्षों में आवश्यकता से अधिक अनाज पैदा होना शुरू हो गया। यह दूसरी बात है कि किसान ने तो समस्या का हल निकाल लिया, परंतु नौकरशाही इस अनाज को सँभालने में असफल रही और लाखों टन अनाज हर वर्ष सड़ता है। परंतु ध्यान देने योग्य बात यह है कि हरित क्रांति का मूल सूत्र वैज्ञानिक और किसान के बीच का सीधा संवाद था। लालबहादुर शास्त्री का 'जय-जवान, जय-किसान' का नारा और एक दिन के व्रत का आह्वान भी इस संवाद का ही प्रभाव था। बिना आधुनिक संचार के माध्यमों का प्रयोग किए करोड़ों लोग धार्मिक अनुष्ठानों में भाग लेते हैं। यह भी परंपरागत सामाजिक संवाद का

# प्राक्कथन

'भारतीय जीवन दृष्टि' नामक यह पुस्तक 36 लेखों-आलेखों का संग्रह है। भिन्न-भिन्न समय पर लिखे इन सभी लेखों-आलेखों के रचयिता संप्रति अध्यक्ष, हरियाणा राज्य उच्च शिक्षा परिषद्, माननीय श्री बृज किशोरजी कुठियाला के सतत परिश्रम एवं गंभीर अध्ययन, मनन और अन्वेषण का सुखद परिणाम हैं ये सभी लेख-आलेख। कुछ लेख उस समय के हैं, जब लेखक विभिन्न विश्वविद्यालयों में पत्रकारिता एवं संचार विभाग के विभागाध्यक्ष के रूप में कार्यरत थे। कुछ कृतियों ने तब जन्म लिया, जब वे माखनलाल चतुर्वेदी राष्ट्रीय पत्रकारिता एवं संचार विश्वविद्यालय, भोपाल में कुलपति पद का दायित्व निर्वहन कर रहे थे। पुस्तक के रूप में इन सभी लेखों का संकलन एवं मुद्रण एक बहुत ही श्लाघनीय उत्तम प्रयास है। सभी लेख पाठकों के लिए अप्रतिम प्रेरणा के स्रोत हैं, जिन्हें पढ़ते-पढ़ते पाठकों की अंतर्दृष्टि के सम्मुख भव्य भारत का एक तेजोमय चित्र खिंच जाएगा। उनका स्वदेश-प्रेम सहसा जाग्रत् हो उठेगा और मातृभूमि पर प्रगाढ़ प्रेम प्रस्फुटित होगा। पाठक सुसंस्कृत आर्य-पुत्र बनने के लिए संकल्पबद्ध होगा। भारतीय जन-जागृति के लिए ऐसी रचनाओं की अत्यंत आवश्यकता है। कुठियालाजी का यह स्तुत्य प्रयास वर्तमान भारतीयों को उनकी हीन वृत्ति से मुक्ति दिलाकर, उनको घोर कुंभकर्णी निद्रा से जगाकर आदर्श जीवन-पथ पर प्रशस्त करने में सफल होगा, ऐसा मेरा दृढ़ विश्वास है।

पराधीनता के कारण भारतीय परमुखापेक्षी बन गए। पुस्तक ने राष्ट्र की विजिगीषा जगाने का प्रयत्न किया है। अर्जुन के हतोत्साहित होने पर कृष्ण का यह कहना कि—

*कुतस्त्वा कश्मलमिदं विषमे समुपस्थितम्।*
*अनार्यजुष्टमस्वर्ग्यमकीर्तिकरमर्जुन।।*

उसकी विजिगीषा जगाने के लिए ही था। वस्तुतः विचारों से उद्देश्य बनता है। उद्देश्य कर्म को जन्म देता है। निरंतर कर्म ही स्वभाव में परिवर्तित होते हैं तथा हमारा स्वभाव ही हमारा चरित्र निर्माण करता है तथा चरित्र ही हमारे संस्कारों का दर्पण है। यही कारण है कि विचारों की शुद्धि ही भारतीय जीवन दृष्टि है। अपने कर्तव्य कर्म से विमुखता ही पराजय की जन्मदात्री है, जो अनार्यत्व की प्रतीक है तथा अस्वर्ग्य एवं अकीर्तिकर है। यह विचार-भाव अभारतीय है।

मनुस्मृति में भारतीयों द्वारा अपने सच्चरित्र से समस्त विश्व के पथ प्रदर्शन का वर्णन है।

फ्रांसीसी दार्शनिक रोमां रोलां ने कहा था कि "If there is one place on the face of this earth where all the dreams of living men have found a home from the very earliest days when man began the dream of existence, it is India."

सर्व साधारण में एक भ्रांति 'धर्म' शब्द को लेकर है। अतः लेखक ने एक लेख 'धर्म' शब्द पर, संवाद की सार्थकता पर लिखा। मनुस्मृति में धर्म के दस लक्षण बतलाए—

*धृति क्षमा दमो स्तेयं शौचम् इन्द्रिय निग्रहः।*
*धीः विद्या सत्यं अक्रोधो दशकम् धर्म लक्षणः।।*

मत-मतांतर को धर्म कहना भारतीय राष्ट्रवादी सोच नहीं है। धर्म शब्द धृ-धारणे धातु से बना है। इसलिए इसका अर्थ है—'य धारयते-इति स धर्मः'। भारतीय संस्कृति में इसकी परिभाषा है—'यतो भ्युदयनिःश्रेय स सिद्धिःस धर्मः'। अतः संवाद द्वारा ही इसे सही परिप्रेक्ष्य में प्रस्तुत किया जाना चाहिए।

भारतीय दर्शन को समझाने के लिए लेखक ने श्री भारत नारायणजी द्वारा लिखित तीन पुस्तकों—'जीने की राह', 'जीवन पथ' तथा 'जीवन का लक्ष्य' को पढ़ने का संदर्भ दिया है। उनकी चौथी पुस्तक 'जीवन दर्शन' का संकेत भी इस लेख में दिया गया है। मुझे केवल इतना कहना है कि बुद्धिजीवी पाठकों को ऋषिकृत वैदिक साहित्य भी पढ़ना चाहिए। विश्व ने एक स्वर से स्वीकार किया है कि मानव इतिहास के पुस्तकालय में, ज्ञान के अद्वितीय स्रोत के रूप में 'वेद' श्रेष्ठतम एवं प्राचीनतम ग्रंथ है।

इनकी लगभग 21,800 ऋचाएँ दृष्टि के आदिकाल से मानवता का पथ प्रशस्त करती आई हैं। इनके द्वारा प्रतिपादित मौलिक सिद्धांत सार्वभौमिक एवं

सार्वकालिक हैं। अतीत, वर्तमान एवं भविष्य के लिए भी ये प्रकाश-स्तंभ का काम करते हैं। ये विज्ञान, दर्शन, भूगोल, खगोल, गणित , ज्योतिष , धर्म एवं जीवन-मूल्यों के विवरण द्वारा प्राणीमात्र के लिए प्रेरणादायी हैं। प्रत्येक ऋचा एक निश्चित संदेश द्वारा मानव-व्यवहार को श्रेष्ठतम बनाने की ओर प्रेरित करती है।

विविध कार्य-क्षेत्रों में निमग्न विभिन्न देशवासी, विभिन्न जीवन-लक्ष्यों की प्राप्ति के लिए अग्रसर व्यक्ति, भौतिक एवं आध्यात्मिक विकास के लिए एवं समरस जीवनयापन के लिए इन ऋचाओं से प्रेरित होते हैं, उनकी कुंठाएँ दूर होती हैं। जीवन सरल एवं आनंदमय होता है। वेद अतीत की वह संपत्ति नहीं, जिसकी आरती उतारी जाए। यह कोई धार्मिक antique भी नहीं, जिसे किसी कपड़े में लपेट कर किसी छत्र के नीचे रखा जाए। यह तो समस्त विश्व के कल्याणार्थ, भूले-भटके बटोहियों के जीवन-पथ को अंशुमाली के अंशुओं की भाँति प्रशस्त कर, उनके भविष्य को स्वर्णिम बनाने के लिए है। वेद मंत्रों के प्रतीकों को एकत्र करके और कहीं-कहीं वेदोक्त पाठ में भेद करके जो संहिताओं का रूप दिया जाता है, उस रूप को 'शाखा ग्रंथ' कहते हैं। चार वेदों की कुल 1127 शाखाओं का उल्लेख मिलता है। चार उपवेदों में प्रथम आयुर्वेद है, जिसमें चरक, सुश्रुत एवं निघंटु उल्लेखनीय हैं। दूसरा उपवेद है धनुर्वेद, जिसमें विश्वामित्र एवं अंगिरा कृत ग्रंथ हैं। तीसरे उपवेद को गांधर्व वेद कहते हैं, जिसमें नारद संहिता वर्णनीय है। चौथे उपवेद अर्थवेद में शिल्पविद्या, कला-कौशल, यंत्र-निर्माण आदि पदार्थ-विद्या है तथा इसके प्रसिद्ध रचनाकार विश्वकर्मा, त्वष्टा कृत ग्रंथ एवं भरद्वाज का विमान-शास्त्र है।

वेदों के छह अंग—शिक्षा, कल्प, व्याकरण, निरुक्त, ज्योतिष एवं छंद हैं तथा इनसे वेदार्थ में सहायता मिलती है। कल्प ग्रंथों में बृहद् यज्ञ के लिए श्रौत सूत्र (कात्यायन, आश्वलायन, षड्विंश-साम ब्राह्मण एवं शौनकीय) तथा दिनचर्चा के लिए गृह्य सूत्र (अश्वलायन, कात्यायन, गोभिलीय एवं शौनकीय) हैं।

मंत्रों को सुरक्षित रखने के लिए उनके अक्षर, वर्ण तथा मात्रा को भिन्न-भिन्न उपायों से प्रकट करते हैं। ये आठ प्रकार की विकृति कहलाती है। संहिता-पाठ में संशय होने पर संदेह निवृत्ति के लिए इन विकृत पाठों का प्रयोग करते हैं। इसके अतिरिक्त वेद-मंत्रों के अर्थों को और अधिक स्पष्ट करने के लिए ब्राह्मण ग्रंथ बने। इनमें वेद-मंत्रों का वैज्ञानिक विश्लेषण किया गया। ये संवाद, प्रवचन एवं कथा के रूप में हैं। इनमें ऐतरेय ऋग्वेद पर, शतपथ यजुर्वेद पर और गोपथ ब्राह्मण अथर्ववेद पर आधारित है।

इनके अतिरिक्त परमाणु विषय पर गौतम ऋषि का न्याय-दर्शन, काल विषय पर कणाद ऋषि का वैशेषिक दर्शन, प्रकृति विषय पर कपिल मुनि का सांख्य दर्शन, पुरुषार्थ पर पतंजलि ऋषि का योग-दर्शन, कर्म पर जैमिनी ऋषि का पूर्व मीमांसा दर्शन एवं ब्रह्म विद्या पर महर्षि व्यास का वेदांत दर्शन भारत की अमूल्य धरोहर हैं। इसी अमूल्य सांस्कृतिक संपदा के कारण अमेरिकी लेखक मार्क ट्विन ने कहा था कि "India is the cradle of the human race, the birthplace of human speech, the mother of history, the grandmother of legend, and the great grandmother of tradition. Our most valuable and most constructive materials in the history of man are treasured up in India only."

यहाँ जर्मन विद्वान् मैक्स मूलर के विचारों को उद्धृत करना भी प्रासंगिक होगा। उन्होंने लिखा—

"Whatever sphere of the human mind you may select for your special study, whether it be language, or religion or mythology or philosophy whether it be laws or customs, primitive art or primitive science, everywhere, you have to go to India, Whether you like it or not, because some of the most instructive materials are treasured up in India, and in India only."

एक लेख भारत की वर्ण-व्यवस्था पर लिखा गया है। इस लेख में लेखक ने ऋग्वेद, यजुर्वेद एवं महाभारत तथा अन्य अनेक ग्रंथों के प्रमाण देकर यह सिद्ध किया है कि हमारी वर्ण-व्यवस्था जन्म आधारित न होकर कर्म आधारित है। यह हमारे समाज का श्रम-विभाजन है। गीता में कृष्ण ने कहा—

*चातुर्वर्ण्यं मया सृष्टं गुण कर्म विभागशः।*
*तस्य कर्तारमपि मां विद्धयकर्तारम अव्ययम।।*

अर्थात् ब्राह्मण, क्षत्रिय, वैश्य एवं शुद्र, इन चार वर्णों को गुण और कर्म के आधार पर मेरे द्वारा रचा गया है।

ये चारों ही वर्ण सामाजिक व्यवस्था के लिए अति आवश्यक हैं, क्योंकि समस्त समाज की परिकल्पना इसी श्रम-विभाजन (Division of Labour) के आधार पर की गई।

*ब्राह्मणोऽस्य मुख मासीद, बाहु राजन्य कृतः।*
*ऊरू तद् यद् वैश्यम, पादभ्यां शूद्रोऽजायतः।।*

वेद ने कहा भी है—'जन्मना जायते शूद्रौ, संस्कारात् द्विज उच्चते।'

सामाजिक समरसता का अद्‌भुत आधार है यह व्यवस्था। ब्राह्मण के घर पैदा होने वाला व्यक्ति यदि तुच्छ-हीन विचारों से ग्रसित है तो वह शूद्र है तथा एक निम्न जाति में उत्पन्न विद्वान् निश्चय ही ब्राह्मण है। महर्षि वाल्मीकि का ज्वलंत उदाहरण हमारे सामने है। लेखक ने गोवंश संवर्धन पर भी एक लेख को पुस्तक में स्थान दिया है। यह उनकी भारतीय जीवन दृष्टि एवं अर्थशास्त्र के गहन पांडित्य की ओर संकेत करता है। महर्षि दयानंद ने अपने जीवनकाल में 'गोकरुणानिधि' नामक पुस्तक लिखी। 'गोकृष्यादिरक्षिणी' सभा की स्थापना की। इस सभा के नियम, उपनियम तथा मिश्रित नियम बनाए, जिनके द्वारा गोवंश तथा अन्य पशुओं के संरक्षण एवं संवर्धन के लिए निश्चित व्यवस्था का प्रावधान किया।

गोकरुणानिधि पुस्तक की भूमिका में महर्षि दयानंद लिखते हैं—"सर्वशक्तिमान जगदीश्वर इस सृष्टि में मनुष्यों की आत्माओं में अपनी दया और न्याय को प्रकाशित करे, जिससे ये सब दया और न्याययुक्त होकर सर्वदा सर्वोपकारक के काम करें और स्वार्थपन से पक्षपातयुक्त होकर कृपापात्र गाय आदि पशुओं का विनाश न करें जिससे दुग्ध आदि पदार्थों और खेती आदि क्रियाओं की सिद्धि से युक्त होकर सभी मनुष्य आनंद में रहें।" इसलिए यजुर्वेद के प्रथम ही मंत्र में परमात्मा की आज्ञा है कि 'अघ्न्याः यजमानस्य पशून् पाहि।' अर्थात् हे पुरुष! तू इन पशुओं को कभी मत मार। गाय का अर्थशास्त्र समझाते हुए वे अपनी पुस्तक में लिखते हैं—"जो एक गाय न्यून-से-न्यून दो सेर दूध देती हो और दूसरी बीस सेर, तो प्रत्येक गाय के ग्यारह सेर दूध होने में कोई शंका नहीं। इस हिसाब से एक मास में सवा आठ मन दूध होता है। एक गाय कम-से-कम छह महीने और दूसरी अधिक-से-अधिक 18 महीने तक दूध देती हैं, तो दोनों का मध्य भाग प्रत्येक गाय के दूध देने में 12 महीने होते हैं। इस हिसाब से 12 महीनों का दूध निन्याबे मन होता है। दो सेर प्रति व्यक्ति के हिसाब से 1,980 मनुष्य एक बार तृप्त होते हैं। गाय न्यून-से-न्यून 8 और अधिक-से-अधिक 18 बार ब्याती है, इसका मध्य भाग 13 बार आया, तो 25,740 मनुष्य एक गाय के जन्म भर के दूध मात्र से एक बार तृप्त हो सकते हैं। यदि इस गाय की 6 बछिया हुई तो उन 6 बछियाओं के दूध से 1,54,440 मनुष्यों का पालन हुआ।" इस प्रकार गणना करके बताया कि गाय की एक पीढ़ी से

4,10,440 मनुष्यों का पालन हो सकता है। अत: गोवंश का संरक्षण-संवर्धन प्रकृति के अनुकूल एवं हमारे हित में है।

लेखक ने दो लेख नारी की श्रेष्ठता पर भी लिखे हैं। मनुस्मृति के 'यत्र नार्यस्तु पूज्यंते रमंते तत्र देवता' को आत्मसात् करने वाले भारतवर्ष में आज नारी की हालत बद-से-बदतर होती जा रही है। नारी उत्पीड़न तो बाद की बात है, पहले विडंबना यह है कि मादा भ्रूण को माँ के गर्भ में ही समाप्त करके नारी बनाने की संभावना का ही अंत कर दिया जाता है। कन्या भ्रूण को नष्ट करने का यह जघन्य पाप मनुष्य जाति और विश्व जीवन को समाप्त कर देने वाली आत्मघाती दुष्प्रवृत्ति से उपज रहा है। यह केवल व्यक्ति-दोष से ही उत्पन्न विकार नहीं है, बल्कि यह व्यवस्था जनित विकार भी है।

जिस महिला के गर्भ में दूसरी, तीसरी बार कन्या भ्रूण हो तो वह महिला भी परिवार द्वारा तिरस्कृत कर दी जाती है। कन्या को ही जन्म देने का उसे दोषी मान लिया जाता है तथा उसे मानसिक व शारीरिक यातनाएँ दी जाती हैं, जबकि कन्या होगी अथवा बालक इसके लिए माता नहीं, बल्कि पिता जिम्मेवार होता है। माता के पास तो केवल XX गुणसूत्र हैं। जबकि पिता के पास XY गुणसूत्र हैं। पिता यदि X गुणसूत्र प्रदान करता है तो पुत्री का जन्म होगा और यदि वह Y गुणसूत्र प्रदान करता है तो पुत्र का जन्म होगा। माता के पास केवल X ही है। अत: वह X ही दे सकती है, चाहे पुत्र हो या पुत्री। अत: चाहे वैज्ञानिक दृष्टि से देखें, चाहे आध्यात्मिक अथवा सामाजिक दृष्टि से नारी जाति का सम्मान ही विधि सम्मत है, प्रकृति के अनुकूल है तथा सुख-शांति का प्रदाता है।

'हम कौन थे, क्या हो गए हैं, और क्या होंगे अभी, आओ, विचारें आज मिलकर ये समस्याएँ सभी।' (मैथिलीशरण गुप्त )

विषय पर अनेक लेखों का समावेश इस पुस्तक में किया गया है। पुरुषार्थ चतुष्टयी (Ethics, Economy, Ecology & energy/employment) के बीच तालमेल बैठाकर 'सर्वजन हिताय, सर्वजन सुखाय' कार्य करने की प्रेरणा के साथ अपने संकल्पों को मूर्त रूप देने का सपना लेखक महोदय शीर्षस्थ भारत के लिए कह रहे हैं।

हमें यह नहीं भूलना चाहिए कि जब यूनान, रोम और यूरोप के निवासी असभ्यता और अज्ञानता के गहरे अंधकार में लिप्त थे, तब यह भारत देश ज्ञान और सभ्यता के दीपक से जाज्वल्यमान था। जब यहूदी जाति की नींव भी इब्राहिम द्वारा

नहीं डाली गई थी, उस समय आर्य जाति की सभ्यता अपने चरम उत्कर्ष पर थी। जिस समय यवन देश के कवि होमर व बनीइश्रायेल के मधुर गायन की उत्पत्ति भी न हुई थी, उस समय गंगा-यमुना के पवित्र तटों पर भारतीय-गौरव के काव्य को रचा व गाया गया था। जब विश्व घृणित रीति-रिवाजों के बंधनों में जकड़ा हुआ था, उस समय भारत अलख, अगोचर के अन्वेषण में निमग्न था। तत्त्व-ज्ञान, दर्शन-शास्त्र, कला-कौशल एवं काव्य-रचना में हम सर्वोपरि थे। मानसिक, नैतिक व आध्यात्मिक क्षेत्र के अतिरिक्त ज्ञान-विज्ञान में हमने चमत्कारिक वैशिष्ट्य प्राप्त किया। इसीलिए ब्रिटिश इतिहासकार डॉ. आरनोल्ड जे. टायन्बी लिखते हैं— "It is already becoming clearer that a chapter which has a western beginning will have an Indian ending if it is not to end in the self-destruction of the human race...At this supremely dangerous moment in history, the only way of salvation for mankind is the Indian way."

शल्य-शास्त्र की शिक्षा का केंद्र काशी विश्वविद्यालय था। कहा जाता है कि इंद्र ने शल्य-शास्त्र का ज्ञान धनवंतरि को दिया। काशी के दिवोदास द्वारा सुश्रुत ने यह ज्ञान प्राप्त किया। 127 प्रकार के शल्य-यंत्रों के उपयोग का वर्णन सुश्रुत में हमें मिलता है। श्री ए.एल.बाशम ने 1971 में अपनी पुस्तक, 'The wonder that was India' में लिखा है—"...Indian surgery remained ahead of European until the 18th century, when the surgeons of the east India Company were not ashamed to learn the art of rhinoplasty from the Indians."

वैद्यक की शिक्षा तक्षशिला विश्वविद्यालय में दी जाती थी। अत्रेय मुनि, जो ईसा से 600 वर्ष पूर्व थे, इस विश्वविद्यालय में रसायन वैद्यक शिक्षा देते थे। अर्थववेद का मानव सृष्टि विज्ञान अत्रेय ऋषि की शिक्षा से मिलता-जुलता है। स्काटलैंड के सिपाही इतिहासकार जेम्स ग्रांट डफ का कथन—"Many of the advances in the sciences that we consider today to have been made in Europe were in fact made in India centuries ago." हमारे तथ्य की पुष्टि करता है।

गणित-शास्त्र का आदि वर्णन हमें बौधायन और आपस्तंभ के सुल्व-शास्त्र में प्राप्त होता है। शतपथ ब्राह्मण (5-15-3) से हमें पता चलता है कि ईसा से 3,064

वर्ष पूर्व भी हमें नक्षत्रों की गति का पता था। आर्यभट्ट, ब्रह्मगुप्त, भास्कर एवं वराह मिहिर (800-600 BCE) ने इसे आगे बढ़ाया। प्रसिद्ध वैज्ञानिक अल्बर्ट आइंस्टीन के ये शब्द—"We owe a lot to the Indian, who taught us how to count, without which no worthwhile scientific discovery could have been made." नहीं भूलने चाहिए।

अपने स्वर्णिम अतीत से हम कुछ प्रेरणा प्राप्त कर सकें, यही प्रस्तुत पुस्तक के लेखक की कामना है। आवश्यकता है राष्ट्रीय चेतना की जागृति के पावन प्रवाह को निरंतरता देने की, जिसके द्वारा हम भारतीय अस्मिता के संरक्षण-संवर्धन के लिए संकल्पबद्ध हो सकें, तभी तो हम उदीयमान भारत की वैश्विक भूमिका निभा सकेंगे। इस भारतीय मनीषा के जागरण से ही हम स्वराज्य एवं सुराज्य के सपने साकार कर सकेंगे। यह तभी संभव होगा, जब उदीयमान, भारत 'भारत' ही रहे, 'इंडिया' न बन जाए। विश्व इतिहासकार विल ड्यूरैंट के निम्न वाक्य हमें 'भारत' को 'इंडिया' बनने से रोकेंगे—"India was the motherland of our race, and Sanskrit the mother of Europe's languages, she was the mother of our philosophy, mother, through the Arabs, of much of our mathematics, mother through the Buddha, of the ideals embodied in Christianity, mother through the village community, of self-government and democracy. Mother India is in many ways the mother of us all."

हमारे स्वाभिमान को जाग्रत् करने के लिए उपर्युक्त वाक्य यथेष्ट होने चाहिए। हमारी दीर्घकालीन कुंभकर्णी प्रसुप्तावस्था यदि फिर भी हमारे सांस्कृतिक राष्ट्रत्व को जाग्रत् न कर पाए तो उनके लिए श्री कुठियालाजी ने भारतीय भाग्याकाश में चमकते सूर्य, भारतीय संस्कृति के जाज्वल्यमान सितारे स्वामी विवेकानंदजी, दीनदयाल उपाध्यायजी, श्री अच्युतानंद मिश्र, बौद्धिक योद्धा श्री दीनानाथजी बत्रा, माननीय श्रीकांत जोशी पर लेख लिख कर पाठकों को झकझोरना चाहा है। लेखक का यह पूर्ण विश्वास है कि इन महापुरुषों के कृतत्व अवश्य ही भूले-भटके बटोहियों के जीवन-पथ को प्रकाशित कर उनके द्वारा एक बार पुनः भारत को विश्व-गुरु का स्थान दिलवा सकेगा।

इस पुस्तक परिचय को और अधिक व्यापक व विस्तृत बनाकर मैं पुस्तक के कलेवर को बढ़ाने का दोषी नहीं बनना चाहता। लेखक के इस कथन कि "भारतीय

संस्कृति के विभिन्न सोपानों को आत्मसात् व अवगाहन करने से ही हम देवत्व की ओर अग्रसर हो सकेंगे तथा अपने सपनों का भारत बना सकेंगे" से मैं पूर्णतया सहमत हूँ। इस उद्देश्य की पूर्ति के लिए यह ग्रंथ पूर्णयता सफल होगा। लेखक एक पत्रकार, शिक्षाविद् हैं। अत: लेखों-आलेखों की भाषा-शैली हृदयग्राही है। किसी भी ग्रंथ की संपूर्णता को जानने के लिए जिन सात कसौटियों का निर्धारण किया गया है, वे कसौटियाँ हैं—

*उपक्रमोपसंहारौ अभ्यासोऽपूर्वता फलम्*
*अर्थवादो उपपत्तिश्च लिंग तात्पर्य निर्णये।*

ग्रंथ का आरंभ, उसकी पुनरुक्ति, अपूर्वता, निष्कर्ष, अर्थवाद एवं उपपत्ति, इन सभी कसौटियों पर प्रत्येक लेख-आलेख एवं प्रस्तुत ग्रंथ पूरे उतरते हैं। दिए गए असंख्य उदाहरण गागर में सागर भर रहे हैं। निश्चित रूप से वह दिन दूर नहीं, जब हमारे प्रयासों का परिणाम होगा—

*ज्ञानी, तुष्टश्च, दान्तश्च, सत्यवादी, जितेन्द्रियः।*
*दाता दयालुर्नम्रश्च दयादार्यो ह्याभिगणैः।।*

इन सभी आठ सद्गुणों से युक्त धर्मपालकों का अभ्युदय होगा, तभी हमारा भारतीय जीवन-मूल्यों द्वारा विश्व-गुरु बनने का सपना पूर्ण होगा और तभी हम पुन: कह सकेंगे—

*एतद् देश प्रसूतस्य शकासाद् अग्रजन्मनः।*
*स्वं-स्वं चरित्रं शिक्षरेन् पृथ्वियां सर्व मानव :।।*

हमारी भारतीय जीवन दृष्टि पोषित 'मनुर्भव' हमें झूठ नहीं बोलने देगा। वैदिक ज्ञान भयभीत नहीं होने देगा, सांस्कृतिक आध्यात्म मोह नहीं करने देगा, यम-नियम का सत्य कमजोर नहीं होने देगा, प्रेम ईर्ष्या नहीं करने देगा और विश्वास कभी दु:खी नहीं होने देगा, फिर हम गर्व से अपने लक्ष्य का उद्घोष करेंगे—

*त्यजेदेकं कुलस्यार्थे ग्रामस्यार्थे कुलं त्यजेत्।*
*ग्रामं जनपदस्यार्थे आत्मार्थे पृथिवीं त्यजेत्॥*

**— कृष्ण आर्य**
एम.एस-सी. (ऑनर्स), एम.फिल, पी-एच.डी.
866/4, पंचकूला (हरियाणा)

# अनुक्रम

# सामाजिक पतन से संवाद की परंपरा का सबसे बड़ा क्षरण

हमारे देश में लगभग एक हजार वर्षों तक विदेशी शक्तियों का समाज के प्रत्येक क्षेत्र में हस्तक्षेप रहा। कभी कम, कभी ज्यादा मात्रा में प्रशासन विदेशी हितों के अनुसार और विदेशी हुक्मरानों द्वारा चलाया गया। राजनीतिक दृष्टि से देश बुरी तरह से पिछड़ा और एक हजार वर्ष के काल में छोटे-छोटे कालखंडों में राष्ट्रीय और क्षेत्रीय स्तर पर नेतृत्व तो उभरा, परंतु कुल मिलाकर राजनीति की दिशा का निर्धारण विदेशियों ने किया। धर्म और संस्कृति की दृष्टि से भी यह काल संक्रमण काल रहा। पहले इसलाम और बाद में दोनों इसलाम और ईसाइयत का प्रभाव नियोजित ढंग से बढ़ाया गया। एक हजार वर्षों में देश की जनसंख्या का लगभग पाँचवाँ हिस्सा अपनी पूजा-पद्धति को त्याग आयातित पूजा-पद्धति के अनुसार ढला। मर्यादा पुरुषोत्तम राम और लीला पुरुषोत्तम कृष्ण की आस्था में कमी आई और पैगंबर मोहम्मद और 'ईश्वर के अवतार' ईसा पर विश्वास बढ़ा।

सामाजिक मूल्यों, विश्वासों और धारणाओं में भी मूलभूत परिवर्तन हुए। हजारों वर्षों से प्रतिपादित सनातन मूल्यों का ह्रास हुआ। इरान, ईराक, यूनान, यूरोप और अमेरिकी सभ्यताओं के विश्वासों का घालमेल भारतीय मूल्यों के साथ तीव्र गति से हुआ। स्त्री के प्रति दृष्टि बदली और उसे उपभोग की वस्तु बना दिया गया। त्याग और वैराग्य के स्थान पर भौतिक विकास के सुखों में लिप्त होना व्यक्तिगत और सामूहिक उद्देश्य बना। कुल की परंपराएँ स्थिर हुईं, संयुक्त परिवारों का विघटन हुआ और व्यक्तिवाद को बढ़ावा मिला। भौतिक स्तर पर ज्ञान और शिक्षा का स्तर घटा और साक्षरता के लिए प्रयास तीव्र हुए। अंतिम सत्य की खोज के प्रयास लगभग समाप्त हुए और अंतरिम सत्यों की प्राप्तियों के उत्सव मने। प्राचीन

और विज्ञान आधारित परंपराओं का उपहास उड़ाना ही बौद्धिक जुगाली हो गया।

प्रकृति से समरस, व्यवहारों और आचरणों के स्थान पर प्रकृति का शोषण करना ही विकसित होने का साधन और मानक बना। समाज और राष्ट्र के प्रति श्रद्धा भाव क्षीण हुआ तथा समाज से हम क्या-क्या लें, यही निजी जीवन का ध्येय हो गया।

इस समग्र सामाजिक पतन में सबसे बड़ा क्षरण हुआ, संवाद की परंपरा का। समाज में ऐसे वर्ग बने, जो एक साथ रहते हुए भी आपसी संवाद में शून्य हैं। आज शिया और सुन्नी मुसलमानों में कोई वार्त्ता नहीं है। कश्मीर घाटी के मुसलमानों और उसी घाटी से विस्थापित कश्मीरियों में संवादहीनता है, मानो वे कभी भी एक मोहल्ले में न रहे हों। राजनीतिक क्षेत्र में दक्षिणपंथी दलों का वामपंथी दलों से संवाद, संसद् और विधानसभाओं तक ही सीमित है। इस संवाद में भी कहीं सौहार्द नहीं झलकता। संयोगवश यदि दोनों एक विषय पर सहमत हों भी, तो एक मंच से उसका प्रकटीकरण नहीं है। एक संप्रदाय के मुखिया का दूसरे संप्रदाय के मुखिया से कोई संबंध नहीं है, बेशक वे एक ही देवता के पुजारी हैं। डॉक्टरों की इंजीनियरों से कोई वार्त्ता नहीं है, विद्यालयों के अध्यापक कभी कॉलेज और विश्वविद्यालय के अध्यापकों के साथ बैठते हों, ऐसा नहीं है। प्रशासनिक अधिकारियों का जनमानस से कोई लेना-देना नहीं है। समाज का बौद्धिक वर्ग अपने-अपने टापुओं पर रहता है। बौद्धिक वर्ग और राजनीतिक कार्यकर्ताओं का कोई परामर्श नहीं है। शैक्षणिक क्षेत्र में भी गुट बने हुए दिखते हैं। अर्थशास्त्रियों का समाजशास्त्रियों के साथ औपचारिक विमर्श अनुपस्थित है। विश्वविद्यालयों के शोध छात्रों का शोध संस्थानों के वैज्ञानिकों से संपर्क न होने के कारण कितने ही शोध समानांतर व दोहराए जानेवाले होते हैं। अध्ययनों से यह तथ्य भी उजागर हुए हैं कि शहरों और नगरों में सटे हुए मकान में रहनेवाले पड़ोसियों में आपसी परिचय तक नहीं है। ग्रामीण क्षेत्रों में भी सामूहिक वार्त्ताएँ, जो चौपाल में, हुक्के पर या मोहल्लों में चलती थीं, अब लगभग मृतप्राय: हैं। वर्तमान भारतीय समाज में अंतरवर्गीय संवादहीनता लगभग समाप्त है।

तर्क दिया जा सकता है कि परंपरागत संवाद के क्षीण होने के बाद मीडिया में समाज ने संवाद की स्थितियों को बनाया है। यह केवल भ्रम है। ऐसा दिखता है कि पिछले दो दशकों में भारतीय जनमानस पर एक वैचारिक हमला मीडिया के द्वारा अति प्रभावी रूप से हुआ है। विशेषकर टेलीविजन ने तो घोर विकृत, अपसांस्कृतिक और छिछोरे, अधपके विचारों का आक्रमण किया है। परंतु यह सब एकतरफा है। बहुत छोटे-छोटे समूहों द्वारा लाखों, करोड़ों लोगों को बताने की स्थिति है, न कि

संवाद या वार्त्ता की स्थिति। जो चेहरे टेलीविजन की स्क्रीन पर आते हैं, वे मन, वचन और कर्म से पश्चिम के निम्न स्तर के बुद्धिजीवियों से मिलते-जुलते हैं, परंतु उनके प्रत्यक्ष चेहरे भारतीय हैं, इसलिए उसका प्रभात्र भारतीय मानस पर अधिक पड़ता है। टेलीविजन और समाचार-पत्र संवाद का श्रेष्ठ साधन हो सकते हैं, परंतु या तो मीडिया व्यापार है या फिर विशेष विचारधारा को प्रतिपादित करने का साधन, इसलिए संवाद जैसी दोतरफा वार्त्ता असंभव है।

जिस तरह से टेलीविजन पर चर्चाओं का आयोजन होता है, वे कहीं भी संवाद या वाद-विवाद नहीं लगतीं। शंकराचार्य के संवाद के वर्गीकरण में जाएँ, तो यह सब वितंडावाद है। एक ही विचार को बार-बार बोलना, जोर से बोलना और अनर्गल बोलना यह चर्चाओं की विशेषता है। प्रश्न कुछ भी हो, परंतु उत्तर वही जो सोचकर आए हैं। यह बार-बार देखने को मिलता है। समस्या का एक विकृत रूप यह भी है कि मीडिया पर चर्चाओं में एंकर या संयोजक, जिसे कम बोलना चाहिए और निष्पक्ष दिखना चाहिए, वह सहभागियों से अधिक बोलता या बोलती है और किसी एक पक्ष को प्रत्यक्ष रूप से बल देती है। आज के शीर्ष एंकर माने जानेवाले व्यक्तियों की विचारधाराएँ सबको ज्ञात हैं। उनकी प्रतिक्रियाएँ अपेक्षित दिशाओं में हैं और उनके प्रश्नों की दिशा का अनुमान सहज ही लगाया जा सका है। किसको किस प्रकार से प्रमुखता देना और किसको छोटा या नासमझ प्रस्तुत करना यह कला उन सबको आती है। आज तक टेलीविजन की चर्चाओं में एक भी ऐसा उदाहरण नहीं है, जब किसी सहभागी ने चर्चा के बाद यह माना हो कि उसकी सोच त्रुटिपूर्ण थी और वह उसमें सुधार करना चाहता है। जो जैसा आता है, वह अपने पक्ष के प्रति और अधिक कट्टर होकर जाता है।

टेलीविजन की तुरंत की अनिवार्यता को तो इतना खींचा जाता है कि बोलनेवाले को विषय की तैयारी का समय देना आवश्यक नहीं लगता। 30 सितंबर का अयोध्या का निर्णय आने के बाद चर्चाओं की दुकानें जम गईं और जब सहभागियों ने कहा कि उनके पास पूरी जानकारियाँ नहीं पहुँची हैं तो भी बार-बार दबाव डाला गया कि वे प्रतिक्रियाएँ दें। अधूरी जानकारी और तथ्यों के अभाव में किसी प्रकार का संवाद संभव है ? यह तो संवाद के आयोजकों को सोचना चाहिए।

राम जन्मभूमि के विषय को भी यदि समग्र दृष्टि से देखा जाए, तो कुछ बिंदु बार-बार प्रत्यक्ष रूप से सामने आते हैं।

**पहला**—जब बाबर ने राम मंदिर के स्थान पर मुसलिम ढाँचा बनाया, तब से

आज तक सीधे-सीधे विवाद से जुड़े पक्षों में आमने-सामने की वार्त्ता नहीं हुई है। अयोध्या के हिंदुओं ने स्थानीय मुसलिमों से यह नहीं कहा कि एक बाहरी हुक्मरान ने यह सब किया है, परंतु तुम तो राम जन्मस्थली के वासी हो और तुम्हें तो अपनी परंपराओं को ध्यान में रखना चाहिए। यह बात ध्यान में रखने योग्य है कि उस समय के मुसलमान ताजे-ताजे ही मुसलमान बने थे और उनके मन में राम और कृष्ण के प्रति श्रद्धा रही होगी। आज भी जहाँ-जहाँ मुल्लाओं और मौलवियों का प्रभाव कम है, वहाँ मुसलमान राम और कृष्ण के प्रतीकों को मानते हैं। सन् 1980 के दशक में लेखक ने हरियाणा के नूह क्षेत्र में शोध कार्य किया था। उस समय वहाँ के मुसलमान दीपावली, दशहरा, नवरात्र आदि सभी मनाते थे। दीपावली को लक्ष्मी-पूजन तक होता था, परंतु धीरे-धीरे मौलवियों ने हिंदू त्योहारों को मनाने पर प्रतिबंध लगाया और वहाँ का मुसलमान कट्टर हो गया। उस समय मुसलमान महिलाओं में करवाचौथ मनाने का भी बड़ा रिवाज था। बच्चों के नाम भी हिंदू और मुसलिम मिश्रित होते थे।

ऐसे वर्णन मिलते हैं कि अंग्रेजों ने ही दोनों समुदायों से अलग-अलग वार्त्ता की, पर उनका भी उद्देश्य समस्या का समाधान करना नहीं था। या तो तात्कालिक स्थिति को सँभालने के लिए वार्त्ता कराई या फिर अपनी स्थिति को मजबूत करने के लिए एक पक्ष का साथ दिया। स्वतंत्रता के बाद सन् 1949 में जब उस गुंबदनुमा ढाँचे में मूर्तियाँ रखी गईं, तब भी यह वार्त्ता का परिणाम नहीं था।

स्वशासन मिलने के पश्चात् जब भी मामला न्यायालयों में गरम हुआ तो आदरणीय न्यायाधीशों ने बार-बार आपसी वार्त्ता की आवश्यकता पर बल दिया, परंतु संवादहीनता बनी रही।

**दूसरा**—विवाद के प्रत्यक्ष पक्षों के अतिरिक्त इतने पक्ष क्रमशः उभरे कि उनका हिसाब रखना ही कठिन है। कई पक्ष तो ऐसे सामने आए, जिनके बारे में कहा जा सकता है कि तुम कौन, खामख्वाह! मुसलिमों के भी और हिंदुओं के भी कई व्यक्तित्व और संगठन समस्या से जुड़ गए और यह तय करना ही लगभग असंभव हो गया कि आखिर संवाद हो तो किन में। न्यायालय के सम्मुख तीन पक्ष हैं—रामलला, निर्मोही अखाड़ा और सुन्नी वक्फ बोर्ड। संतों के प्रयास से रामलला और निर्मोही अखाड़ा का संयुक्त अभियान चला, परंतु सुन्नी वक्फ बोर्ड तो अस्पृश्य रहा, ऐसा प्रयास नहीं हुआ कि उसे भी वार्त्ता की मेज पर लाया जाए। संवाद के स्तर पर जब विषय का राजनीतिकरण हुआ तो लगा कि मुख्य पक्ष कांग्रेस और भाजपा

हो गए हैं। कई बार तो ऐसा भी लगा कि भाजपा और विश्व हिंदू परिषद् में भी संवादहीनता तथा मतों की विभिन्नता है। तथाकथित धर्मनिरपेक्षता का दम भरनेवाले पक्ष तो देश में नहीं, विदेशों में भी सक्रिय हुए। सभी एक-दूसरे से नहीं बतियाते, परंतु अपने-अपने बिगुल की आवाज जोर से करने के प्रयास में रहते हैं।

मुख्य राजनीतिक दलों में न केवल आपसी संवादहीनता है, परंतु उनके अंदर भी संवाद की कमी है और एक पार्टी के लोग एक ही समय में भिन्न-भिन्न भाषा बोलते हैं।

**तीसरा**—किसी भी समस्या का संवाद द्वारा हल निकालने के लिए मध्यस्थता की आवश्यकता अनिवार्य है। मध्यस्थता का निष्पक्ष होना ही काफी नहीं है। उसकी निष्पक्षता पर सर्वपक्षीय विश्वास होना भी आवश्यक है। विवाद के प्रारंभिक काल में तो निष्पक्ष मध्यस्थता की भूमिका निभानेवाले व्यक्ति या संगठन थे, परंतु आज तो कोई ऐसा व्यक्ति दिखता ही नहीं। यह देश की त्रासदी है कि विनोबा भावे और जयप्रकाश नारायण जैसे व्यक्तित्व भी समाधानों के लिए संवाद नहीं बना पाए। हिंदुओं और मुसलिमों के धार्मिक गुरु भी कट्टरवादिता की छवि बनाते गए और निष्पक्षता से दूर हो गए। देश में लुप्त होती साम्यवादी शक्तियाँ सिद्धांतत: निष्पक्ष होनी चाहिए थी, परंतु उनकी भाजपा विरोधी मजबूरी ने उन्हें मुसलिमों का पक्षधर बना दिया।

**चौथा**—किसी भी सामाजिक संवाद की दिशा और दशा तय करने के लिए बुद्धिजीवी वर्ग की महत्त्वपूर्ण भूमिका होती है। समाज में कार्य विभाजन में जहाँ सैनिकों को सुरक्षा का दायित्व होता है, राजनीतिज्ञों को व्यवस्थित प्रशासन की जिम्मेदारी होती है, व्यापारियों को वस्तुओं और सेवाओं की सहज उपलब्धता करवाने का कार्य होता है, वहीं बुद्धिजीवी वर्ग को समाज में श्रेष्ठ विचारों का सृजन तथा उनका प्रचार तथा प्रसार करने का जिम्मा होता है। राम जन्मभूमि की समस्या में यदि किसी एक वर्ग की निष्क्रियता सार्वजनिक हुई है तो वह है बुद्धिजीवी वर्ग। हमारे देश का बुद्धिजीवी वर्ग तो मानो देश की समस्याओं से अनभिज्ञ है और यदि उसे समस्या का संज्ञान है भी तो वह समाधानों को खोजना अपना कर्तव्य नहीं मानता। राम जन्मभूमि के विषय में तो बुद्धिजीवी वर्ग की संवेदनहीनता उल्लेखनीय है। या तो बुद्धिजीवी इस विषय पर मौन नजर आया या तो एक पक्षीय होकर बुद्धिजीवी-धर्म की अवहेलना की। विश्वविद्यालयों या सामाजिक शोध की संस्थाओं में इस विषय पर समाधानात्मक संगोष्ठियाँ-कार्यशालाएँ नहीं हुईं, मानो पूरा विषय

ही अस्पृश्य हो। ऐसा लगता है कि बुद्धि के प्रयोग से जीविका कमाना ही बुद्धिजीवी वर्ग का धर्म बन चुका है और बुद्धिशीलता कहीं खो गई है।

**पाँचवाँ**—शासकीय दृष्टि से संबंधित है। सन् 1949 से आज तक इस विषय के घटनाक्रम को देखा जाए तो साफ लगता है कि सरकार का पक्ष हमेशा ही गोलमोल रहा, पार्टी कोई भी हो। मूर्तियाँ रखने का मामला हो, ताला बंद करने और खोलने का मामला हो या उच्चतम न्यायालय द्वारा दिया गया रास्ता हो, सरकारों का कदम समस्या के समाधान की ओर कभी नहीं बढ़ा। केवल कांग्रेस ही नहीं, परंतु राजग सरकार भी इसी व्यवहार को दरशाती है। अभी भी जब इलाहाबाद उच्च न्यायालय के फैसले से समस्या का समाधान सामने आया है तो सरकारी तौर से यह घोषणा की कि समस्या का समाधान तो उच्चतम न्यायालय में ही होगा, ऐसा दुर्भाग्यपूर्ण मन:स्थिति का द्योतक है। विचारणीय विषय यह है कि प्रधानमंत्री को इस फैसले को निर्णायक स्तर पर लाने के लिए क्या तीनों पक्षों की गोलमेज कॉन्फ्रेंस नहीं करनी चाहिए? ऐसा लगता है कि वर्तमान भारतीय समाज में वार्त्ताओं के माध्यम से समस्याओं को सुलझाने की प्रक्रिया का विकल्प विचारणीय नहीं है।

प्रबंध शास्त्र का मूल सिद्धांत है कि केवल मिशन और उद्‌देश्य निर्धारण के लिए सामूहिक वार्त्ता की आवश्यकता है, परंतु तात्कालिक लक्ष्यों के निर्धारण तथा छोटी-बड़ी समस्याओं के हल के लिए भी परामर्श लाभकारी होता है। यह भी सर्वमान्य है कि औपचारिक-अनौपचारिक संवाद छोटी-बड़ी संस्थाओं का जीवन है। इसलिए यह कैसे संभव है कि राष्ट्र विकासोन्मुख हो, परंतु उसमें संवाद की मात्रा अत्यंत कम हो।

हमारे सामने तो संवाद की प्रभावशीलता के कई उदाहरण भी हैं। राष्ट्र के सम्मुख अनाज की कमी थी। समस्या विकराल थी, हर वर्ष कटोरा लेकर विदेश की यात्राएँ करनी पड़ती थीं, परंतु कुछ ही वर्षों में आवश्यकता से अधिक अनाज पैदा होना शुरू हो गया। यह दूसरी बात है कि किसान ने तो समस्या का हल निकाल लिया, परंतु नौकरशाही उस अनाज को सँभालने में असफल रही और लाखों टन अनाज हर वर्ष सड़ता है। परंतु ध्यान देने योग्य बात यह है कि हरित क्रांति का मूल सूत्र वैज्ञानिक और किसान के बीच का सीधा संवाद था। लालबहादुर शास्त्री का 'जय-जवान, जय-किसान' का नारा और एक दिन के व्रत का आग्रह भी सीधे संवाद का ही प्रभाव था। बिना आधुनिक संचार के माध्यमों के प्रयोग से करोड़ों लोग धार्मिक अनुष्ठानों में भाग लेते हैं। यह भी परंपरागत सामाजिक संवाद का

ही उदाहरण है। राम जन्मभूमि का मसला हो या आतंकवाद का, या नक्सलवाद और माओवाद का, उचित समय पर संबंधित पक्षों में वार्त्ता समाधान का अत्यंत महत्त्वपूर्ण अंग है। आज के भारतीय समाज में यह सहज रूप से नहीं होता है। इसके लिए अनेक संवादों के आयोजन के लिए असंख्य प्रयासों की आवश्यकता है। अनेक स्वयंसेवी संस्थाएँ चाहिए, जो बिना पक्ष लिये समस्याओं के विभिन्न पात्रों को अनेक मंचों पर बार-बार लाकर संवाद की स्थितियाँ बनाएँ। आखिरकार सुसंगठित समाज को सुसंवादित होना तो अनिवार्य ही है। पंचनद शोध संस्थान और ऐसे कुछ और प्रकल्प इसी तरह के संवादों को बनाने के लिए बने हैं, परंतु न केवल ऐसे संस्थानों के कार्य को तीव्रता मिलनी चाहिए, परंतु और भी औपचारिक-अनौपचारिक संगठनों की आवश्यकता है।

□

# संवादशील समाज में समस्याओं की कमी

इलाहाबाद उच्च न्यायालय की लखनऊ खंडपीठ ने राम जन्मभूमि का जो निर्णय दिया, उससे पूरे देश की जनता ने राहत की साँस ली। फैसले से पूर्व का तनाव सभी के चेहरों और व्यवहार में था, परंतु इस राहत के बाधित होने की संभावनाएँ बनती नजर आ रही हैं। 60 वर्ष से अधिक की नासमझी और विवेकहीनता के कारण एक छोटा विवाद पहाड़ जैसी समस्या बन गया है। उसी तरह की विवेकहीनता यदि आज भी रही तो सुलझी हुई समस्या फिर से उलझ जाएगी। कारण अनेक हो सकते हैं, परंतु एक मुख्य कारण हमारे राष्ट्र–जीवन में बढ़ती हुई संवादहीनता है। उच्च न्यायालय के निर्णय से तीन मुख्य पक्ष उभरकर आए हैं। एक पक्ष ने उच्चतम न्यायालय जाने की घोषणा की है। देश से अनेक प्रतिक्रियाएँ आई हैं, परंतु एक भी प्रतिक्रिया में यह सुझाव नहीं है—तीनों पक्ष आपस में वार्त्ता करें। प्रधानमंत्री, केंद्रीय गृहमंत्री और प्रदेश के मुख्यमंत्री तीनों की मुख्य जिम्मेदारी बनती है, उनमें से किसी ने भी न तो संवाद बनाने का प्रयास किया, न ही संवाद का सुझाव दिया।

प्रबंधन शास्त्र का एक मूलभूत सिद्धांत है कि समुचित संवाद से संस्थाओं और समूहों का स्वास्थ्य सुंदर बना रहता है। छोटी–बड़ी संस्थाओं के लिए न केवल मिशन और उद्देश्यों के निर्धारण में वार्त्ता के महत्त्व को बताया गया है, परंतु तत्कालीन उद्देश्य भी यदि चर्चाओं के कारण आम सहमति से बनें तो संस्थाएँ विकासोन्मुख होती हैं। राष्ट्र जैसी सामाजिक, आर्थिक, राजनीतिक और सांस्कृतिक व्यवस्था में भी संवाद की अनिवार्यता सर्वमान्य है, परंतु दुर्भाग्य यह है कि हमारे देश में औपचारिक–अनौपचारिक संवाद शून्य से थोड़ा ही अधिक है। यही कारण है कि छोटी–छोटी समस्याएँ विकराल रूप ले लेती हैं। उदाहरण के लिए, कश्मीर घाटी के मुसलमानों और उसी घाटी से विस्थापित कश्मीरी पंडितों के बीच पूर्ण

संवादहीनता है। माओवादियों और सरकार के बीच वार्त्ता के छुटपुट प्रयासों में कोई गंभीरता नजर नहीं आती। यहाँ तक कि देश को चलानेवाली मुख्य राजनीतिक पार्टियों में अधिकतर संवाद संसद् और विधानसभाओं में ही बनता है, जहाँ कोशिश एक-दूसरे के दोष ढूँढ़ने की होती है, न कि वार्त्ता के द्वारा समस्याओं का हल ढूँढ़ने की।

अयोध्या का मसला भी संवादहीनता का ही परिणाम है। मुगलों के कार्यकाल में ढाँचा बनाते समय स्थानीय लोगों से वार्त्ता नहीं की। अयोध्या के मुसलिमों और हिंदुओं में इस विषय पर वार्त्ता का कोई दृष्टांत नहीं है। अंग्रेजों ने जो वार्त्ताएँ कीं, वे समस्या को सुलझाने की नहीं थीं, परंतु एक पक्ष के मन में दूसरे के प्रति वैर-भाव को बढ़ाने की थी। 1949 में मूर्तियाँ रखने में कोई वार्त्ता नहीं हुई। ताला लगाने और ताला खोलने के समय संबंधित पक्षों से परामर्श नहीं हुआ। एक समय ऐसा भी आया, जब सारा देश अयोध्या की बात कर रहा था, परंतु सभी अपना-अपना बिगुल बजा रहे थे। सरकारी तौर पर कुछ वार्त्ताओं के नाटक तो हुए, परंतु कुल मिलाकर ऐसा परामर्श, जिससे उलझन को मिटाना ही है, कभी नहीं हुआ। ढाँचा गिरने के बाद भी विषय संबंधित शोर बहुत हुआ, परंतु संवाद शून्य रहा।

अन्य समस्याओं की तरह अयोध्या विषयक समाचार, विश्लेषण, टिप्पणियाँ और चर्चाएँ मीडिया में अनेक आए, परंतु उनके कारण से समाज में कोई संवाद बना हो, ऐसा नहीं हुआ। टेलीविजन पर हुईं चर्चाएँ एक ओर तो पक्षधर होती हैं, दूसरी ओर वार्त्ताओं में मतप्रकटीकरण और विवाद बहुत होता है, परंतु ऐसी कोई चर्चा नहीं होती, जिसके अंत में सभी एक मत होकर समस्या के हल की ओर चलते हो। ऐसा एक भी उदाहरण नहीं मिलता है, जब टेलीविजन की वार्त्ता में किसी ने माना हो कि वह गलत था और उस चर्चा के परिणामस्वरूप अपना मत परिवर्तन करेगा। प्रबंधन शास्त्र में दिए गए चर्चा के द्वारा आम सहमति बनाने के सभी सिद्धांतों की मीडिया में अवहेलना होती है। शंकराचार्य के वर्गीकरण के अनुसार टेलीविजन की चर्चाएँ न तो संवाद हैं, न ही वाद-विवाद, वे तो वितंडावाद का साक्षात् उदाहरण हैं।

इलाहाबाद उच्च न्यायालय ने अत्यंत विवेकपूर्ण और व्यावहारिक फैसला देकर यह सिद्ध किया है कि देश की न्यायपालिका कम-से-कम समस्याओं का समाधान सुझाने में तो सक्षम है। परंतु दिए गए सुझावों का क्रियान्वयन तो मुख्यत: केंद्र सरकार को, और कुछ हद तक राज्य सरकार को, और देखा जाए तो सभी राजनीतिक दलों को करना है। निर्णय के बाद की प्रतिक्रियाओं से स्पष्ट होता है कि

ऐसा प्रयास होनेवाला नहीं है। जैसे कबूतर बिल्ली को देखकर आँख मूँद लेता है, मानो बिल्ली है ही नहीं। वैसे ही केंद्र सरकार ने यह मन बना लिया है कि उच्चतम न्यायालय की शरण में ही किसी-न-किसी पक्ष को जाना है और कोई भी कार्यवाही करने के लिए तुरंत कुछ करना नहीं है। क्या राष्ट्र की नीति इतनी कमजोर है कि तीनों पक्षों को बिठाकर आम सहमति न बन सके। संवाद शास्त्र का भी सिद्धांत है कि संवादहीनता अफवाहों और गलतफहमियों को जन्म देती है, जिससे संबंध खराब होते हैं और परिणामस्वरूप नई समस्याएँ जन्म लेती हैं, और पुरानी और उलझती हैं। इसी सिद्धांत का दूसरा पहलू यह भी है कि ऐसी कोई समस्या नहीं है, जिसे संवाद से सुलझाया न जा सके। इसलिए न केवल संवाद होना चाहिए, परंतु संवाद में ईमानदारी और समाज-हित भी निहित होना चाहिए।

आज देश में ऐसे अनेक प्रयास होने चाहिए, जो विभिन्न वर्गों, पक्षों और समुदायों में लगातार संवाद बनाए रखें। संवादशील समाज में समस्याओं की कमी तो होगी, परंतु यदि समस्याएँ बनती भी हैं तो गंभीर और ईमानदार संवाद से उनको अधिक उलझने से बचाया जा सकता है। व्यक्तिगत जीवन में हम संवाद की सहायता से जीवन को आगे बढ़ाते हैं तो राष्ट्र-जीवन में भी ऐसा क्यों न करें, क्योंकि सुसंवादित समाज ही सुसंगठित समाज की रचना कर सकता है। देखना यह है कि रामलला, निर्मोही अखाड़ा और सुन्नी वक्फ बोर्ड को एक मंच पर लाने की पहल कौन करता है?

□

# सृष्टि में निहित एकात्मकता

विद्यालय की आठवीं की हिंदी की पुस्तक में स्वामी विवेकानंद पर एक निबंध था। पुस्तक में स्वामीजी का एक चित्र था, जो रंगीन नहीं था, परंतु कक्षा में अध्यापक ने इस निबंध का पाठ कराया तो स्वामीजी का एक रंगीन बड़ा चित्र सबको दिखाया। चित्र में स्वामीजी की बड़ी-बड़ी चमकीली आँखों पर ध्यान गया, मानो कुछ कह रही हैं, परंतु उनके वस्त्रों के गेरुआ रंग ने मेरे मन में प्रश्न उत्पन्न किया कि यह रंग ही क्यों? घर में पुरुष कभी-कभी सफेद रंग की पगड़ी बाँधते थे, परंतु स्वामीजी ने चित्र में गेरुआ रंग का ही साफा बाँध रखा था। अध्यापक से प्रश्न किया कि 'सर, इन कपड़ों में कोई कैसे अमेरिका में जाकर व्याख्यान दे सकता है?' अध्यापक ने लगभग आधा घंटा गेरुआ रंग का महत्त्व समझाया, जिसमें से अधिकतर समझ में नहीं आया, परंतु त्याग और तपस्या के महत्त्व का भाव मन में बैठा। स्वामीजी ने पूरे विश्व के धर्माचार्यों को और अमेरिका की जनता को भाइयों और बहनों कहकर संबोधित किया। इसमें कोई विशेष बात नहीं लगी, क्योंकि अपने लिए तो यह स्वाभाविक ही था। परीक्षा के लिए तैयारी की, तो एक वाक्य रट लिया, जिसको प्रश्न के उत्तर में लिखने का मन बनाया था। वाक्य को रटते-रटते उसके बारे में सोचना अधिक नहीं हुआ, परंतु वाक्य अभी भी याद है—

> 'विचार बहुत महत्त्वपूर्ण होता है, क्योंकि जो कुछ हम सोचते हैं, वही हम हो जाते हैं।'

इसके बाद कॉलेज के दिनों में बौद्धिक सुनने को मिला, जिसमें कन्याकुमारी के पास एक चट्टान पर स्वामीजी के सम्मान में मंदिर बनाने की योजना का विवरण बताया गया। इसी में वक्ता ने 'उत्तिष्ठत जाग्रत्' पुस्तक को पढ़ने का सुझाव सभी युवाओं को दिया। तीन सहपाठियों ने मिलकर पुस्तक खरीदी और मुझसे कहा गया

कि मैं उसको पढ़कर बाकी दोनों को समझा दूँ। जैसे-जैसे पढ़ता गया, रोमांच होता गया और कई बार तो आँसू निकले, कई बार गुस्सा आया और देश के उज्ज्वल भविष्य की बातें पढ़कर मन में शांति भी मिली। सहपाठियों को समझाने के लिए रफ कॉपी में (खाकी कागज के पृष्ठ) जो बिंदु बनाए, वे अभी तक मेरे पास हैं। पुस्तक के कई संदर्भ तो कंठस्थ हो गए और अगले 10-12 वर्षों तक जहाँ भी बोलने का मौका मिला, उनका संदर्भ लेकर अपनी बात रखी। हर बार बोलते हुए, ऐसा लगता था कि धमनियों में मानो उबलता हुआ लौहा लहू की तरह बह रहा हो।

इसी बीच विवेकानंद का अन्य साहित्य भी कुछ-कुछ पढ़ा और अन्य विद्वानों द्वारा उन पर लिखी पुस्तकें भी पढ़ीं। सबकुछ समझ में आता था, परंतु अध्यात्म की चर्चा पुस्तकों में जब भी होती थी तो कुछ समझ में नहीं आता था। कुछ वरिष्ठ जानकर लोगों से भी बात की, परंतु आत्मा-परमात्मा, द्वैत-अद्वैत, कर्म-मोक्ष आदि परिकल्पनाएँ धुँधली सी रहीं। परंतु राष्ट्र की रचना और उसके निर्माण में एक नागरिक की भूमिका की स्पष्टता धीरे-धीरे हुई। दो संदर्भों को बार-बार पढ़ता था।

भारत का यूरोपीयकरण एक असंभव और मूर्खतापूर्ण कार्य है। प्रगति के तत्त्व भारत में सदा सक्रिय रूप से उपस्थित रहे हैं। जब कभी वहाँ शांतिपूर्ण शासन आया है, वे सदा उभरकर सामने आए हैं। गर्व से बोलो कि मैं भारतवासी हूँ और प्रत्येक भारतवासी मेरा भाई है। बोलो कि अज्ञानी भारतवासी, दरिद्र भारतवासी, ब्राह्मण भारतवासी, चांडाल भारतवासी, सब मेरे भाई हैं। तुम भी कटिमात्र वस्त्रवृत्र होकर गर्व से पुकारकर कहो कि भारतवासी मेरा भाई है, भारतवासी मेरे प्राण हैं, भारत के देव-देवियाँ मेरे ईश्वर हैं, भारत का समाज मेरे शिशु-शैया, मेरे यौवन का उपवन और मेरे वार्द्धक्य की वाराणसी है। भाई, बोलो कि भारत की मिट्टी मेरा स्वर्ग है, भारत के कल्याण में ही मेरा कल्याण है।

एक और वाक्य मन को बहुत भाता था, परंतु उस पर विश्वास नहीं होता था 'मैं इस निष्कर्ष पर पहुँच गया हूँ कि संसार में केवल एक ही देश है, जो धर्म को समझ सकता है, वह है—भारत। हिंदू अपनी संपूर्ण बुराइयों के बावजूद नीति एवं अध्यात्म में दूसरे राष्ट्रों से बहुत ऊँचे हैं एवं उसके निःस्वार्थी सुपुत्रों की समुचित सावधानी, प्रयास एवं संघर्ष के द्वारा पाश्चात्य देशों के वीरोचित तत्त्वों को हिंदुओं के शांत गुणों के साथ मिलाते हुए एक ऐसे मानव-समुदाय की सृष्टि की जा सकती है, जो इस संसार में अब तक पैदा हुई किसी भी जाति से कई गुना महान् होगा।'

भारतीय संस्कृति और हिंदू धर्म की श्रेष्ठता का विषय वर्षों तक मन में प्रश्न

बना रहा। अचानक एक बार नागपुर से दिल्ली जाते हुए, भोपाल रेलवे स्टेशन पर एक दुकान में रामकृष्ण मिशन के स्वामी जितात्मानंद की पुस्तक खरीदी और गजब के रहस्योद्घाटन प्रारंभ हुए। इंगलिश में प्रकाशित इस पुस्तक का नाम 'Holistic Science and Vedanta' (समग्र विज्ञान एवं वेदांत) है। लेखक विज्ञान के विशेषज्ञ लगते हैं और वैदिक साहित्य पर भी उनको महारत हासिल है। प्रस्तुति की शैली अनूठी है। हर अध्याय में पहले भौतिकशास्त्र में हुए विभिन्न प्रयोगों का उल्लेख करते हैं, फिर उनके निष्कर्षों को साधारण भाषा में समझाते हैं और उसके बाद स्वामी विवेकानंद के साहित्य से उद्धृत करके यह सिद्ध करते हैं कि विज्ञान ने जिस बात को आज खोजा है, वह ज्ञान वेदों में उपलब्ध है और उसके विषय में स्वामी विवेकानंदजी ने जिस प्रकार लिखा है। पुस्तक को पढ़ने के बाद ऐसा समझ में आता है कि वर्तमान विज्ञान जब मानव निर्मित मानसिक सीमाओं को लाँघ लेता है तो उसका समागम वेदों के ज्ञान से होता है, अर्थात् वर्तमान में जिसे हम विज्ञान कहते हैं, उसकी वास्तविकता प्राचीन सनातन धर्म में मान्यता प्राप्त वेद, पुराण और शास्त्रों के ज्ञान से भिन्न नहीं है।

भौतिकशास्त्र के नवीनतम प्रयोगों ने सिद्ध किया है कि जड़ में भी चेतना उपस्थित है। वेदांत ने भी इसी एकात्मकता की बात की है और स्वामी विवेकानंद ने इस कठिन विषय को साधारण भाषा में पूरे विश्व के सम्मुख रखा है। चौथे अध्याय में स्वामी जितात्मानंद ने वैज्ञानिक प्रयोगों के निष्कर्ष के आधार पर कहा कि विज्ञान ने सृष्टि में निहित एकात्मकता को खोज लिया है। इसी बात को स्वामी विवेकानंद ने 1896 में God in Everything (हर वस्तु में भगवान्) शीर्षक व्याख्यान में व्यक्त किया था। उन्होंने कहा, "वेदांत कहता है कि विग्रह का अस्तित्व नहीं है, यह वास्तविकता नहीं है। सार यह है कि एकता ही है और वह एकता ही परमात्मा है।"

इसी आधार पर पुस्तक के सातवें अध्याय में स्वामी जितात्मानंद ने विज्ञान के संदर्भ देते हुए प्रस्तुति की है कि विज्ञान का पाँचवाँ आयाम भी है। परंपरागत विज्ञान हर वस्तु के तीन आयाम लंबाई, चौड़ाई और ऊँचाई मानता है। आइंस्टाइन ने इसमें समय का आयाम जोड़ा। आज का विज्ञान वेदांत के उस पाँचवें आयाम को मानने लगा है, जिसे आत्मा कहा जाता है। इसी बात को हेन्स पेजल ने लिखा है कि मनुष्य केवल Homo Faver (औजार बनाने वाले जानवर नहीं हैं) वह Homo Spiritual (ऐसा जीव, जो पदार्थ में उपस्थित आत्मा को जानना चाहता है)। स्वामी विवेकानंद ने वेदांत के इसी सिद्धांत को 'स्थूल शरीर' के रूप में प्रस्तुत

किया है। इस पुस्तक में दी गई जानकारियों और व्याख्याओं से ऐसा अनुभव होता है कि स्वामी विवेकानंद हो–न–हो देवपुरुष ही थे। जो मनुष्य अल्प जीवन में ही इतने गंभीर ज्ञान को न केवल प्राप्त कर सका, परंतु उसको शेष मानवता को प्रेषित भी कर सका, वह केवल नर नहीं हो सकता है, उसमें तो नारायण भी होना ही चाहिए। प्रतीक्षा तो केवल इतनी है कि यह श्रेष्ठतम ज्ञान और विज्ञान जो स्वामी विवेकानंद द्वारा आधुनिक मानवता के सामने प्रस्तुत किया गया, वह आज के संसार को कब स्वीकार्य होगा, कब समझ में आएगा और कब उसका समावेश जीवन में होगा। □

# देवर्षि नारद के प्रश्नों में सुशासन के भेद

महाराजा युधिष्ठिर की अद्वितीय सभा में देवर्षि नारद धर्मराज की जय-जयकार करते हुए पधारे। उचित स्वागत व सम्मान करके धर्मराज युधिष्ठिर ने नारद को आसन ग्रहण करवाया। प्रसन्न मन से नारद ने युधिष्ठिर को धर्म-अर्थ-काम का उपदेश दिया। यह उपदेश प्रश्नों के रूप में है और किसी भी राजा या शासक के कर्तव्यों की एक विस्तृत सूची है। नारद ने कुल 123 प्रश्न किए, जो अपने आप में एक पूर्ण व समृद्ध प्रशासनिक आचार-संहिता है। यह प्रश्न जितने प्रासांगिक महाभारत काल में थे, उतने या उससे भी अधिक आज भी हैं। महात्मा गांधी ने जिस रामराज्य की कल्पना की थी, उसका व्यावहारिक प्रारूप इन प्रश्नों से स्पष्ट झलकता है। स्वाभाविक है कि महाभारत और रामायण काल की उत्कृष्ट भारतीय संस्कृति में हर व्यक्ति के कर्तव्यों का दिशा-बोध हो। यह कर्तव्य केवल ऐसे निर्देश नहीं थे, जिनको करना नैतिक या वैधानिक रूप से अनिवार्य था, परंतु यह ऐसा मार्गदर्शन था, जिससे व्यक्ति भौतिक और सांसारिक विकास के साथ आध्यात्मिक विकास की ओर भी अग्रसर होता है।

वर्तमान परिप्रेक्ष्य में 'गुड गवर्नेंस' अर्थात् सुशासन की चर्चाएँ स्वाभाविक रूप से आवश्यक हैं। क्योंकि प्रशासन की जो भी व्यवस्थाएँ प्रचलित हैं, वे सब असुरी प्रवृत्तियों की द्योतक हैं। प्रजातंत्र को भी संख्याओं का ऐसा खेल बना दिया गया है, जो श्रेष्ठवान और गुणवान के पक्ष में न होकर कुटिलता और चातुर्य के स्तंभों पर खड़ा है। नौबत यहाँ तक आ गई है कि व्यवहार की शुचिता लुप्त हो गई और शासन करना एक व्यापार हो गया। स्वाधीनता के 60 वर्ष के बाद देश में व्यापक समस्याओं के लिए विदेशी ताकतों को दोष देना उचित नहीं है। आज हम जैसे हैं, जो हैं, उसके लिए हम स्वयं जिम्मेवार हैं।

वे क्या कारण हैं कि अंग्रेजी हुकूमत को हटाकर उनकी अधीनता समाप्त करके स्वाधीनता तो ली, परंतु उनके तंत्रों को ही अपनाकर न तो हमने गणतंत्र बनाया और न ही हम स्वतंत्र के निर्माता हो सके। प्रजातंत्र के नाम पर हमने अपने राजाओं के चुनाव की ऐसी प्रणाली बनाई, जो श्रेष्ठता, गुणवत्ता, निष्ठा और श्रद्धा की अवहेलना करती है और अधर्म, भेद, छल, प्रपंच और असत्य पर आधारित है। एक बीमार राजनीतिक व्यवस्था तो हमने बना ली, परंतु प्रशासनिक व्यवस्थाएँ ज्यों-की-त्यों अपना लीं। आई.सी.एस. की जगह आई.ए.ए.एस. हो गया, परंतु भाव वही रहा। क्या कारण हैं कि जिले का वरिष्ठतम 'पब्लिक सर्वेंट' अधीक्षक कहलाता है। अंग्रेजी में तो इस पद का नाम और भी व्याधि का द्योतक है। जिले का सर्वोत्तम अधिकारी या तो कलेक्टर कहलाता है या फिर डिप्टी कमिश्नर। कलेक्टर अर्थात् येन-केन-प्रकारेण धन और संपदा एकत्र करना। कमिश्नर शब्द को यदि कमीशन से जोड़ें, तो भ्रष्टाचार तंत्र की आत्मा हो जाता है। इसका एक अर्थ दलाली और आढ़त भी है और दूसरा अर्थ अधिकृत अधिकारी है। कहीं भी शब्द में विकास, उत्थान, सेवा आदि की खुशबू नहीं है। शिक्षा की व्यवस्था देखनेवाला व्यक्ति शिक्षा अधिकारी है। आचार्य या प्राचार्य गुरु या गुरु नहीं है। इसी तरह से न्यायपालिका का पूरा तंत्र वैसा ही है, जैसा अंग्रेजों ने देश को गुलाम बनाए रखने के लिए बनाया। ऐसी व्यवस्थाएँ पूर्ण रूप से स्थापित हैं, जो एक पूरे देश को पराधीन और दास के रूप में रखने के लिए बनी थीं। उन्हीं तंत्रों से सुशासन की अपेक्षा करना शेखचिल्ली की सोच हो सकती है। समझदार और विवेकशील की नहीं। यदि यह सोचकर चलेंगे कि अंग्रेजी और अंग्रेजियत ही उचित है तो भारत देश में सुशासन नहीं हो सकता।

स्वाधीनता के बाद नई व्यवस्थाओं के बनाने की अनिवार्यता तो सबने मानी, परंतु नए का आधार तत्कालीन व्यवस्थाओं में ही स्तरीय परिवर्तन करके किया गया। इस पूरी प्रक्रिया में भारतीय समाज के प्राचीन अनुभव और ज्ञान को ध्यान में रखा गया होता, तो शायद आज देश की यह स्थिति न होती। लगभग हर प्राचीन भारतीय ग्रंथ में व्यक्ति, परिवार, समुदाय, समाज, प्रशासक, अधिकारी आदि के कर्तव्यों की व्याख्याएँ हैं। यह व्याख्याएँ केवल सैद्धांतिक हों, ऐसा भी नहीं है। कृष्ण की द्वारका की व्यवस्थाएँ, धर्मराज युधिष्ठिर का राज हो या राम का प्रशासन सैद्धांतिक पक्ष का व्यावहारिक पक्ष भी इन ग्रंथों में पर्याप्त मात्रा में प्रदर्शित है।

व्यास ने नारद के मुख से युधिष्ठिर से जो प्रश्न करवाए, उनमें से हर एक

अपने आप में सुशासन का एक व्यावहारिक सिद्धांत है। 123 से अधिक प्रश्नों को व्यास ने बिना किसी विराम के पूछवाया। कौतूहल का विषय यह भी है कि युधिष्ठिर ने इन प्रश्नों का उत्तर एक-एक करके नहीं दिया, परंतु कुल मिलाकर यह कहा कि वे ऋषि नारद के उपदेशों के अनुसार ही कार्य करते आ रहे हैं और यह आश्वासन भी दिया कि वह इसी मार्गदर्शन के अनुसार भविष्य में भी कार्य करेंगे। देवर्षि नारद द्वारा पूछे गए प्रश्नों की कुछ व्याख्या प्रासांगिक होनी चाहिए।

हालाँकि नारद द्वारा पूछा गया हर प्रश्न अपने आप में सुशासन का एक नियम है, परंतु समझने की सहजता के लिए उन्हें पाँच वर्गों में बाँटा जा सकता है। प्रश्नों का पहला वर्ग चार पुरुषार्थों अर्थात् धर्म, अर्थ, काम और मोक्ष से संबंधित है। पहले ही प्रश्न में नारद पूछते हैं, "हे महाराज! अर्थ चिंतन के साथ आप धर्म चिंतन भी करते हैं? अर्थ चिंतन ने आपके धर्म चिंतन को दबा तो नहीं दिया?" आगे के प्रश्नों में जहाँ नारद यह तो पूछते ही हैं कि धन-वैभव का लोभ आपके धर्मोपार्जन की राह में रुकावट तो नहीं डालता, परंतु साथ में यह भी कहते हैं कि धर्म के ध्यान में लगे रहने से धन की आमदनी में बाधा तो नहीं पड़ती? साथ ही पूछते हैं कि कहीं काम की लालसा में लिप्त होकर धर्म और अर्थ के उपार्जन को आपने छोड़ तो नहीं दिया है? सभी प्रश्नों का मुख्य प्रश्न करते हुए पूछते हैं कि आप ठीक समय पर धर्म, अर्थ और काम का सेवन करते रहते हैं न?

दूसरे वर्ग के प्रश्न राजा के सामाजिक विकास के कार्यों से संबंधित हैं। नारद ने आठ राज कार्य बताए और युधिष्ठिर से पूछा कि क्या वह इन कार्यों को अच्छी तरह करते हैं? आठ राज कार्य—कृषि, वाणिज्य, किलों की मरम्मत, पुल बनवाना, पशुओं को चारे की सुविधा की दृष्टि से कई स्थानों में रखना, सोने तथा रत्नों की खानों से कर वसूल करना और नई बस्तियाँ बनाना था। नारद महाराज से यह भी पूछते हैं कि आपके राज्य के किसान तो सुखी और संपन्न हैं न? राज्य में स्थान-स्थान पर जल से भरे पड़े तालाब और झीलें खुदी हुई हैं न? खेती तो केवल वर्षा के सहारे पर नहीं होती, किसानों को बीज और अन्न की कमी तो नहीं है? आवश्यकता होने पर आप किसानों को साधारण सूद पर ऋण देते रहते हैं न? इन प्रश्नों को सुनकर वर्तमान में किस भारतवासी के मन में घंटियाँ नहीं बजेंगी और ध्यान उन किसानों की तरफ नहीं जाएगा, जिन्होंने प्रशासनिक सहारा न मिलने के कारण से आत्महत्या की।

प्रश्नों का तीसरा वर्ग राजा के मंत्रियों और अधिकारियों के संबंध में है। नारद

ने पूछा कि क्या शुद्ध स्वभाव वाले समझाने में समृद्ध और अच्छी परंपराओं में उत्पन्न और अनुगत व्यक्तियों को ही आप मंत्री बनाते हैं न? विश्वासी, अलोभी, प्रबंधकीय काम के जाननेवाले कर्मचारियों से ही आप प्रबंध करवाते हों न? हजार मूर्खों के बदले एक पंडित को अपने यहाँ रखते हैं या नहीं? आप कार्य के स्तर के आधार पर व्यक्तियों को नियुक्त करते हैं न? शासन करनेवाले मंत्री आपको हीन दृष्टि से तो नहीं देखते? कोई अच्छा काम या उपकार करता है तो आप उसे अच्छी तरह पुरस्कार और सम्मान देते हैं न? आपके भरोसे के और ईमानदार व्यक्ति ही कोष, भंडार, वाहन, द्वार, शस्त्रशाला और आमदनी की देखभाल और रक्षा करते हैं न? नारद एक कदम और आगे जाकर पूछते हैं कि कहीं आप कार्य करने में चतुर, आपके राज के हित को चाहनेवाले प्रिय कर्मचारियों को बिना अपराध के पद से अलग तो नहीं कर देते? उत्तम, मध्यम, अधम पुरुषों की जाँच करके आप उन्हें वैसे ही कर्मों में लगाते हैं न?

इसी तरह से अनेक प्रश्न प्रजा की स्थिति से संबंधित हैं। प्रजा के कल्याण से संबंधित हैं। नारद पूछते हैं कि हे पृथ्वीनाथ! माता और पिता के समान राज की सब प्रजा को आप स्नेहपूर्ण एक दृष्टि से देखते हैं न? कोई आपसे शंकित तो नहीं रहता है न? क्या तुम स्त्रियों को ढाढ़स देकर उनकी रक्षा करते हो न? हे धर्मराज! अँधे, गूँगे, लूले, देहफूटे, दीनबंधु और संन्यासियों को उनके पिता की भाँति बनकर पालते तो हो न?

भ्रष्टाचार से ग्रसित आज की राजनीतिक व्यवस्था से प्रासंगिक एक प्रश्न नारद ने पूछा कि समझ-बूझकर किसी सचमुच चोरी करनेवाले दुष्ट चोर को चुराए माल सहित पकड़कर उस माल के लोभ में छोड़ तो नहीं देते? क्या तुम्हारे मंत्री लोभ में पड़कर, धनी और दरिद्र के झगड़े में अनुचित विचार तो नहीं करते?

इसी प्रकार अनेक प्रश्न राजा के व्यक्तिगत आचार-विचार और व्यवहार के विषय में हैं, जैसे—आप ठीक समय पर उठा करते हैं? पिछले पहर जागकर आप चिंतन करते हैं? आप अकेले या बहुत लोगों के साथ कभी सलाह तो नहीं करते? आपकी गुप्त मंत्रणा प्रकट होकर राज में फैल तो नहीं जाती? हे महाराज! आपके लिए मरनेवाले और विपत्ति में पड़नेवाले लोगों के पुत्र, स्त्री आदि परिवार का भरण-पोषण आप करते रहते हैं न? शरण में आए शत्रु की रक्षा आप पुत्र की तरह करते हैं न? आगे नारद फिर पूछते हैं कि राजा, तुम एकाग्र होकर धर्म-अर्थ का ठीक ज्ञान रखनेवाले ज्ञानी पुरुषों के उपदेश सुनते रहते हो न? निद्रा, आलस, भय,

क्रोध, ढिलाई और दीर्घ शत्रु करनेवाले इन छह दोषों को तुमने दूर कर दिया है न?

नारद ने अनेक प्रश्न राज्य की सुरक्षा, जासूसी और शत्रु पर आक्रमण की तैयारी और रणनीति से संबंधी भी किए। ऐसा लगता है कि व्यास ने इन प्रश्नों के माध्यम से न केवल राजाओं या प्रशासकों को उनके कर्तव्यों का बोध कराया, परंतु उन्होंने आम प्रजा को भी जाग्रत् किया कि उन्हें प्रशासकों से किस प्रकार की अपेक्षाएँ करनी चाहिए। वर्तमान में यदि हम सुशासन के लिए कोई कार्य-योजना बनाना चाहते हैं तो नारद के प्रश्नों के संदर्भ सुंदर मार्गदर्शन की क्षमता रखते हैं। एक-एक प्रश्न की विस्तृत विवेचना की आवश्यकता है।

□

# जनजातीय समाज का सुमंगल

जनजातीय समाज की सबसे अधिक जनसंख्या मध्य प्रदेश में रहती है। सवा करोड़ से अधिक जनजाति के लोग प्रदेश की कुल आबादी का 20 प्रतिशत से अधिक है। कम-से-कम 4 जिलों में जनजातीय समुदाय बहुसंख्यक हैं। प्रतिशत के हिसाब से झाबुआ में 93.6 प्रतिशत, बड़वानी में 67 प्रतिशत, डिंडौरी में 64.5 प्रतिशत और मंडला में 57.2 प्रतिशत जनसंख्या जनजाति समाज की है। कुल मिलाकर 46 जनजातियों की उपस्थिति प्रदेश में मानी गई है। देश में जनजातियों की सबसे बड़ी संख्या और सबसे अधिक प्रतिशत अपने आप में प्रांत के लिए चुनौती तो है ही, परंतु इसे एक अवसर में भी बदला जा सकता है।

सामाजिक और आर्थिक दृष्टि से भारत के शहरी और ग्रामीण क्षेत्रों में जितना अंतर है, उससे अधिक गैर-जनजातीय ग्रामीणों और जनजातीय ग्रामीण समाज में है। जबकि साधारण ग्रामीण समाज मुख्यतः कृषि आधारित है, जनजातीय समाज के लिए कृषि के साथ जीवनयापन के अन्य मुख्य साधन भी हैं। अधिकतर जनजातीय समाज वनों में रहता है, जहाँ वन में उपलब्ध कंदमूल, जंगली फल, शहद, पशुपालन आदि से पेट पलता है। धीरे-धीरे कृषि की ओर भी जनजातीय समाज का झुकाव बढ़ रहा है। ग्रामीण और शहरी समाज का आधार जहाँ परिवार है, वहीं जनजातियों में गाँव और जाति की सामूहिकता अधिक मात्रा में उपलब्ध है। तन ढकने की मात्रा और सामग्री में भी जनजातीय समाज शेष समाजों से भिन्न है। समाजशास्त्र और नृशास्त्र के अनेक अध्ययनों ने बार-बार सिद्ध किया है कि जनजातीय समाज की सामाजिक रचनाएँ अनोखी हैं। बच्चों के पालन-पोषण और विवाह की पद्धतियाँ, न्याय व्यवस्था, कृषि या शिकार से प्राप्तियों में सामूहिक सहभागिता—सभी विषयों में जनजाति समाज की बहुत सी रचनाएँ व रीति-रिवाज

मानव की मौलिक संवेदनाओं पर आधारित हैं। जनजाति वर्ग में वर्ग भेद, ऊँच-नीच, छुआछूत और स्त्री-पुरुष के भेद भी कम हैं।

अनेक विशेषताओं के साथ जनजाति समाज ने अनेक विकृतियों को भी अपने से दूर रखा है। इसमें से मुख्य यह है कि भ्रूण हत्या का पाप इस समाज की सोच में भी नहीं है। समाज रचना और धारणाएँ ऐसी हैं कि समाज में स्त्री को भोग की वस्तु न मानकर सहचरी व सम्मान का स्थान प्राप्त होता है। यही कारण है कि जिन क्षेत्रों में जनजातीय समाज की संख्या आधे से अधिक है, वहाँ पर स्त्री-पुरुष अनुपात स्त्रियों के पक्ष में है। आश्चर्यजनक आँकड़ा यह है कि जनजातीय बाहुल्य क्षेत्रों में स्त्रियाँ-पुरुषों से अधिक हैं। उदाहरण के लिए, डिंडौरी में जनजाति समाज कुल जनसंख्या का 64.5 प्रतिशत है और यदि पुरुष एक हजार हैं तो स्त्रियाँ 1011 हैं। इसी प्रकार मंडला में जनजाति 58 प्रतिशत है और स्त्रियों की संख्या प्रत्येक हजार पुरुष पर 1028 है। यदि अपराध के आँकड़े लिये जाएँ तो भी यह तथ्य सामने आता है कि जनजाति बाहुल्य क्षेत्रों में चोरी, डकैती, लड़ाई-झगड़े और हत्या के अपराध अपेक्षाकृत कम है। जनजाति समाज में स्त्रियों से दुराचार (रेप) लगभग अनुपस्थित है। कारण, उनके जीवन के मूल्य और सामाजिक रचनाओं में व्यक्ति के व्यवहार पर सामूहिक अंकुश है और सामूहिक दंड देने की भी प्रथा है।

हमने अपने देश में विकास की अवधारणा और प्रक्रिया के लिए अमेरिका का अनुसरण किया है। आवश्यक सुविधाओं—सड़क, पानी, भोजन, कपड़ा, बिजली के साथ-साथ हमने उत्पादन और उपभोग पर भी अधिक महत्त्व दिया। अब तक की 12 पंचवर्षीय योजनाओं में हमें अधिकतम उत्पादन के साथ-साथ वस्तुओं और सेवाओं के अधिकतम उपभोग को भी तीव्र गति से बढ़ाया है। इस प्रकार के विकास का दर्शन है—जीवन में संघर्षशील रहना। क्योंकि सामर्थ्यवान का ही अस्तित्व बनता है। भौतिकता की इस दौड़ ने पश्चिम के समाज को असमंजस में डाल दिया है। उनको यह समझ में नहीं आ रहा कि कितना प्राप्त हो जाने पर काफी या अधिक हो जाएगा। केवल मात्र भौतिक विकास ने पूरे पश्चिम को बंद गली के अँधियारे में लाकर खड़ा कर दिया है, जहाँ पर लगातार कदमताल नहीं करेंगे तो गति शून्यता के आभास से नष्ट होने का भय है।

संयुक्त राष्ट्र संघ के एक सम्मेलन में आज से पचास वर्ष पूर्व भूटान के नरेश ने वैकल्पिक विकास की आवाज उठाई थी। उन्होंने कहा कि भौतिक प्राप्तियों के आधार पर विकास सूचकांक बनाने के बजाय हमें समाज की प्रसन्नता के

आधार पर विकास का आकलन करना चाहिए। आज जब पूरा जनजातीय समाज विकास के लिए पूरी तत्परता से तैयार है तो विचार होना चाहिए कि उनको विकास का क्या रूप दें। उपभोक्तावाद पर आधारित भौतिक विकास एक विकल्प है और भौतिक आवश्यकताओं की सहज प्राप्ति के साथ-साथ मानवीय मूल्यों पर आधारित व्यक्तिगत और सामाजिक विकास का विकल्प है। अनिवार्य पुरुषार्थों में अर्थ अनिवार्य है, परंतु केवल यही, ऐसा नहीं है। विकास का एक रूप सुमंगलम, दिल्ली विश्वविद्यालय के सुप्रसिद्ध अर्थशास्त्री डॉ. बजरंगलाल गुप्ता ने प्रस्तुत किया है। जिसके अनुसार धर्म (रिलीजन नहीं) के अनुसार कर्म करके अर्थ का उत्पादन करना तो मानवीय दायित्व है ही, साथ ही सीमित भोग और काम भी मनुष्य के अस्तित्व को बनाए रखने के लिए अनिवार्य है। परंतु अंतिम लक्ष्य व्यक्ति और समाज की सांस्कृतिक-आध्यात्मिक उन्नति है। बुद्ध ने इसे निर्वाण कहा। अन्य लोगों ने इसे मोक्ष कहा है। अंतिम लक्ष्य अति उत्तम स्तर का आनंद प्राप्त करने का है। संघर्ष का नहीं है, सहयोग का है।

हमारे देश का जनजाति समाज मूल रूप से प्रकृति से न केवल जुड़ा हुआ है, परंतु उसका पूरा जीवन दर्शन, आचरण, व्यवहार एवं धारणा सभी प्रकृति के नियमों के अनुसार और अनुकूल है। प्रकृति का पोषण उनके रीति-रिवाज और धारणा में बसा हुआ है। आज जनजातीय समाज को भौतिक विकास की चूहा दौड़ में न ढकेलकर उसके चिरस्थायी मंगल के लिए प्रयास किया जाए। सृष्टि के शाश्वत मूल्यों पर आधारित सुमंगलम के विकास अवधारणा को क्रियान्वित करने का इससे अच्छा अवसर हो ही नहीं सकता। जनजातीय समाज को विनाश के रास्ते विकास की ओर न ले जाकर सीधे मांगलिक विकास की ओर ले जाना उचित रहेगा। इसके लिए, वैचारिक सोच के साथ-साथ योजनाओं में भी परिवर्तन की आवश्यकता है। मध्य प्रदेश ने पिछले वर्षों में विकास के नए कीर्तिमान स्थापित करके देश के सर्वश्रेष्ठ राज्यों में आने का मार्ग प्रशस्त किया है। जनजातीय समाज के लिए वैकल्पिक विकास का नेतृत्व देने का भी श्रेय लेने का सुंदर अवसर है। देश की 10 प्रतिशत जनसंख्या को पीछे छोड़कर देश विकसित नहीं हो सकता और मध्य प्रदेश में तो 20 प्रतिशत जनजाति समाज को उन्नत करने का दायित्व है।

□

# कन्या-पूजन का विज्ञान एवं समाजशास्त्र

समस्त भारत में नवरात्रों में अष्टमी एवं नवमी के दिन लगभग हर परिवार में कन्या-पूजन का कार्यक्रम उत्साह एवं उमंग से मनाया जाता है। लाखों-करोड़ों कन्याओं का पूजन इन दिनों अपने-अपने सामर्थ्य के अनुसार होता है। क्योंकि नवरात्र वर्ष में दो बार आते हैं, इसलिए यह कन्या-पूजन का कार्य भी वर्ष में दो बार होता है। अधिकतर साधक नवरात्रों में भोजन और व्यवहार में व्रती रहते हैं, अर्थात् विशेष प्रकार का भोजन ही करते हैं और दाढ़ी न बनाना, झूठ नहीं बोलना आदि नियमों का भी पालन करते हैं। कम उम्र की लड़कियों को घर में बुलाकर या मंदिरों में पूजा करने का यह कार्य केवल कर्मकांड नहीं है। ऐसा लगता है कि भारत के प्राचीन ऋषियों-मुनियों ने इस पूजन की विधि का आविष्कार समाज में विशेष प्रकार के संस्कारों को प्रवेश देने के लिए किया था।

कम उम्र की कन्याओं को, जो रजस्वला न हुई हों, पंक्ति में बिठाकर पूजक उनके पैरों को अपने हाथ से धोता है। उनको टीका करके, अक्षत देकर उनकी आरती उतारी जाती है। पारंपरिक विश्वास के अनुसार, कन्या का पूजन शक्ति का पूजन है। ऐसा विश्वास है कि 'स्त्रीः समस्तवा देवी भेदः' अर्थात् हर नारी शक्ति की आदिदेवी महामाया का रूप है। महिलाओं में भी कन्या को सबसे अधिक पावन माना जाता है। हिंदुत्व के अनुसार सृष्टि की रचना की शक्तियाँ स्त्रीलिंग ही हैं। आदिशक्ति महामाया है, जिसके कारण से देवता और अन्य संसार की उत्पत्ति है। समस्त सृष्टि में जीवन का आधार यह नारी शक्ति ही है। ऐसा भी माना जाता है कि विराट् या सूक्ष्म जो भी ऊर्जा के रूप हैं, वह सब महामाया के भिन्न-भिन्न देवी स्वरूप हैं। नवरात्रों की देवी माँ दुर्गा अपने हर रूप में इसी महामाया का प्रतिबिंब हैं और हर एक कुँआरी कन्या इस शुद्ध मौलिक सृजनकर्ता शक्ति का रूप है।

देवियों की भक्ति के रूप में कन्या-पूजा इस बात का द्योतक है कि भारतीय परंपराओं के अनुसार सृजन की सभी क्षमताएँ और संभावनाएँ कन्या में निहित हैं। इसलिए समाज में कन्या का सम्मान और महत्त्व लड़कों से कुछ अधिक ही बताया गया है। यह विश्वास केवल दर्शन तक सीमित नहीं है। इसका व्यावहारिक पक्ष भी बहुत महत्त्वपूर्ण है।

कन्या-पूजन का मनोविज्ञान देखें तो जिस कन्या का पूजन हो रहा है, उसके मन के भाव समझना आवश्यक है। समाज के वयस्क और सम्मानित स्त्री-पुरुष छोटी कन्याओं के पैरों को पानी से धोकर स्वच्छ करते हैं और उसको भगवान् की भाँति पूजते हैं। इस कार्य से कन्या के मन में विचार आता है कि वह अपने समाज का एक महत्त्वपूर्ण अंग है, जिसे शेष समाज भगवान् की तरह सम्मान देता है। उसके मन में उल्लास उत्पन्न होता है और व्यक्तित्व में एक सकारात्मक संस्कार की रचना होती है कि समाज में उसकी भूमिका महत्त्वपूर्ण है। वह समाज का अनिवार्य अंग है। जीवन के प्रारंभिक काल में जब नारी शक्ति में इस प्रकार का संस्कार प्रवेश करता है तो शेष जीवन में इसकी सकारात्मक अभिव्यक्ति व्यक्तिगत और सामाजिक स्तर पर अवश्य ही होती है।

कन्या का पूजन करनेवाला व्यक्ति भी पूजन की काररवाई के दौरान मन में यही भाव लेकर चलता है कि वह किसी दैवी-शक्ति की आराधना और साधना कर रहा है। अनिवार्य नहीं है कि किसी संकल्प के सफल होने का लोभ हो, परंतु स्त्री जाति के प्रति आदर, सम्मान और श्रेष्ठता का भाव तो उत्पन्न होता ही है। कन्या तो शायद अपने जीवन में अधिक-से-अधिक आठ-दस बार ही पूजी जाती है, परंतु पूजक तो जीवन भर वर्ष में दो बार इस प्रक्रिया की अनुभूति प्राप्त करते हैं। स्त्री और पुरुष के आपसी संबंधों की इतनी सकारात्मक-रचनात्मक नींव पुस्तकों, शिक्षा या उपदेशों से नहीं हो सकती। व्यक्तित्व निर्माण में कन्या का अपने लिए गौरव का स्थान और शेष के व्यक्तित्व में कन्या के प्रति श्रद्धा और सम्मान का भाव स्थायी रूप से निर्मित होता है।

प्रश्न स्वाभाविक रूप से यह उठता है कि जिस समाज में कन्या-पूजन जैसे व्यापक रीति-रिवाज हों, वहाँ कन्या भ्रूण हत्या, हर आयु की महिला से दुराचार और दहेज के कारण हत्याएँ आदि बुराइयाँ क्यों प्रचलित हैं? ध्यान देने योग्य बात यह है कि यह सब कुरीतियाँ प्राचीन नहीं हैं, परंतु बदलते हुए भारतीय समाज की बुराइयाँ हैं। कन्या-पूजन को केवल मात्र अंधविश्वास या फिर कर्मकांड मानकर

अनेक लोग इसका पालन नहीं करते। क्योंकि आज की आधुनिकता में किसी भी रिवाज और विश्वास को तर्क तथा विज्ञान के आधार पर परखने की आदत है। अधूरी जानकारियों से उन्हें कन्या-पूजन का न तो तर्क समझ में आता है, न ही विज्ञान। समाज के ऐसे वर्ग को तो पश्चिम का जीवन चकाचौंध करता है और उन्हें वह बहुत भाता भी है, परंतु हर चमकने वाली वस्तु सोना नहीं होती। पश्चिम की चमक के नीचे जीवन का अधूरापन और अधूरी सोच साफ-साफ दिखती है। पश्चिम की नारी के प्रति दृष्टि उपयोग की वस्तु की है। पुत्री और बहन के अतिरिक्त हर नारी के साथ शारीरिक संबंध बनाने की संभावनाओं को पश्चिम का समाज मानता है। इसके विपरीत, भारतीय दृष्टि में पत्नी के अतिरिक्त हर नारी में माँ या बहन ही देखने का दर्शन है। कन्या-पूजन के समाजोपयोगी रिवाज को न मानने के पीछे अनेक भारतीय परिवारों में पश्चिम की सोच का प्रभाव है। कहीं-न-कहीं अपनत्व के प्रति हीनत्व का भाव भी उत्पन्न हुआ दिखता है।

परंतु अनेक भारतीय परंपराओं और सांस्कृतिक प्रक्रियाओं का जब निष्पक्ष होकर विश्लेषण करते हैं तो तर्क भी सामने आता है और उसका विज्ञान भी उद्धृत होता है। हर कर्मकांड में व्यक्ति और समाज के उपयोग की दृष्टि भी साफ झलकती है। कन्या-पूजन भी इसी प्रकार का एक मनोवैज्ञानिक और समाजशास्त्र का ऐसा उपक्रम है, जिसके कारण से समाज में स्त्री और पुरुष के मध्य सामंजस्य और समरसता के संबंधों का निर्माण होता है, न कि प्रतिस्पर्धा और अन्याय और शोषण के विचार।

कोई भी व्यक्ति, जिसने अनेक बार कन्या-पूजन किया हो, कैसे भ्रूण हत्या और विशेषकर कन्या भ्रूण हत्या में सहभागी हो सकता है? कन्या के प्रति जब देवी होने का संस्कार व्यक्तित्व में बन जाता है तो वह पुरुष कभी भी महिला से दुर्व्यवहार या दुराचार नहीं करेगा। इसके साथ ही, जिस महिला का बचपन में कई बार शेष समाज में पूजन किया हो, वह महिला दुर्बल कैसे हो सकती है? वह दहेज के लिए बहू पर अत्याचार नहीं कर सकती। उसमें तो आत्मविश्वास कूट-कूटकर भरा होना चाहिए। वर्तमान भारतीय समाज में जो कन्याओं और महिलाओं के साथ अमानवीय व्यवहार और दुराचार हो रहा है, उसका उपाय कन्या-पूजन के कार्यक्रमों को व्यापक रूप से करने से सफल हो सकता है। यह तो संस्कारों का खेल है। बुरे संस्कार विकृत व्यवहार को जन्म देते हैं और सकारात्मक संस्कार समाज को सुदृढ़ करते हैं।

सेवा भारती नामक संस्था देशव्यापी कार्यक्रम कन्या-पूजन के करती है। वह केवल संपन्न और संभ्रांत परिवारों की कन्याओं का पूजन नहीं करते-करवाते, परंतु समाज के उपेक्षित वर्गों के परिवारों की कन्याओं को सार्वजनिक रूप से एकत्र करके समाज के महत्त्वपूर्ण व्यक्तियों से उनका पूजन करवाते हैं। एक तो समाज के विभिन्न वर्गों में समरसता का भाव उत्पन्न होता है, दूसरी ओर कन्या और पूजक के मनों में संस्कारों का निर्माण होता है। यही कार्य अधिक व्यापक स्तर पर करने की आवश्यकता है, जिससे आनेवाले भारतीय समाज में महिलाओं और पुरुषों में आपसी संबंधों की वे समस्याएँ उत्पन्न न हों, जो पश्चिम का अनुसरण करने से हो रही है।

□

# नारी : प्रकृति की श्रेष्ठ रचना

हमारी सृष्टि को बनाने और चलाने की प्रकृति की अद्भुत व्यवस्थाएँ हैं। एक तरफ तो अचेतन पदार्थों का उपयोग और ह्रास होता है और दूसरी ओर उनका नवनिर्माण भी होता ही रहता है। चट्टानों का टूटना और घिसना निरंतर प्रक्रिया है और उनका बनना और मजबूत होना भी साथ-साथ चलता रहता है। जल की उपस्थिति के अनेक रूप हैं, जो एक-दूसरे के पूरक हैं। ऑक्सीजन और कार्बनडाई-ऑक्साइड का प्रयोग ऊर्जा बनाने तथा खाद्य पदार्थ बनाने में होता है तो उनके निर्माण की व्यवस्थाएँ भी प्रकृति ने हरे पौधों के द्वारा और प्राणियों की साँस की प्रक्रियाओं के द्वारा कर दी हैं।

सृष्टि के जीवित और प्राणीमय जगत् में हर जीवित प्राणी की मृत्यु निश्चित है। परंतु प्रजनन की व्यवस्थाएँ इतनी सुनिश्चित हैं कि लगभग हर चेतन रचना-वनस्पति हो या जीव-जंतु, वायरस बैक्टीरिया हो या हाथी-व्हेल मछली सभी को मरना है और सभी जातियों में उस जाति के नए प्राणियों का समावेश उतना ही सुनिश्चित है। हर चेतन प्राणी की जाति में कुछ-न-कुछ प्रक्रिया अनिवार्य रूप से उपलब्ध है, जिसके कारण संख्याओं का संतुलन बना रहता है।

प्राणी जगत् हो या वनस्पति का संसार, प्रकृति ने नर और मादा का प्रावधान किया है, जिनका मुख्य उद्देश्य अपनी जाति के लिए संतान उत्पत्ति करके मृत्यु के कारण से हुई क्षति को पूर्ण करना है। प्राणीशास्त्र के विद्वान् बताते हैं कि चेतन सृष्टि के निर्माण के प्रारंभिक प्राणियों में मात्र विभाजन से प्रजनन होता है। उदाहरण के तौर पर, एक अमीबा पहले दो, फिर चार में विभाजित हो जाता है, परंतु ऐसे यौनविहीन प्रजनन का प्रचलन प्राणी मात्र में विरले ही है। कुछ पौधों में भी ऐसा होता है। आलू की हर आँख आलू का नया पौधा बनाने की क्षमता रखती है, परंतु

मुख्यतः जाति को बनाए रखने की प्रक्रिया में नर और मादा का होना अनिवार्य है। यही नहीं, नर और मादा की भूमिकाएँ भी प्रकृति ने निश्चित कर रखी हैं। बहुत से पेड़-पौधे और कुछ जीव-जंतु द्विलिंगी भी हैं, अर्थात् एक ही शरीर में नर और मादा के अंग उपलब्ध हैं। जंतुओं में केंचुआ इसका एक उदाहरण है। अधिकतर फूलों में नर का पराग और मादा का अंडकोष प्रकृति ने बनाया है और सामान्यतः एक ही फूल में यह बहुसंख्यक भी होते हैं, परंतु प्रजनन का मुख्य आधार नर के कोष और मादा के कोष का मिलना और उसके बाद नवजीवन का निर्माण, ऐसा प्रकृति का प्रावधान है। इसलिए प्रकृति का यह शाश्वत नियम सर्वमान्य होना चाहिए कि प्राणी जगत् में नर और मादा दो भिन्न-भिन्न रचनाएँ अनिवार्य हैं और इनकी अपनी-अपनी भूमिका निश्चित है तथा अपने-अपने दायित्वों को निभाने से ही चेतन जगत् की हर रचना-वनस्पति और जीव-जंतु का अस्तित्व निर्भर करता है।

जैविक जगत् में मनुष्य को सर्वाधिक विकसित प्राणी माना जाता है और उसमें भी जन्म से ही नर और मादा का निर्धारण रहता है। शारीरिक-मानसिक रचना भिन्न-भिन्न है, जिसके कारण जीवन की निरंतरता को बनाए रखा जा सकता है। ऐसा केवल मनुष्य में ही नहीं है, परंतु प्राणी जगत् के विकास की प्रक्रिया में महत्त्वपूर्ण घटना यह मानी जाती है कि प्राणियों में नवजात का जन्म अंडे के रूप में न होकर नवजात का प्रारंभिक विकास मादा के शरीर में होना प्रारंभ हुआ। इसी के साथ एक महत्त्वपूर्ण नवाचार प्राणी जगत् में हुआ, जिसके कारण मादा के शरीर में ऐसे अंगों का विकास हुआ, जो नवजात शिशु को दूध के रूप में भोजन देने में सक्षम थे, वैसे तो प्राणी जगत् में विकास के अनेक महत्त्वपूर्ण और दिशा-निर्देशक विकास हुए, परंतु अंडे के स्थान पर शिशु का जन्म होना और नवजात के लिए भोजन की व्यवस्था मादा शरीर में होना ये विकास की दो घटनाएँ ऐसी हैं, जिससे प्राणी जगत् में सामाजिकता और उसके कारण से संस्कृति की रचना के बीज प्रस्फुटित हुए। जब भी हम मनुष्य जाति में पुरुष और महिलाओं के किसी विषय की विवेचना करें, ये मूल तथ्य हमें सामने रखने चाहिए कि केवल मादा ही शिशु को जन्म देने की क्षमता रखती है और फिर उसका पालन भी अपने ही शरीर के पदार्थों से करती है। यह व्यवस्था मनुष्य निर्मित नहीं है, प्रकृति ने यह व्यवस्था करके मादा मनुष्य को नर मनुष्य से कहीं अधिक ऊँचा स्थान दिया।

प्रजनन की प्रकृति निर्मित एक और व्यवस्था की ओर ध्यान देना अनिवार्य है। एक मादा की शिशु को जन्म देने की क्षमता सीमित है। मनुष्य में एक महिला

लगभग नौ महीने नवनिर्मित मनुष्य को अपनी कोख में रखती है और सामान्यत: एक ही शिशु का जन्म एक समय में होता है। इसके विपरीत, नर मनुष्य एक से अधिक मादाओं में बीजारोपण करने की क्षमता रखता है, इसलिए पुरुष यदि संख्या में कम भी हों तो मानव जाति का अस्तित्व बना रहेगा, परंतु महिलाओं की संख्या कम होने से पूर्ण मनुष्य जाति की प्रजनन की क्षमता क्षीण होती है और दीर्घ काल में यह मनुष्य जाति के लिए घातक हो सकता है। यह व्यवस्था भी मनुष्य निर्मित नहीं है, परंतु प्रकृति ने ही महिला को पुरुष की तुलना में अधिक महत्त्वपूर्ण भूमिका निभाने का कार्य दिया है।

प्रकृति की नर और मादा की ऐसी व्यवस्थाओं की सूक्ष्म समझ होने के कारण जितने भी मनुष्य के समाज ऐतिहासिक काल के पूर्व के हैं, उन सबमें समाज की कल्पना नर और मादा के दो अनिवार्य भागों में हुई। ऐसे समाजों में या तो महिला का स्थान समाज में पुरुष से बेहतर था या फिर बराबरी का था। आज भी वनवासी और जनजाति समाज, जो आधुनिकता के प्रभाव से मुक्त है, उनमें महिला का स्थान प्रमुख है। इसको मनुष्य की प्रकृति के प्रति वास्तविक समझ का द्यैतक माना जा सकता है।

इतिहास पर अगर दृष्टि डालें तो यह स्पष्ट होता है कि आधुनिक धार्मिक विश्वासों ने प्रकृति के नर–मादा के प्राकृतिक व्यवस्थाओं के विपरीत पुरुष के शारीरिक बल को ध्यान में रखते हुए महिला को वह स्थान नहीं दिया, जो प्रकृति से उसे प्राप्त था। आदिमानव ने समाज को केवल दो भागों में बाँटा—नर और मादा। उन्होंने जिन देवी–देवताओं की रचना की, उनका कार्य भी समाज में संतुलन बनाने का था। जब नर और मादा का संतुलन बना रहता था तो समाज विकसित होता था, अन्यथा अव्यवस्था फैलती थी।

मोनालिसा आज तक की दुनिया की सर्वश्रेष्ठ कलाकृतियों में मानी जाती है। इसके रचयिता डॉ. विन्सी उस समय के यूरोपियन समाज में महिलाओं के दूसरे दरजे के नागरिक होने से पीड़ित थे। विश्वप्रसिद्ध कलाकृतियों से उन्होंने अपनी बात को, अपने मन के भाव को कहा है। इस चित्र को ध्यान से देखने पर पता लगता है कि मोनालिसा के चेहरे के पीछे का जो क्षितिज है, वह बाईं साइड में नीचे है और दाईं साइड में ऊपर है। विद्वानों का मानना है कि डॉ. विन्सी ने ऐसा करके एक खेल खेला है, जिसके कारण से मोनालिसा बाईं तरफ से अधिक बड़ी दिखती है। ऐतिहासिक तौर पर यह सर्वमान्य है कि बायाँ पक्ष महिला का और दायाँ पुरुष का माना जाता है। क्योंकि डॉ. विन्सी का महिलाओं की अधिक महत्त्वपूर्ण भूमिका में

विश्वास था, इसलिए उसने चित्र में बाईं ओर को अधिक सशक्त बनाया है। डॉ. विन्सी कहीं–न–कहीं प्रकृति के उस सिद्धांत में विश्वास रखता था, जिसमें नर और मादा का संतुलन अनिवार्य है, उसका मानना था कि मनुष्य की आत्मा तब तक चैतन्य को प्राप्त नहीं होती, जब तक उसमें नर और मादा के दोनों अवयव न हों।

वास्तव में, मोनालिसा एक द्विलिंगी चित्र है, जो न तो पूरा पुरुष है, न ही पूरा महिला, यह नर और मादा का सम्मिलित रूप है। मिस्र के नर देवता का नाम एमोन है और लिसा मादा देवी, इस का बिंब है, इस प्रकार एमोनलिसात्र मोनालिसा विद्वानों का मानना है कि मोनालिसा शब्दावली पुरुष और नारी के ईश्वरीय मिलन का एक संबोधन है और ऐसा माना जाता है कि यही मोनालिसा की रहस्यमयी मुसकान का राज है।

भारतीय परंपराओं में भी नारी के श्रेष्ठ होने का अहसास प्राचीन ऋषि–मुनियों की सोच में लगता है। पूरी सृष्टि की रचना नारी शक्ति से ही बताई गई है और अनेक देवियों के रूप में परमात्मा को माना गया है। नारी को ही स्वतंत्र रूप से ऊर्जा–धन, विद्या–शक्ति पापनाशक के रूप में माना गया है। किसी भी महत्त्वपूर्ण धार्मिक या आध्यात्मिक अनुष्ठान में महिला या पुरुष को समान भूमिका दी गई है। परंतु यह भी सच है कि भारतीय समाज में ही धीरे–धीरे नारी का स्थान पुरुष की तुलना में गौण होता गया। यह भारतीय संस्कृति की विकृति है, उसकी पहचान नहीं। वर्तमान में नारी की सामाजिक–सांस्कृतिक परिकल्पना इसी विकृति सोच का परिणाम है, जिसमें पश्चिम की उपभोक्तावादी संस्कृति ने और अधिक विकार पैदा कर दिया है। नारी भोग की वस्तु, नारी का शरीर प्रदर्शन के लिए, नारी दूसरे दरजे का नागरिक और नारी के अधिकार पुरुष से कम, यह सब विकृत सोच के लक्षण हैं। ऐसे सामाजिक रचनाएँ, प्रथाएँ और प्रचलन, जिनमें नारी को पुरुष से श्रेष्ठ न सही, पुरुष के बराबर न माना जाए। सब प्रकृति के नियमों के प्रतिकूल है, इसलिए मानव समाज के लिए घातक भी है। गर्भ में शिशु की पहचान करना और यदि मादा शिशु हुआ तो उसकी भ्रूण में ही हत्या करना केवल अपराध नहीं, पाप नहीं है, परंतु यह तो प्रकृति के शाश्वत नियमों की अवहेलना है और जिस समाज में ऐसा होता है, उसका विध्वंस तो होना ही है, क्योंकि जब–जब मनुष्य ने प्रकृति के विधानों की अवहेलना की है, तब–तब मनुष्य जाति संकट में आई है। जानते हुए भी अनजान बनना आत्महत्या की तैयारी है। नारी की प्रकृति प्रदत्त श्रेष्ठता को स्वीकार करना ही विवेकपूर्ण व्यवहार है।

□

# भारतीय दर्शन की सहज समझ

प्राचीन काल में भारतवर्ष की भूमि पर अनेक ऋषियों और मुनियों ने शोध, तप, तपस्या, चिंतन और परामर्श के आधार पर शुद्ध ज्ञान पर आधारित ग्रंथों की रचना की थी। वेद, पुराण, उपनिषद् आदि सभी ब्रह्मांड और सृष्टि की नैसर्गिक प्रकृति का मौलिक सत्य प्रस्तुत करते हैं। ऐसा लगता है कि जिस काल में इन ग्रंथों की रचना हुई, उस समय आम व्यक्ति का भौतिक और आध्यात्मिक स्तर ऐसा था कि वेदों और पुराणों की संस्कृत भाषा और उनमें बताए हुए ज्ञान-विज्ञान को वह सहजता से समझकर आत्मसात् कर सकता था।

समय के साथ संस्कृत भाषा का ज्ञान लुप्त हुआ और समाज के बौद्धिक स्तर का भी काफी पतन हुआ। वर्तमान में ज्ञान से भरपूर इन ग्रंथों की भाषा और अर्थ को समझना तो दूर उनमें प्रतिपादित परिकल्पनाओं, सिद्धांतों और व्यावहारिक ज्ञान की समझ भी व्यक्ति की बुद्धि से बाहर हो गई है। परंतु अनेक संत-महात्मा इस पूरे ज्ञान को समझकर साधारण व्यक्ति तक पहुँचाने के पुनीत कार्य में लगे हुए हैं। भगवान् श्री सत्य साईं से ज्ञान प्राप्त करके अनेक विद्वान् प्राचीन भारतीय ग्रंथों पर आधारित ज्ञान-विज्ञान का प्रचार और प्रसार करने के लिए प्रतिबद्ध हैं। आज की भाषा में और समाज के वर्तमान बौद्धिक स्तर के अनुरूप अध्यात्म को प्रस्तुत करना अत्यंत दुर्लभ और चुनौतीपूर्ण कार्य है। श्री भारतनारायण, पूर्व सचिव, मध्य प्रदेश विधानसभा ने पिछले कई वर्षों में यह कार्य सफलतापूर्वक किया है। उनकी तीन पुस्तकें 'जीने की राह', 'जीवन-पथ' और 'जीवन का लक्ष्य' सहज रूप से ही कठिन दर्शन को आम व्यक्ति तक पहुँचाती हैं।

श्री भारतनारायण की चतुर्थ पुस्तक 'जीवन दर्शन' इसी कड़ी में एक अगला कदम है। वर्तमान में जीने का रंग-ढंग क्या होना चाहिए, पहली दो पुस्तकों में यह बखूबी समझाया गया है। तीसरी पुस्तक में थोड़ा आगे का ज्ञान प्राप्त होता है और

यह समझाया गया है कि जीने का लक्ष्य भौतिक जगत् में विकास करना नहीं है, परंतु वास्तविक विकास तो अध्यात्म के क्षेत्र में है। इसी व्यावहारिक ज्ञान को आगे बढ़ाते हुए, श्री भारतनारायण ने वास्तविक जीवन दर्शन का बोध कराया है। अतिशयोक्ति न माना जाए तो यह कहा जा सकता है कि हिंदुत्व की मौलिकता को कायम रखते हुए भी इतनी सरल भाषा और शैली में अभी तक की यह सर्वश्रेष्ठ प्रस्तुति मानी जा सकती है। वर्ष 2010–11 में समय-समय पर संक्षिप्त टिप्पणियाँ की हैं, जिनमें से 86 इस पुस्तक में उपस्थित हैं। लिखने की शैली कभी गद्य लगती है, कभी पद्य लगती है, परंतु विषय को समझाने में अत्यंत सक्षम हैं। एक साधारण व्यक्ति, जो केवल पढ़ सकता है, उसे भी दैनिक जीवन में अध्यात्म के सिद्धांतों और व्यवहार का ज्ञान सरलता से देनेवाली यह पुस्तक है।

विषयों की विभिन्नता और एक ही विषय को कई तरह से प्रस्तुत करने की अनेकता इस पुस्तक को अद्वितीय बनाती है। उदाहरण—संदर्भों एवं लघु कथा के माध्यम से जीवन-मूल्यों का सहज प्रतिपादन किया गया है। अधिकतर उदाहरण रामायण और महाभारत से हैं, परंतु भगवान् श्री सत्य साईं द्वारा उपचारित कथाओं को भी उद्धृत किया गया है। कुछेक प्रसंग तो ऐसे हैं, जब चक्षु अश्रुमय हो जाते हैं। हिरणों की सभा में कुत्तों से न डरने का संकल्प और फिर दूर से भौंकने की आवाज सुनकर भाग जाना, अर्जुन का सर्वश्रेष्ठ धनुर्धर होने का घमंड टूटना, बँगलादेश में खोई अँगूठी, भगवान् श्री सत्य साईं के पास पहुँच जाना इत्यादि अनेक ऐसे प्रसंग हैं, जो मन और बुद्धि पर अपनी अमिट छाप छोड़ते हैं। कुल मिलाकर घोर भौतिकवाद के इस युग में मानवता को किस प्रकार से संकट से उबारा जा सकता है, उसी दर्शन की सुंदर व्याख्या बार-बार इस पुस्तक में मिलती है।

पूर्ण समाज को श्री भारतनारायण को साधुवाद देना चाहिए और आभार प्रकट करना चाहिए कि अध्यात्म की इतनी सरल प्रस्तुति आपने रखी है। वैसे तो हर आयु वर्ग के व्यक्ति के लिए पुस्तक उपयोगी है, परंतु बच्चों और युवाओं को अगर इस पुस्तक को पढ़ाने की व्यवस्था की जाए, तो जिस प्रकार के सुसंस्कारित युवा वर्ग का निर्माण होगा, उससे भविष्य की मानवता अनिवार्य रूप से लाभान्वित होगी, ऐसा मेरा विश्वास है। निवेदन यह है कि इस पुस्तक को अधिक-से-अधिक लोग पढ़ें-समझें और अन्य को भी पढ़ने तथा समझने की प्रेरणा दें। परमपिता परमात्मा से यही प्रार्थना है कि श्री भारतनारायणजी को दीर्घ आयु तक स्वस्थ रखें, जिससे वे इस प्रकार के लेखन के द्वारा समझ के बौद्धिक और आध्यात्मिक विकास का कार्य निरंतर करते रहें। □

# साम्यवाद के अस्त में विकल्प की खोज

ऐसा माना जाता है कि भारत टेक्नोलॉजी के क्षेत्र में विकसित अर्थव्यवस्थाओं से लगभग 20 वर्ष पीछे चलता है। हाल ही में हुए विधानसभा के परिणाम से यह सिद्ध हुआ कि राजनीतिक विचारधारा के विस्तार और विकास में भी हम लगभग इतने ही वर्ष पीछे चल रहे हैं। शेष विश्व में साम्यवाद का सूर्य दो दशक पहले अस्त हो गया और वर्ष 2011 में भारत में साम्यवाद के किलों—केरल और पश्चिम बंगाल में भी यह विचारधारा धराशायी हुई। रूस, चेकोस्लोवाकिया और पूर्वी जर्मनी में साम्यवाद के पतन के लिए विश्लेषकों ने मार्क्स और लेनिन की विचारधारा को दोषी पाया। परंतु भारत में मतदाताओं ने साम्यवाद को नकारा तो अधिकतर टिप्पणीकार वहाँ के संगठन और सरकार की कार्य-प्रणाली को दोषी पा रहे हैं। यदि ऐसा होता तो सी.पी.(एम) को दो राज्यों में इतनी करारी हार का मुँह नहीं देखना पड़ता। पश्चिम बंगाल में तो वाम मोर्चे का अपमानजनक पतन हुआ है। कुल 294 में से केवल 63 साम्यवादी ही जीतकर विधानसभा में आए हैं। केरल में प्रदर्शन पश्चिम बंगाल से बेहतर, परंतु कुल मिलाकर शर्मनाक ही रहा। जहाँ पूर्व में दोनों दलों में थोड़े अंतर से ही हार होती थी, इस चुनाव में वाम दलों को 140 में से केवल 68 स्थान ही प्राप्त हुए।

विषय संगठन की कमजोरी और सरकार की आम व्यक्ति की अपेक्षाओं में असफल रहना तो है, पर कहीं-न-कहीं यह प्रश्न भी उठना चाहिए कि आखिर साम्यवाद का पतन क्यों? तर्क और व्यवहार के आधार पर साम्यवादी विचारधारा बड़ी आकर्षक लगती है, क्योंकि वह सभी की समानता की बात करती है। समाज में एक ही वर्ग हो, ऐसा साम्यवादी विचारधारा का उद्देश्य रहता है। यहाँ तक तो ठीक है, परंतु इस समानता को प्राप्त करने के लिए जो आधार माना जाता है, उसके

अनुसार हर व्यक्ति को एक राजनीतिक प्राणी की भूमिका में सोचा जाता है। व्यक्ति अपने अधिकारों को प्राप्त करें और अपने से उच्च श्रेणीवालों को या तो अपने स्तर पर लाए या फिर खुद उनके स्तर तक जाए। मूल स्रोत का तत्त्व है कि समाज का एक वर्ग शेष समाज का शोषण करता है।

हर नागरिक की मूल आवश्यकता रोटी, कपड़ा और मकान है, ऐसा साम्यवाद मानता है और सबको समान रोटी, कपड़ा और मकान मिले, ऐसी व्यवस्था करना उद्देश्य है। विश्व में अनेक उदाहरण ऐसे हैं, जहाँ हिंसक क्रांति से साम्यवाद स्थापित हुआ और समानता स्थापित करने का प्रयास हुआ। वर्षों के बाद एक अलग तरह की वर्ग व्यवस्था समाज में बन गई और वर्गहीन समाज केवल सपना ही रह गया। रूस, पूर्व जर्मनी और क्यूबा में ऐसा ही हुआ। चीन में ऐसा ही हो रहा है।

कुछ देशों के साम्यवादियों ने हिंसक क्रांति की संभावना को कठिन या असंभव मानते हुए, प्रजातांत्रिक माध्यम से साम्यवाद की स्थापना का प्रयास किया। भारत में दोनों ही प्रयोग हुए सी.पी.(एम) और सी.पी.आई. तथा सहयोगी दलों ने पश्चिम बंगाल केरल और कुछ-कुछ अन्य प्रांतों में ऐसे सफल प्रयास किए। साथ ही कट्टर साम्यवादियों के बड़े हिस्से ने हिंसक क्रांति में विश्वास रखा और माओवाद और नक्सलवाद को विस्तार दिया। प्रजातंत्र के माध्यम ने तो साम्यवाद को सिकोड़ दिया। साम्यवाद का हिंसक रूप अपना प्रभाव बढ़ा रहा है, परंतु क्रांति जैसी सफलता न तो उसको अभी मिली है और न ही मिलने का आसार नजर आता है।

मूल समस्या कहीं साम्यवाद की अधूरी और कमजोर विचारधारा की है। समाज में एक नागरिक की भूमिका राजनीति के साथ-साथ सामाजिक, आर्थिक और सांस्कृतिक भी है। केवल रोटी, कपड़ा और मकान से समाज नहीं बनता है। संबंध, परंपराएँ, संस्कृति और एक-दूसरे पर निर्भरता मनुष्य के समाज के अनिवार्य अंग हैं, जिनको साम्यवाद या तो नकाराता है और या उनकी भूमिका अत्यंत गौण मानता है, इसलिए कुछ समय के बाद साम्यवाद पतन को प्राप्त होता है। अनेक ऐसे व्यक्ति हैं, जिन्होंने अपने जीवन के महत्त्वपूर्ण प्रारंभिक वर्ष साम्यवादी विचार के प्रचार-प्रसार में लगाए, परंतु कुछ ही वर्षों में उनको साम्यवाद का अधूरापन और अव्यावहारिकता समझ में आई। उन्होंने साहस किया और कम्युनिस्ट आंदोलन से अपने को अलग कर लिया। केरल और बंगाल की

जनता को भी अब यह बोध हो गया है कि कम्युनिज्म के माध्यम से उनका विकास होना संभव नहीं है और जब 'माँ, माटी और मानस' का विकल्प उन्हें मिला तो उन्होंने उसे सहज स्वीकार किया।

साम्यवाद का विकल्प पूँजीवाद माना जाता है और दोनों के बीच में कई रंगों का समाजवाद भी आता है। पूँजीवाद में व्यक्ति को एक उपभोक्ता के रूप में माना जाता है, जिसकी आवश्यकता को पूर्ण करने के लिए वस्तुओं और सेवाओं का निर्माण होता है। जिसमें पूँजी लगती है और उसका विस्तार होता है। मौलिक आवश्यकताएँ पूर्ण होने पर और छद्म और काल्पनिक जरूरतें पैदा की जाती हैं, जिससे कि नई-नई वस्तुओं और सेवाओं की माँग बढ़े और पूँजी का चक्र चलता रहे। एक स्थिति ऐसी आती है कि व्यक्ति और समाज समृद्धि के ऐसे पड़ाव पर पहुँच जाते हैं, जहाँ से आगे जाने का कोई रास्ता नहीं होता और जो होता है, वह सब व्यर्थ लगता है। जहाँ राजनीतिक व्यक्ति होने से समानता प्राप्त करना अव्यावहारिक है, वहीं उपभोक्ता व्यक्ति होने से मनुष्य का विकास भ्रमित रहता है और दिशाविहीनता का भाव बढ़ता है। विश्व में कम्युनिज्म लगभग समाप्त हो गया और पूँजीवाद असफल होता हुआ लगता है। आखिर विकल्प क्या है ?

विकल्प समग्रता में है। मनुष्य एक जीव होने के साथ-साथ एक सांस्कृतिक प्राणी भी है। भौतिक आवश्यकताएँ पूर्ण होने पर उसके मन में प्रकृति के विषय में प्रश्न उठते हैं और उनका उत्तर पाना उसके लिए जीवन का उद्देश्य बनता है। उसको भौतिक जगत् के साथ-साथ ऐसी भी अनुभूति होती है कि मानो पूरे विश्व में एकरूपता और एकात्मता हो। मनुष्य विभिन्नता को सृष्टि का नियम मानता है और उससे संबंध बनाकर आनंद प्राप्त करता है। समाज में प्रतिस्पर्धा के स्थान पर सहयोग और आपसी निर्भरता को वहाँ अधिक सार्थक और व्यावहारिक मानता है।

विविधता होने के बावजूद उसको लगता है कि सभी में कुछेक समान तत्त्व भी हैं। जब उसको यह अनुभूति होती है कि सृष्टि के हर जीव और जड़ में कहीं-न-कहीं एक समान तत्त्व की उपस्थिति है तो 'सब अपना' और 'सभी अपने' का भाव आता है। भारत के प्राचीन ग्रंथों में इसी प्रकार के दर्शन का बार-बार वर्णन मिलता है। यूनान और रोम के प्राचीन ग्रंथों में भी एकरूपता की बात कही गई है। अमेरिका के मूल निवासियों, जिनको रेड इंडियन के रूप में जाना जाता है, की संस्कृति में भी पक्षियों, पर्वतों, नदियों और बादलों आदि का मनुष्य से संबंध माना गया है। मैक्सिको के एक विश्व प्रसिद्ध लेखक पाएलो कोहेलो ने अपने

उपन्यास 'अलकेमिस्ट' में लिखा है कि मनुष्य को रेत, मिट्टी, पेड़, पर्वत, जल, वायु, बादल, घोड़े इत्यादि सभी से संवाद करने की क्षमता होनी चाहिए। उसने आगे लिखा है कि जब ऐसा होता है तो समूची प्रकृति षड्यंत्र करके मनुष्य को सफल बनाती है। इस विचारधारा को राजनीतिक दृष्टि से सांस्कृतिक राष्ट्रवाद का नाम दिया गया और दर्शन में इसे एकात्म मानववाद कहा गया। विश्व के वर्तमान परिवेश में जब साम्यवाद प्राय: नष्ट हो गया है और पूँजीवाद अंधी गली में अपने को पाता है, तो एकात्म मानववाद में मनुष्यता को अपने विकास का विकल्प ढूँढ़ना होगा।

□

# श्राद्ध का विज्ञान

प्रकृति की अद्‌भुत रचना है मानव और आदि मनुष्य का जन्म होता है। उस समय यह प्राणी जगत् का सबसे दुर्लभ निस्सहाय निरहीत स्थिति में होता है। एक मछली का नवजात या किसी कीड़ का नवजात जन्म लेते हुए इतना सशक्त होता है कि बिना किसी सहायता से अपना जीवन चला लेता है। परंतु मनुष्य और अनेक स्तनधारी प्राणियों के जन्म का प्रारंभ गर्भ में होता है। और माँ के शरीर में ही प्रारंभिक विकास होता है। गर्भकाल में माँ के जीवन का ही एक अंग (गर्भाशय में माँ के जीवन और शरीर का ही एक अंग) गर्भाशय में पल रहा शिशु होता है। माँ के शरीर का अंग होने के कारण, माँ के भोजन और रक्त के आधार पर ही जीवित रहता है। प्रसव की वेदना भी माँ को ही होती है। शेष प्राणी जगत् में जो नहीं होता है, वह स्तनधारी प्राणी में, विशेषकर मनुष्य की जाति में होता है। जैविक माँ के साथ नर्सिंग संबंध बनता है।

दूसरी महत्त्वपूर्ण प्रक्रिया गर्भधान की है। गर्भधारण करने के लिए पिता की अनिवार्यता है। पिता नहीं है और यदि माँ और पिता का समागम नहीं है तो मनुष्य का जन्म नहीं है। इसलिए माँ और बाप दोनों के कारण ही मनुष्य का जीवन प्रारंभ होता है और माँ के शरीर से ही अंग बनकर पैदा होना मनुष्य की नियति है। ऐसी जैविक प्रक्रिया को ध्यान में रखते हुए शास्त्रों में कहा गया कि पितरों के प्रति मनुष्य का जो कृतज्ञता का भाव है, वह एक मातृ-पितृ ऋण के रूप में है, जिसे निभाने के लिए हर स्त्री को माँ और हर पुरुष को पिता बनना चाहिए।

माता-पिता किसी अन्य पुरुष-स्त्री की संतान है, जिसको दादा-दादी या नाना-नानी कहा जाता है। और वे भी कहीं-न-कहीं इस प्रजनन की प्रक्रिया से होकर आए हैं। इसलिए मनुष्य का कृतज्ञता का भाव पीढ़ियों के प्रति है, न कि

प्रत्यक्ष दादा-दादी, नाना-नानी के प्रति, इस कृतज्ञता के भाव की अभिव्यक्ति श्राद्ध करना या पितरों के मोचन का कर्मकांड करना माना जा सकता है।

जन्म के समय जो क्षमताविहीन की स्थिति है, उसके कारण से मनुष्य जन्म से ही शेष समाज पर निर्भर हो जाता है। यदि किसी अन्य मनुष्य में नवजात शिशु को नहीं सँभाला तो उसका अस्तित्व खतरे में है, वह जी नहीं पाएगा। समाज के अन्य सदस्यों पर हर मनुष्य की यह निर्भरता कम या अधिक जन्म से मृत्यु तक रहती है। इसलिए पश्चिम के दार्शनिकों ने बड़े गर्व से कहा कि मनुष्य एक सामाजिक प्राणी है, अंग्रेजी में तो मनुष्य को सामाजिक जानवर माना। वास्तव में, मनुष्य की समाज की अनिवार्यता उसके प्रजनन की जैविक प्रक्रिया के कारण है। गर्भधारण होना, गर्भ का विकास होना और फिर जन्म होना और जन्म के बाद समाज का घटक बनना, इस सब प्रक्रिया में अन्य मनुष्य की अनिवार्यता है। इसलिए पितरों के प्रति मनुष्य को कृतज्ञ होना, जो बुजुर्ग है या नहीं है, उसके प्रति श्राद्ध होना, समय-समय पर उनकी स्मृति करना, उनका आदर-सम्मान करना, यह सब मनुष्यता का ही भाव है, सकारात्मक सोच है, व्यावहारिकता है और स्वयं अपने ही हित में है।

हजारों वर्ष पूर्व भारत के विशाल भूखंड पर वर्तमान तक की सर्वश्रेष्ठ सभ्यता का विकास हुआ था। यह विकास की यात्रा ही शायद सैकड़ों वर्षों की रही होगी। उस समय के विद्वानों, दार्शनिकों और वैज्ञानिकों को हम ऋषियों और मुनियों के नाम से जानते हैं। पूर्व के संबंधियों का किसी भी एक मनुष्य पर, जो अनिवार्य योगदान रहा, उसको ऋषियों-मुनियों ने भलीभाँति पहचाना और दायित्व-बोध करवाने के लिए श्राद्ध आदि कर्मों की व्यवस्था की। श्राद्ध और पितृमोचन के कर्मकांड की अपनी व्याख्या है, परंतु भाव तो कृतज्ञता और श्राद्ध का है। एक वैज्ञानिक तथ्य और है—कोई भी मनुष्य आज जैसा है, वैसा बनने के लिए अंडकोष और शुक्राणुओं में जो क्रमोजोन और उन क्रमोजोन पर जो जीन्स है, वही आधार है, यह जीन्स माता-पिता से प्राप्त हुआ, उनको वह दादा-दादी और नाना-नानी से प्राप्त हुआ और दादा-दादी और नाना-नानी को उनके माता-पिता से प्राप्त हुआ, इसलिए विषय केवल एक-दो पीढ़ियों का नहीं है, परंतु अनेकानेक पीढ़ियों का है। प्राचीन वैज्ञानिकों ने इसलिए व्यवस्था कि तुरंत के माता-पिता या दादा-दादी के 'श्राद्ध' के समय सभी पितरों का ध्यान मनुष्य को आना चाहिए।

जब हम पितरों के लिए श्राद्ध आदि के उपकर्म करते हैं तो अपने लिए आनेवाली पीढ़ियों के लिए भी दायित्व-बोध होता है। जब समाज के अनेकानेक

परिवार पितरों के प्रति श्रद्धा और कृतज्ञता का प्रगटीकरण करते हैं और भविष्य की जिम्मेवारी का अहसास करते हैं, जो समाज की रचनाएँ सुंदर, सकारात्मक और विकासशील बनती है। श्रीमद्भागवत में ऐसे ही विज्ञान को प्रस्तुत किया गया है। इसलिए इस महान् ग्रंथ की विवेचना हर काल में हर स्थान में बार-बार होती है। श्रीमद्भागवत की कथा पर आधारित प्रवचन सामाजिक शिक्षा का ही महत्त्वपूर्ण कार्य मानकर चलना चाहिए।

□

# उदीयमान भारत की वैश्विक भूमिका

वैश्विक परिदृश्य के नियंत्रण और परिवर्तन में पश्चिम के, जो देश निर्णायक भूमिका निभा रहे हैं, उनमें और भारत में एक महत्त्वपूर्ण अंतर है। भारत एक प्राचीन देश है, जबकि पश्चिम के देश तुलना में भारत से सैकड़ों वर्ष बाद अस्तित्व में आए। पूरे विश्व के विद्वानों का मानना है कि धरती के जिस भूखंड को आज भारत कहा जाता है, वहाँ कम-से-कम ईसा पूर्व पाँच हजार वर्ष पूर्व उत्कृष्ट सभ्यता का विकास हुआ था। इसलिए वैश्विक परिदृश्य में जब हम भारत की भूमिका की बात करें तो यह मानकर चलें कि भारत के पास हजारों वर्ष पुरानी सभ्यता और संस्कृति की धरोहर है, जबकि विश्व के अधिकतर देशों में सभ्यता सामान्यतः कुछ सौ वर्षों से अधिक पुरानी नहीं है। इसलिए पश्चिम के अधिकतर वैज्ञानिकों और दार्शनिकों का मानना है कि अमेरिका का पाँच सौ वर्षों का सभ्यता का अनुभव भारत के पाँच हजार वर्षों से अधिक की सभ्यता के सामने अत्यंत तुच्छ है।

मानव की सभ्यताओं के इतिहास में केवल इतना ही नहीं है कि भारतीय सभ्यता प्राचीनतम है, परंतु यह भी तथ्य है कि लगभग जो मानव सभ्यता भारत में पनपी, वह ज्ञान-विज्ञान, कला और दर्शन सभी पहलुओं में अत्यंत विकसित थी। शायद आज की मानव सभ्यता से भी कहीं अधिक। यह धारणा केवल देश के प्रति प्रेम और भक्ति के कारण उत्पन्न नहीं होती है, बल्कि इसके साक्षात् प्रमाण और अनेक उदाहरण उपस्थित हैं। वेद, पुराण, उपनिषद् और कई अन्य ग्रंथ ऐसे ज्ञान से परिपूर्ण हैं कि आज ऐसे भारतीय या अभारतीय विद्वान्, जो पूर्वाग्रहों से ग्रसित न हों, इस ज्ञान को देखकर आश्चर्यचकित हो जाते हैं। प्राचीन भारतीय संस्कृति ऐसी मानवता को प्रस्तुत करती है, जो आर्थिक रूप से समरस और समृद्ध होने के साथ-साथ सामाजिक रचनाओं, सांस्कृतिक विधाओं और अध्यात्म के शिखरों को

प्राप्त थी। इस प्राचीन सभ्यता में ऐसे जीवन-दर्शन का बोध होता है, जो प्रकृति के नियमों से समन्वय करते हुए, मानव के विकास में नर से नारायण तक पहुँचने का मार्ग दिखाती है।

इस प्राचीन भारतीय सभ्यता में भी विकार उत्पन्न हुए और राजनीतिक स्तर पर बिखराव हुआ। सामाजिक रचनाओं का भी पतन हुआ और जन्म आधारित जाति-व्यवस्था की रचना ने समाज को विभाजित कर दिया। भारत भूमि पर लगभग बारह सौ वर्षों तक विदेशी शक्तियों ने विभिन्न प्रकार की संस्कृतियों का प्रत्यारोपण करने का प्रयास किया, जो आज भी किसी-न-किसी रूप में जारी है। परंतु भारतीय जीवन-दर्शन अत्यंत श्रेष्ठ और ब्रह्मांड के नियमों के अनुसार है, इसलिए उसका अस्तित्व बना रहा। कई समकालीन संस्कृतियाँ उभरीं, अपने चरम पर पहुँचीं और लुप्त हो गईं, परंतु भारतीय जीवन-दर्शन आज भी उतना ही जीवंत और प्रासंगिक है, जितना वह प्राचीन काल में था।

वर्तमान में राजनीतिक दृष्टि से भारत सैकड़ों वर्षों के पश्चात् स्वाधीन हुआ और आज न केवल भारतीय जनमानस को, परंतु पूरे विश्व को ऐसा लगता है कि यह देश उभरकर एक विश्वशक्ति बनने के मार्ग पर तेजी से अग्रसर हो रहा है। कोई केवल दो वर्ष, कोई दस वर्ष और कोई सन् 2040 तक भारत को विश्व पटल पर सर्वाधिक प्रकाशमान उदित सूर्य के रूप में देखते हैं। विश्व प्रसिद्ध लेखक स्टीफन पी. वोहेम ने भारत की वर्तमान परिस्थितियों का अंतरराष्ट्रीय परिवेश में विश्लेषण किया है। उसके निष्कर्ष के अनुसार भारत विश्व का अग्रणी देश बनना तय है। साथ ही, उसने अमेरिका को परामर्श दिया कि उसे उभरते हुए भारत के साथ चलने की नीति अपनानी चाहिए। सन् 2001 में ब्रिक (BRIC) मॉडल पर आधारित एक रिपोर्ट गोल्डमैन ने तैयार की थी। इस रिपोर्ट के अनुसार आर्थिक क्षेत्र में भारत की वृद्धि दर सबसे अधिक थी। 2007 में ब्रिक रिपोर्ट का एक अनुवर्ती अध्ययन प्रस्तुत किया गया, जिसमें कहा गया कि भारत पहली ब्रिक रिपोर्ट के अनुमानों से कहीं अधिक जल्दी विकसित हो रहा है और कहा गया कि 2050 से बहुत पहले ही भारत अमेरिका की जी.डी.पी. को पीछे छोड़कर विश्व का आर्थिक दृष्टि से पहला या दूसरा सर्वशक्तिमान देश बनेगा।

विकास के पश्चिम द्वारा निर्धारित पैमानों को मानें तो भी भारत विकसित हो रहा है और विश्व की पूर्व की सांस्कृतियों की कसौटी पर परखें तो भी भारत उदित हो रहा है। भारत आर्थिक शक्ति बन रहा है। जनसंख्या के आधार पर भारत

सबसे बड़ा देश बनेगा, प्राकृतिक संसाधनों में भारत विश्व में अग्रणी है। अपना देश वर्तमान में विश्व का सबसे बड़ा क्रियाशील जनतंत्र है, भौगोलिक दृष्टि से महत्त्वपूर्ण है, शिक्षा और विज्ञान के क्षेत्र में तेजी से आगे बढ़ रहा है। अध्यात्म और दर्शन में भारत के पास सर्वश्रेष्ठ धरोहर है, जो आम भारतीय के व्यक्तित्व में संस्कारों के रूप में प्रवेश लेती ही है। इन परिस्थितियों में 20वीं सदी के 50-60 के दशक का अविकसित भारत, शताब्दी के आखिरी दशक और नई शताब्दी के पहले दशक में विकासशील राष्ट्र है, इसलिए शीघ्र ही यह विकसित राष्ट्र होगा—यह एक सर्वमान्य तथ्य है। मतभेद इस बात पर है कि क्या उदित भारत चीन, अमेरिका, जापान से पीछे होगा, समकक्ष होगा या आगे होगा।

वर्तमान में अपने देश के सामने दो विकल्प हैं—पहला यह कि हम पश्चिम की, विशेषकर अमेरिका की कार्बन कॉपी बनें और अमेरिका से भी अधिक संपन्न और शक्तिशाली बनें। सन् 1991 के बाद जितने निर्णय आर्थिक और राजनीतिक स्तर पर हुए, उनसे ऐसा ही लगता है कि हम एक ऐसी दौड़ में भाग ले रहे हैं, जिसमें हमारे आगे पीछे तो चीन, कोरिया या मैक्सिको हैं, परंतु दौड़ का अंतिम छोर अमेरिका, फ्रांस, इंग्लैंड या जापान ही दिखता है। उन तक पहुँचना और वैसा ही दिखना यह हमारी योजनाओं का एकमात्र उद्‌देश्य लगता है। निर्धनता को कम करना हमारा लक्ष्य लगता है, परंतु वास्तव में अमीरों की अमीरी को बढ़ाना हमारा वास्तविक कर्म है। भौतिक विकास हमारा लक्ष्य है और सुरक्षा के नाम पर मानवता के विनाश के लिए अधिक-से-अधिक शक्तिशाली बनना हमारा स्वप्न। स्टॉकहोम पीस रिसर्च संस्थान के अध्ययन के अनुसार 2006-10 के अंतराल में भारत विश्व का सबसे बड़ा हथियारों का खरीदार बना।

देश का हर नागरिक आज के योजनाकारों को एक उपभोक्ता लगता है, जिसको अधिक-से-अधिक वस्तुओं का भोग कराने के लिए प्रेरित करना सामाजिक उद्‌देश्य है। सामुदायिक जीवन की भावना के स्थान पर व्यक्तिवाद और व्यक्ति आधारित रचनाओं का हम निर्माण करते हैं। पहले संयुक्त परिवार टूटे, आज हम एकल परिवार को भी तोड़ रहे हैं और एकल अभिभावक (Single Parent) की सामाजिक प्रेरणा को न केवल मान्यता दे रहे हैं, परंतु इसको विकास का भी एक मानक मानकर चल रहे हैं।

अमेरिका का अनुकरण करने के विकल्प की संभावनाओं की समीक्षा करना अनिवार्य है। वर्तमान में अमेरिका में क्या स्थितियाँ हैं, इसके कुछ उदाहरण ध्यान

में आने चाहिए। सन् 1970 में अमेरिका सबसे अधिक ऋण देनेवाला देश था, वर्तमान में यह देश सबसे बड़ा उधार लेनेवाला देश बन चुका है। सन् 1945 में अमेरिका में परिवार की औसत संख्या 3.6 थी, जो आज घटकर 2.6 रह गई है। भारत में यह संख्या ग्रामीण क्षेत्रों में 5.0 और शहरी क्षेत्रों में 5.5 है। सन् 1998 में एक पुस्तक चर्चित हुई, जिसका शीर्षक था—पिता रहित अमेरिका (Fatherless America) कुल अमेरिकी परिवारों में से लगभग आधे एकल अभिभावक (Single Parent) है। अमेरिका में पहले विवाह के पश्चात् 55 प्रतिशत दंपतियों में तलाक होता है, दूसरे विवाह के पश्चात् 62 प्रतिशत और तीसरे विवाह के पश्चात् 75 प्रतिशत का तलाक होता है। बिखरते हुए परिवारों की रचना पर ही एक टिप्पणी इस प्रकार से है—"एक परिवार के सेवक ने पति-पत्नी को कहा कि मैडम, आपके बच्चे और सर के बच्चे दोनों मिलकर आप दोनों के बच्चों को पीट रहे हैं।" माननीय विष्णुकांत शास्त्री (स्वर्गीय) ने बताया था कि अमेरिका के प्रवास के दौरान उन्होंने प्रयास किया कि उन्हें कोई एक ऐसा अमेरिकी परिवार मिले, जिसमें पहली शादी किए हुए माता-पिता और उनकी संतान एक घर में रहते हों, उन्हें ऐसे परिवार से मिलने का सौभाग्य नहीं मिल पाया। अमेरिकी परिवारों में संतान अपने माता-पिता और अन्य बुजुर्गों के प्रति दायित्व का भाव नहीं रखती, क्योंकि 65 वर्ष की आयु के पश्चात् सभी अमेरिकी नागरिक प्रशासन के दायित्व माने जाते हैं और उन्हें वृद्धाश्रमों में रखकर सरकार उनकी देखभाल करती है।

पश्चिम की सभ्यताओं में व्यक्तिवाद को इतना बढ़ावा दिया गया कि समाज की रचनाओं की जड़ें खोखली हो गईं। आयन रैण्ड जैसी लेखिका का प्रभाव पूरे पश्चिम जगत् में अधिक मात्रा में अनुभव होता है। इस लेखिका का यह मानना था कि व्यक्ति को आसपास के सामाजिक माहौल का संज्ञान न लेते हुए, अपने मन की बात करनी चाहिए। अस्तित्ववाद का यह विचार मनुष्य को एकल और असामाजिक बनने की प्रेरणा देता है। इसी संदर्भ में एक लेखक ने अमेरिका की सामाजिक और आर्थिक स्थितियों पर टिप्पणी करते हुए कहा कि वहाँ पर 'परिवार का राष्ट्रीयकरण और सरकार का निजीकरण हो चुका है।' विकास के अमेरिकी मॉडल को अपनाने से पूर्व हमें यह तय करना होगा कि क्या हम ऐसे परिवर्तनों के लिए ही विकास कर रहे हैं। अमेरिका की आर्थिक संपन्नता और व्यक्ति के अधिकारों की प्रमुखता और दायित्व-बोध की शून्यता बहुत लोगों को लुभाती है, परंतु उसके परिणामों को भी समझना होगा।

प्रश्न यह है कि यदि पश्चिम की कार्बन कॉपी नहीं बनना तो फिर क्या? मानव जीवन किस प्रकार का हो, जीवन-दर्शन क्या हो और जीवन के उद्‌देश्य क्या हों? मौलिक सोच पर आधारित विकास का मार्ग तय करना, एक अन्य विकल्प हो सकता है। इस मार्ग की खोज करते हैं तो सहज ही भारतीय सर्वकश एकात्म विश्व दृष्टि एवं एकात्म मानव-दर्शन की मान्यताओं की ओर ध्यान जाता है। विविधताएँ और अनेकताएँ प्रकृति का नियम तथा अनिवार्यताएँ हैं, परंतु मनुष्य, जीव-जंतु, वनस्पति, आकाश, वायु, जड़ पदार्थ सभी में एक ही चेतना है। ऐसा न केवल हर एक प्राचीन भारतीय ग्रंथ में समझाया गया है, परंतु आज का वैज्ञानिक भी इस एकात्मता (Common Consciousness) के प्राकृतिक सिद्धांत को सिद्ध कर रहा है। सन् 1972 में डेविड बोहम ने बेल की थ्योरम पर प्रयोग किए और निहितार्थ व्यवस्था का सिद्धांत (Theory of In plicate Order) प्रस्तुत किया, जिसके अनुसार हर वस्तु और घटना का संबंध समग्रता की एकता में है, उसके अनुसार—"The holo-movement which is 'life implicate' is the ground both of 'life explicit' and of 'inanimate' matter! And this ground is what is primary, self-existent, and universal. The 'holo-movement' is the way in which the 'implicate order' works, and it is an unbroken and undivided totality." स्वामी विवेकानंद द्वारा जड़ और चेतन की व्याख्या से यह भाव लगभग संपूर्ण रूप से मेल खाता है। केवल डेविड बोहम ने ही नहीं, बल्कि जीव विज्ञानी, भौतिक विज्ञानी, रसायन विज्ञानी और परमाणु विज्ञानियों सहित अनेक ने इस बात को माना है कि ऊर्जा और पदार्थ में अंतर नहीं है और विश्व की सभी रचनाएँ एक ही स्रोत से ऊर्जा प्राप्त करती हैं।

जड़ और चेतन में समान चेतना का भाव जब सामान्य जीवन में आता है तो न केवल भौतिक संसार के प्रति दृष्टि बदलती है, परंतु मानव जीवन के उद्‌देश्य और उनकी प्राप्ति के साधन भी अलग ही नजर आते हैं। विकास केवल भौतिक या आर्थिक ही नहीं, परंतु सामाजिक, सांस्कृतिक और आध्यात्मिक भी हो ऐसा जीवन का उद्‌देश्य बनता है। उद्‌देश्यों की प्राप्ति के लिए प्रतिस्पर्धा के स्थान पर समन्वय तथा 'जियो और जीने दो' का सिद्धांत अधिक फलदायी लगता है। जीवन के लिए संघर्ष और सर्वशक्तिमान की विजय (डार्विन द्वारा दिया गया सिद्धांत) अनुचित लगता है और 'मैं और मेरा' के स्थान पर पहले 'हम और हमारा', फिर

'तुम और तुम्हारा' और उसके बाद 'सबका'—यह भाव स्वत: ही जीवन की दिशा तय करता है। मानव जीवन के उद्देश्यों में मोक्ष प्राप्ति और नर से नारायण बनने की प्रमुखता रहती है। इन उद्देश्यों की प्राप्ति के लिए चार पुरुषार्थों (धर्म, अर्थ, काम, मोक्ष) के समन्वित प्रयास ही जीवन-शैली का आधार हों। प्रकृति का शोषण नहीं, परंतु उसके साथ मैत्रीभाव से इसका पोषण करना; आवश्यकताओं के अनुसार संचय करना और शेष को समाज में समर्पित करना—ऐसा जीवन दर्शन होगा। आज का तथाकथित विकसित या विकासशील समाज प्रकृति के विषय में बहुत संवाद करता दिखता है, परंतु एकात्मता का विचार और व्यवहार होने से प्रकृति के विषय में नहीं, परंतु प्रकृति के साथ संवाद की स्थितियाँ बनती हैं। यदि ऐसा होता है तो पूरे विश्व में पूरे जीवन को कई बार नष्ट करने के लिए हथियार इकट्ठा करने की दौड़ नहीं रहेगी, बल्कि कलह मुक्त और तनाव मुक्त मानवता का परिदृश्य सामने रहेगा। सुप्रसिद्ध विचारक और अर्थशास्त्री डॉ. बजरंगलाल गुप्त के शब्दों में, "पुरुषार्थ चतुष्टयी के आधार पर Ethics, Economy, Ecology, Energy or Employment के बीच तालमेल बनाकर सर्वजन हिताय, सर्वजन सुखाय, सर्वभूतहिते रत: तथा समग्र सामाजिक सुख वाली संरचना भारत में चलती रही है और आज भी उसे बनाने का सामर्थ्य भारत में है। यदि हम यह काम कर सके तो इससे न केवल भारत का, बल्कि समूचे विश्व का मंगल हो सकेगा।"

आज केवल भारत में ही नहीं, परंतु पूरे विश्व में समानांतर विचार प्रचलित है। एक धारा, भौतिक विकास के माध्यम से पूरी पृथ्वी पर सुख और शांति बनाने की कल्पना करती है और दूसरी धारा, जो केवल भारत तक ही सीमित नहीं है, यह मानती है कि मानव के विकास, सुख-शांति और सुरक्षा के लिए भौतिक विकास पर्याप्त नहीं है, परंतु ऐसा विकास तो घातक भी है। जब ऐसे विचारक वैकल्पिक रचना की खोज करते हैं तो भटकावों के अंत में भारत के प्राचीन जीवन दर्शन में उनको वह सब मिलता है, जिसकी वह तलाश में होते हैं, बल्कि उन्हें उससे भी कहीं ज्यादा मिलता है। पहला कर्तव्य तो हम सबका यह बनता है कि इस दर्शन और जीवन-शैली के मूल रूप को समझें और समझाएँ, दूसरा इस समूचे ज्ञान को वर्तमान परिवेश में और अनेक भाषाओं तथा बोलियों में प्रस्तुत करें। इस प्रकार से विस्तृत रूप से एकात्म-मानववाद जब विश्व में समझा जाएगा तो स्वयं ही इसके प्रति रुझान बढ़ेगा। कारण यह है कि यह दर्शन और विचार अपने आप में श्रेष्ठ, पूर्ण और अनुकरणीय है। भारतीय होने का हमारा तो कर्तव्य यह है कि इस ज्ञान को

शेष विश्व को भी उपलब्ध करवाएँ। स्वामी विवेकानंद ने कहा था, “हमारी प्राचीन मातृभूमि, वह नवयौवन प्राप्त कर पहले से कहीं अधिक भव्य दीप्ति के साथ अपने सिंहासन पर बैठी हुई है। समस्त संसार को शांतिपूर्ण और मंगलमय वाणी से उसका संदेश सुनाओ।” उदीयमान भारत की वैश्विक भूमिका की व्याख्या इससे अधिक सुंदर और सार्थक नहीं हो सकती।

□

# उत्सवों के माध्यम से सामाजिक परिवर्तन

अक्तूबर का महीना त्योहारों और उल्लास का समय है। चारों तरफ आस्था-पूजा संबंधी आयोजन हो रहे हैं। न केवल मंदिरों में, बाजारों और मोहल्लों में भी स्थान-स्थान पर नवरात्रों के उपलक्ष्य में दुर्गा, लक्ष्मी और सरस्वती की आराधना से वातावरण चौबीसों घंटे गूँजता है। समाज का लगभग हर व्यक्ति, कुछ कम, कुछ ज्यादा इन कार्यक्रमों में हिस्सा लेता है। सामाजिक उल्लास और सार्वजनिक सहभागिता का ऐसा उदाहरण और कहीं मिलता नहीं है। बच्चे, किशोर, युवा, वृद्ध, स्त्री, पुरुष, मजदूर, किसान, व्यापारी, व्यवसायी सभी इन सामाजिक-धार्मिक कार्यों में स्वयं प्रेरणा से जुड़े हैं। इन कार्यक्रमों के आयोजन के लिए और लोगों की सहभागिता के लिए कोई बहुत बड़े विज्ञापन अभियान नहीं चलते, छोटे या बड़े समूह इनका आयोजन करते हैं और स्वयं ही व्यक्ति और परिवार दर्शन और पूजा के लिए आगे आते हैं। कहीं भी न तो सरकारी हस्तक्षेप है और न ही प्रशासन का सहयोग। उत्तर से दक्षिण, पूर्व से पश्चिम सभी महानगरों, नगरों और ग्रामों में धार्मिक अनुष्ठानों की गूँज है।

केवल यह अक्तूबर में होता है, ऐसा नहीं है। पूरे वर्ष छोटे या बड़े अंतराल से कुछ-न-कुछ आस्था और पूजा संबंधी कार्यक्रम पूरे देश में चलते रहते हैं। वर्ष में दो बार तो रोजों का ही चलन है, दो बार नवरात्रों में 20 दिन के लिए समारोह होते हैं। अक्तूबर के नवरात्रों का अंत दशहरे के विशाल आयोजन से होता है और दीवाली के 20 दिनों की गिनती प्रारंभ हो जाती है। इदुल्जुहा पर भी सामूहिकता का परिचय होता है। बीच में करवाचौथ का त्योहार पड़ता है, जो कहने के लिए तो महिलाओं के लिए है, परंतु पूरा परिवार ही उसमें उत्साहित होता है। हर पति करवाचौथ के दिन सामान्य से अधिक प्रेम और महत्त्व प्राप्त करता है, जिससे

पारिवारिक संबंध दृढ़ होते हैं। दिसंबर में क्रिसमस, जनवरी में लोहढ़ी, फरवरी में शिवरात्री, मार्च में फिर से नवरात्र और होली, अप्रैल में वर्ष प्रतिप्रदा, गुड फ्रायडे बाद में जन्माष्टमी, रक्षाबंधन और इसी तरह सिलसिला चलता रहता है। संक्रांति, अमावस्या, पूर्णिमा यह सभी हमारे समाज में कुछ–न–कुछ महत्त्व रखते हैं और अनुष्ठान, सरोवरों में नहाने आदि की अपेक्षा रखते हैं।

इन पारंपरिक उत्सवों का रूप और भव्यता दिन–पर–दिन बढ़ती जा रही है और विशेषकर युवा वर्ग तो इनका आनंद सर्वाधिक लेता है। इसकी तुलना में स्वतंत्रता के बाद तीन राष्ट्रीय पर्वों में जनता की सहभागिता लगभग नगण्य है। गणतंत्र दिवस, 26 जनवरी, तो केवल सरकारी कार्यक्रम बनकर रह गया है। स्वतंत्रता के प्रारंभिक वर्षों में दिल्ली और अन्य प्रांतों की राजधानियों में झाँकियों आदि के कार्यक्रम होते थे और उसमें लोग उत्साह से जाते थे, परंतु वह उत्साह लगभग समाप्त हो गया है और ये कार्यक्रम केवल प्रशासनिक स्तर पर मनाए जाते हैं और जिनको उनमें होना आवश्यक है, वही जाते हैं और आम जनता की उपस्थिति अत्यंत कम है। स्वतंत्रता दिवस यानी 15 अगस्त का भी यही हाल है। गणतंत्र दिवस और 15 अगस्त के दिन राष्ट्रीय ध्वज यदि घर–घर पर दिखता तो कह सकते थे कि आम व्यक्ति की भावना इन उत्सवों से जुड़ी है, परंतु यह दोनों दिन एक अवकाश के रूप में तो स्वागत योग्य होते हैं, परंतु इनके महत्त्व को जानकर सामूहिक कार्यक्रमों का न होना चिंता का विषय है। इसी प्रकार गांधी जयंती के दिन औपचारिक कार्यक्रम तो गांधी से संबंधित संस्थानों में हो जाते हैं, परंतु आम व्यक्ति गांधी को स्मरण कर उनके प्रति श्रद्धा भाव प्रकट करे, ऐसा होता नहीं है। 30 जनवरी को प्रात: 11:00 बजे सायरन तो बजता है, परंतु कितने लोग उस समय मौन होकर गांधी को श्रद्धांजलि देते हैं, यह सब जानते ही हैं। राष्ट्रीय उत्सवों में सहभागिता नहीं होने का अर्थ यह नहीं है कि समाज में राष्ट्र भाव की कमी है, परंतु इन उत्सवों का सामाजिक चेतना से संबंध नहीं बन पाया है। इनके कारण एकता और समरसता का वातावरण नहीं हुआ है।

हमारे समाज के पारंपरिक उत्सवों में भी बहुत परिवर्तन आए हैं, झाँकियों में आधुनिक प्रौद्योगिकी का प्रयोग करके उनको अधिक आकर्षक बनाया जाता है, कलाकार मूर्तियों को गढ़ने में नित नए–नए प्रयोग करते हैं, गीतकार नए शब्दों, भावों और धुनों से खेलते हैं, गायक गीतों को आम आदमी के गुनगुनाने वाले गानों में बदलते हैं। अब तो इवेंट प्रबंधन के कई व्यवसायी संस्थान इन कार्यक्रमों का

दायित्व लेते हैं। डांडिया और गरबा जिस प्रकार गुजरात से निकलकर पूरे देश में प्रचलित हो रहा है, यह इस बात का द्योतक है कि आम भारतीय त्योहार प्रिय है, समारोहों में स्वप्रेरणा से सहभागिता करने का उसे शौक है।

ऐसा इसलिए है कि हर त्योहार और पूजन का कहीं-न-कहीं आम आदमी से जीवन की अपेक्षाओं से संबंध है। हर त्योहार का कोई-न-कोई सामाजिक उद्देश्य भी है, जो कहीं-न-कहीं इतिहास और परंपराओं से भी जुड़ता है। जहाँ होली पूरे समाज को एकरस करती है, उसमें सत्य की विजय का भी भाव है। दशहरा समाज की विध्वंसकारी शक्तियों के नाश का द्योतक है और दीवाली परिवारों में वापसी का त्योहार।

इन सभी त्योहारों का संबंध भूतकाल में होते हुए भी इनकी प्रासंगिकता वर्तमान की परिस्थितियों से भी है। हजारों या सैकड़ों वर्ष पूर्व समाज में जो घटा, उससे मिलता-जुलता आज के समाज में भी हो रहा है। दशरथ के बढ़ते प्रभाव को रोकने के लिए रावण ने वनों में आश्रमों पर आक्रमण करने के लिए अपने साथियों को भेजा, जिससे दशरथ के राज्य का संबंध उन ऋषि-मुनियों से टूट जाए। जहाँ से राज्य की नीतियों का निर्धारण होता था। आज का आतंकवाद और माओवाद भी इसी श्रेणी में आते हैं। विश्वामित्र सरीखे न तो बुद्धिजीवी आज हैं और न ही अपने प्रिय पुत्रों को राक्षसों के संहार के लिए भेजने का साहस करनेवाले प्रशासक। वास्तव में तो संकल्प शक्ति ही नहीं है। विजयादशमी को आतंक के विरोध में दृढ़ संकल्प का रूप दिया जा सकता है। ऐसा करने से समाज का सहयोग देश के अंदर की अंतरराष्ट्रीय शक्तियों से निपटने के लिए किया जा सकता है। केवल भावनात्मक संवेदनाओं को पुनः परिभाषित करने की आवश्यकता है।

इसी प्रकार होली को सामाजिक समरसता के उत्सव के रूप में प्रस्तुत करने का प्रयास होना चाहिए, जिससे कि जाति, वर्ण और गरीबी-अमीरी का भेद मिटकर समाज राष्ट्र-बोध के रंग में ही रँग जाए। पश्चिम और कई अन्य प्रभावों के कारण आज देश में परिवारों का विघटन हो रहा है और सामाजिक भीड़ में व्यक्ति अकेला होता जा रहा है। सर्वमान्य है कि यह समाज के लिए घातक है। करवाचौथ, रक्षाबंधन और भाईदूज जैसे त्योहार हैं, जिनको फिर से परिवार, विशेषकर संयुक्त, परिवार की स्थापना के लिए प्रयोग किया जा सकता है। रोजे और नवरात्र व्यक्ति के आध्यात्मिक विकास के साधन हैं, उन्हें इस रूप में और प्रचारित करने की भी आवश्यकता है। स्वतंत्रता दिवस, गणतंत्र दिवस राष्ट्र के प्रति बार-बार समर्पण के

त्योहार होने चाहिए, जहाँ व्यक्ति प्रांत और क्षेत्र से ऊपर उठकर राष्ट्र की सोच से जुड़े। गांधी जयंती के दिन समाज अहिंसा का पाठ तो पढ़े ही, परंतु गांधी द्वारा स्वदेशी के आग्रह को वैश्वीकरण के संदर्भ में व्यावहारिक रूप में लाने की प्रेरणा भी ले।

त्योहारों के इस देश में उत्सव न केवल सामाजिक परिवर्तन के द्योतक हैं, परंतु वे सामाजिक, आर्थिक और सांस्कृतिक विकास के साधन भी हैं। करोड़ों के विज्ञापनों के द्वारा जो मानसिक परिवर्तन नहीं हो पाता है, वह इन त्योहारों के माध्यम से सहज ही होगा। इस बात के प्रमाण भी हैं कि देश के पश्चिमी भाग में गणेश पूजन के कारण सामाजिक क्रांति लाई गई थी। राष्ट्रीय, अंतरराष्ट्रीय मार्केटिंग के प्रयास इन त्योहारों में बखूबी होते हैं और वस्तुओं-सेवाओं को बेचने का काम प्रभावी रूप से होता है। यदि यह व्यापारिक कार्य हो सकता है तो सामाजिक कार्य इन त्योहारों के माध्यम से अवश्य ही हो सकता है। केवल मन बनाकर योजनाबद्ध प्रयास करने की आवश्यकता है।

□

# विवेकानंदत्व :
# वेदांत आधारित जीवन व मूल्य

अनंत काल से मानव जीवन के प्रयोजन का विचार हो रहा है। दार्शनिकों, वैज्ञानिकों और चिंतकों के अतिरिक्त आम व्यक्ति भी मनुष्य जीवन क्यों और कैसे पर चिंतन करता है। असंख्य व्याख्याएँ उभरकर आती हैं, जिनमें यहाँ तक कहा गया कि मनुष्य का जन्म पाप से है और पाप से निकलना ही उसके जीवन का ध्येय है। दूसरी ओर यह भी माना गया कि हर संभव साधन से शारीरिक आनंद प्राप्त करना ही मनुष्य का कार्य है। परंतु भारतभूमि पर हजारों वर्ष पूर्व ऋषियों-मुनियों ने इसी विषय पर तप, तपस्या, चिंतन और विमर्श करके अनेक ग्रंथों में इन प्रश्नों के उत्तर दिए हैं। स्वामी विवेकानंद ने भी मानव जीवन के उद्देश्यों के विषय में वेदांत आधारित ज्ञान-विज्ञान का विस्तार किया है। स्वामीजी द्वारा प्रदत्त ज्ञान को विभिन्न आयामों से देखा जा सकता है—

### सत्य की खोज

चार पुरुषार्थों पर आधारित जीवन कार्य को स्वामीजी ने मोक्ष प्राप्ति का साधन बताया। धर्म आधारित अर्थ अर्जन, समाजोपयोगी कर्म करते हुए और अनिवार्य भोग करते हुए, परमात्मा की अनुभूति करना, ऐसा उद्देश्य है मानव जीवन का। इससे विकास के क्रम में मनुष्य नर से नारायण बनता है। स्वामीजी ने व्यष्टि-समष्टि-सृष्टि-परमेष्ठि के रूप में भी मानव-जीवन के दर्शन की व्याख्या की। उनके अनुसार मनुष्य-जीवन के चार महत्त्वपूर्ण कार्य हैं—स्वयं की अनुभूति करते हुए, व्यक्ति को समाज का केवल एक घटक मानना और पूरी सृष्टि की ओर समभाव रखना और ऐसा करते हुए व्यक्ति-समाज एवं संसार की रचना करनेवाली

सर्वव्यापक चेतना का अनुभव करे। इस प्रकार से स्वामीजी ने आध्यात्मिक मार्ग से जीवन में अंतिम सत्य को प्राप्त करना ही जीवन का मात्र उद्द्देश्य माना।

### सहभागिता

स्वामीजी ने समाज का ध्यान इस ओर आकृष्ट किया कि समाज में कई प्रकार की विषमताएँ हैं और कुछ वर्ग आर्थिक, सामाजिक और सांस्कृतिक दृष्टि से संपन्न हैं, जबकि बहुत बड़ी संख्या में मनुष्य अभावग्रस्त, उपेक्षित एवं पीड़ित हैं। वंचित समूहों को स्वामीजी ने दरिद्र नाम देते हुए, उन्हें नारायण रूप समझने का उपदेश दिया। स्वामीजी के अनुसार, दरिद्र की सेवा ही नारायण सेवा अर्थात् भक्तियोग एवं कर्मयोग है। इस प्रकार से मानव जीवन का उद्द्देश्य यह भी है कि जो कुछ अपने पास है, उसकी सभी के साथ सहभागिता करना एवं हर प्रकार के मनुष्य से भ्रातृभाव रखना। व्यावहारिक स्तर पर यही मानव जीवन का उद्द्देश्य है।

### राष्ट्र-प्रेम

स्वामी विवेकानंद ने राष्ट्र को भी देवस्वरूप माना और कहा कि सभी देवी-देवताओं को भूलकर राष्ट्र की आराधना करना भी जीवन का एक बड़ा उद्द्देश्य है। उस समय स्वतंत्रता-प्राप्ति के लिए कार्य करने का आदेश स्वामीजी का था और वर्तमान में राष्ट्र के पुनरुत्थान का कार्य हर भारतीय के जीवन का उद्द्देश्य होना चाहिए। स्वामीजी की राष्ट्र की परिकल्पना भी भौगोलिक या जाति आधारित न होकर सांस्कृतिक है। राष्ट्र के प्रति पूर्ण समर्पित होना भी मनुष्य जीवन का उद्द्देश्य है।

### वेदांत की पुनरावृत्ति

स्वामीजी का एक और महत्त्वपूर्ण उपदेश ज्ञान और विज्ञान के प्रचार एवं प्रसार का था। स्वयं ज्ञान प्राप्त करना और प्राप्त ज्ञान को समस्त संसार में बाँटना ऐसा उद्द्देश्य भी मानव जीवन का स्वामीजी ने बताया। स्वामीजी के अनुसार प्राचीन भारतीय ज्ञान को वर्तमान संदर्भों में समझना एवं शेष विश्व को उसका संप्रेषण करना भारतीय जीवन का उद्द्देश्य होना चाहिए। स्वामीजी के अनुसार, आधुनिक ज्ञान-विज्ञान कई रूपों में प्राचीन भारतीय मनीषा में पहले से उपलब्ध है। केवल उसको फिर से खोजकर प्रस्तुत करने की आवश्यकता है। यह कार्य भारतीय समाज का मुख्य उद्द्देश्य हो, ऐसा स्वामीजी ने बार-बार कहा और लिखा।

## विज्ञान और अध्यात्म

स्वामीजी ने बार-बार पश्चिम द्वारा विज्ञान के क्षेत्र में हुए विकास की चर्चाएँ की हैं। एक ओर तो स्वामीजी का आग्रह था कि भारत राष्ट्र भी पश्चिम के विज्ञान और उसकी खोज की प्रक्रियाओं को ग्रहण करे। दूसरी ओर उनका यह भी मानना था कि हमें साहसपूर्वक वेदांत में छुपे ज्ञान और विज्ञान को शेष विश्व के सम्मुख प्रस्तुत करना चाहिए। उनका मानना था कि प्रकृति की जो समझ आधुनिक वैज्ञानिक प्राप्त कर रहे हैं, वह ज्ञान और विज्ञान प्राचीन भारतीय ग्रंथों में पहले से उपलब्ध है। इसके साथ ही, स्वामीजी ने सत्य की खोज को अध्यात्म के साथ जोड़ते हुए यह भी माना कि वैज्ञानिक खोजों का उद्देश्य भी सत्य की खोज है। इस प्रकार से उन्होंने विज्ञान को अध्यात्म से जोड़कर प्रकृति को समझने और समझाने के विचार का प्रतिपादन किया था।

## आदर्श जीवन-लक्ष्य क्या ?

स्वामी विवेकानंद के पूरे दर्शन को वर्तमान संदर्भ में रखकर राष्ट्रीय पुनरुत्थान के लिए कार्य-योजना बनानी होगी। वर्तमान की सबसे बड़ी विशेषता यह है कि समाज भौतिकवाद की दौड़ में मस्त है। भारतीय समाज की स्थिति यह है कि भौतिकता की चिति न होने के बावजूद यह समाज पश्चिम के भौतिकवाद का अंधानुकरण करता हुआ दिखता है। फलस्वरूप समाज में विषमताएँ बढ़ती जा रही हैं। ये विषमताएँ आर्थिक रूप से तो प्रमुख हैं ही, परंतु सामाजिक और सांस्कृतिक रूप से भी समाज का विभाजन खतरे के निशानों से कहीं ऊपर तक पहुँच चुका है। 'मेरा राष्ट्र', 'मेरा देश', 'मेरा समाज' ऐसी भावनाएँ क्षीण हुईं और 'मेरी जाति', 'मेरा राज्य' और 'मैं' की अनुभूतियाँ दृढ़ हो रही हैं। भारतीय समाज ने पंथनिरपेक्षता को धर्मविहीनता के रूप में स्वीकार कर लिया है, जिसके कारण से आर्थिक एवं सामाजिक शुचिता का विलोप हो गया है और समाज में भ्रष्टाचार, कदाचार एवं दुराचार तीव्र गति से बढ़ रहा है। इसी प्रकार से ज्ञान-विज्ञान के क्षेत्र में भारतीय समाज पश्चिम से बहुत पीछे रह गया लगता है। बार-बार यह प्रश्न उठता है कि स्वतंत्रता के पश्चात् भी हमने ऐसे वैज्ञानिक और शोधकर्ता क्यों नहीं बनाए, जिन्हें नोबल पुरस्कार जैसा सम्मान प्राप्त हो।

विमर्श के लिए प्रश्न यह उठता है कि वर्तमान स्थितियों में हम अपने बच्चों और युवाओं को किस जीवन उद्देश्य की ओर अग्रसर करें? उनके लिए किस

प्रकार के आदर्श जीवन लक्ष्य की परिकल्पनाएँ प्रस्तुत करें? भारतीय समाज की वर्तमान अवस्था को ध्यान में रखते हुए, तय करना होगा कि शिक्षा और विशेषकर उच्च और तकनीकी शिक्षा में क्या सुधार करें कि स्वामी विवेकानंद की कल्पनाओं के अनुसार राष्ट्र का पुनरुत्थान हो सके।

## जीवन-मूल्य

लगभग हर उद्बोधन, लेख और वार्त्ता में स्वामी विवेकानंद ने किसी-न-किसी रूप में शाश्वत जीवन-मूल्यों की चर्चा की। वैसे तो स्वामीजी द्वारा प्रतिपादित जीवन-मूल्यों की संख्या बहुत अधिक है, फिर भी उन्होंने जिन जीवन-मूल्यों को मानव व्यक्तित्व के लिए अत्यंत अनिवार्य माना, उनमें से कुछ हैं—

- **सत्य**—शाश्वत सत्य पर अडिग विश्वास एवं उसी के आधार पर व्यवहार।
- **वीरता**—अपनी सुरक्षा और निर्बल की सुरक्षा के लिए स्वस्थ एवं सुदृढ़ शरीर।
- **साहस**—धर्म, सत्य, न्याय एवं राष्ट्र-प्रेम के लिए जीवन तक न्योछावर करने का भाव।
- **ध्येयनिष्ठता**—तात्कालिक और दीर्घगामी लक्ष्यों का निर्धारण करना और जब तक लक्ष्य की प्राप्ति न हो जाए, तब तक प्रयत्नशील रहना।
- **मानव-प्रेम**—हर मनुष्य को अपनी ही चेतना का एक अंश मानकर उससे प्रेम भाव रखना।
- **प्रकृति-प्रेम**—सृष्टि की रचना के नियमों का पालन करते हुए, प्रकृति का सम्मान एवं पोषण करना।
- **राष्ट्र-प्रेम**—स्व-राष्ट्र को ही देवस्वरूप मानकर अपना जीवन उसके लिए समर्पित करना।
- **सदाचार**—हर कार्य में यह ध्यान रखना कि उसमें समाज हित, राष्ट्र हित, मानव हित एवं सृष्टि हित निहित हो।
- **दायित्वबोध**—काल, स्थान और परिस्थिति के अनुसार अपने सामाजिक दायित्व को समझना एवं उसका निर्वहन।

इनके अतिरिक्त ऐसे अनेक जीवन-मूल्य चिह्नित किए जा सकते हैं, जिन्हें स्वामी विवेकानंद ने समय-समय पर समाज के सम्मुख रखा। आवश्यकता यह है

कि वर्तमान समाज के मुख्य जीवन-मूल्यों का मूल्यांकन करते हुए इस प्रकार के उपायों पर विचार हो कि स्वामीजी द्वारा प्रतिपादित मूल्यों को भारतीय समाज में किस प्रकार सुदृढ़ किया जाए। वर्तमान संदर्भ में विभिन्न व्यवसायों की आचार-संहिताओं के संदर्भ में भी विश्लेषणात्मक प्रस्तुतियाँ होनी चाहिए। परंतु महत्त्वपूर्ण विचारणीय विषय यह भी है कि अपेक्षित जीवन-मूल्यों को बच्चों और युवाओं के व्यक्तित्व में किस प्रकार से समाहित किया जाए?

## विश्व-बंधुत्व

मार्शल मैक्लूहन ने तो 1960 के लगभग वैश्विक ग्राम की चर्चा की और पश्चिम जगत् में अत्यंत प्रसिद्धि पाई। परंतु उससे लगभग छह दशक पूर्व ही स्वामी विवेकानंद ने 'संसार-ग्राम' की कल्पना विश्व को दी। स्वामीजी के विचार का स्रोत भारतीय संस्कृति में बहुचर्चित 'वसुधैव कुटुंबकम्' की परिकल्पना है। मनुष्य-मनुष्य में किसी प्रकार का कोई भेद—रंग, जाति, देश, काल, अर्थ, संस्कृति आदि के आधार पर नहीं हो सकता। जहाँ पर इस प्रकार की विषमताएँ हैं, वे अप्राकृतिक हैं एवं उनको दूर करना ही हर मनुष्य का कर्तव्य है। शिकागो के धर्म सम्मेलन में 'बहनो और भाइयो' के संबोधन ने ही स्वामीजी के इस महान् विचार को व्यावहारिक रूप से स्थापित कर दिया था। स्वामीजी ने विश्व-बंधुत्व के विचार का आध्यात्मिक आधार भी समय-समय पर समझाया है। उनके अनुसार क्योंकि न केवल हर मनुष्य में, परंतु सृष्टि के हर अंश में एक ही चेतना का अंश है, इसलिए सबका एकात्म होना अनिवार्य है।

पूरे विश्व में आज वैश्वीकरण की प्रक्रिया तीव्र गति से पाँव फैला रही है। चिंतन का विषय यह है कि क्या यह वैश्वीकरण वैसा ही है, जैसा वेदांत में है और जिसको स्वामी विवेकानंद ने विश्व के सम्मुख रखा। वसुधैव कुटुंबकम् का आधार आध्यात्मिक, सांस्कृतिक एवं सामाजिक है, परंतु वैश्वीकरण मुख्यतः अर्थ और राजनीति आधारित है।

## शिक्षाविदों का दायित्व

न केवल भारतीय विद्वान्, परंतु पूरे संसार में विद्वानों की सर्वसहमति है कि एक समय था, जब शिक्षा के क्षेत्र में भारत सबसे आगे था। भारत के अनेक विश्वविद्यालयों में पूरे विश्व से विद्यार्थी शिक्षा ग्रहण करने के लिए आते थे। भारतीय

चिंतन, अध्यात्म, सामाजिक विज्ञान, अर्थशास्त्र, कला ही नहीं, परंतु विज्ञान के क्षेत्र में भी भारत में अभूतपूर्व उपलब्धियाँ अर्जित की थीं। समय के अनुसार भारत ने शिक्षा के क्षेत्र में अपना नेतृत्व तो खोया ही, परंतु प्राचीन भारतीय ज्ञान-विज्ञान भी कहीं विस्मरण की स्थिति में चला गया। स्वामी विवेकानंद लगातार भारतीयों से आग्रह करते रहे कि इस तथाकथित लुप्त ज्ञान-विज्ञान को फिर से जीवित करना होगा। उनका विश्वास था कि यह ज्ञान इतना समृद्ध और सक्षम है कि पूरे विश्व को इसकी आवश्यकता है। मुख्य रूप से स्वामीजी का आग्रह वेदों, पुराणों, उपनिषदों का अध्ययन करके उनकी प्रस्तुतियाँ शिक्षा के वैश्विक क्षेत्र में करने का था, परंतु स्वामीजी ने वर्तमान के पश्चिम के ज्ञान-विज्ञान को भी प्राचीन भारतीय ज्ञान-विज्ञान के साथ समाविष्ट करके समझने का आग्रह किया है। शिक्षाविदों के सामने यह एक चुनौती है कि किस प्रकार से ऐसे आधारभूत ढाँचे तैयार किए जाएँ कि प्राचीन भारतीय साहित्य का अध्ययन निरंतरता से चले और उसको वर्तमान परिप्रेक्ष्य में शिक्षा-जगत् में प्रसारित किया जाए। इस कार्य को सफलतापूर्वक संपन्न करने के लिए कार्य-योजना क्या हो? श्रेष्ठतम ज्ञान वह प्राचीन ग्रंथों में उपलब्ध हो या आधुनिक वैज्ञानिकों के पास उसको मानव जाति को देना शिक्षाविदों का दायित्व होना ही चाहिए।

## विज्ञान एवं अध्यात्म

स्वामी विवेकानंद की अद्वितीय विशेषता यह थी कि वे न केवल वेदांत को पूर्ण रूप से समझ चुके थे, अपितु आधुनिक-विज्ञान को भी समझने की शिक्षा उनके पास थी। यही कारण है कि स्वामीजी ने अध्यात्म और विज्ञान के भेद का सफलतापूर्वक खंडन किया और बताया कि न केवल अध्यात्म का अपना विज्ञान है, परंतु हर वैज्ञानिक खोज अध्यात्म पर ही समाप्त होती है। अनेक नोबेल पुरस्कार विजेता वैज्ञानिकों ने अध्यात्म को विज्ञान की अंतिम सीढ़ी माना है। स्वामीजी का आग्रह यही था कि भारतीय विद्वानों को अध्यात्म और विज्ञान की एकरूपता को विश्व के सामने रखना होगा। पश्चिम के वैज्ञानिकों को भारतीय ग्रंथों में प्राप्त ज्ञान की जानकारी नहीं है। परंतु भारतीय वैज्ञानिकों को तो यह मालूम है, इसलिए भारत की शिक्षा का यह कर्तव्य हो सकता है कि वे इस विषय में साहसिक कदम उठाएँ। उच्च शिक्षा और तकनीकी शिक्षा का यह ध्येय हो सकता है कि हर प्रकार के शोध में न केवल पश्चिम के ज्ञान-विज्ञान को समझा जाए, परंतु प्राचीन भारतीय ग्रंथों में

भी संबंधित विषयों की खोज की जाए। यह कार्य करना तो विमर्श का विषय है ही, परंतु कैसे ? और किसे करना ? इस विषय पर सामूहिक विमर्श करने से ही उचित नीति का निर्धारण करना होगा।

## दरिद्र एवं वंचित

उन्नीसवीं शताब्दी के अंत में जिस प्रकार से भारतीय समाज पूरी तरह से विभाजित था, उसकी पीड़ा स्वामीजी के मन में थी। केरल के 'छुओ मत वाद' को तो स्वामीजी ने समाज का पागलपन तक घोषित कर दिया था। इसीलिए स्वामीजी ने कई बार कहा कि समाज का जो अंतिम व्यक्ति है, उसको भी शिक्षित करना अनिवार्य है, क्योंकि शिक्षा के माध्यम से ही भयंकर विषमताएँ समाप्त हो सकती हैं। स्वामीजी ने न केवल अपने शिष्यों को, परंतु सभी भारतीय नागरिकों का आह्वान किया था कि वे दरिद्रता और विषमता को समाप्त करने का संकल्प लें। सौ साल से अधिक के बाद भी सामाजिक विषमताएँ कम नहीं हुई हैं, परंतु आँकड़ों के आधार पर मूल्यांकन किया जाए तो विषमता तो बढ़ी ही है। ऐसा भी मूल्यांकन किया जा सकता है कि कहीं भारतीय समाज की असमानता को दूर करने के उपायों से हमने विषमताओं को और सुदृढ़ तो नहीं किया है। सामूहिक विमर्श के परिणामस्वरूप यह तो निकलना ही चाहिए कि वंचित एवं उपेक्षित वर्गों के युवाओं तक शिक्षा न केवल विद्यालय की शिक्षा, परंतु उच्च शिक्षा भी किस प्रकार पहुँचाई जाए ? स्वामीजी ने कहा था कि यदि मूसा पहाड़ तक नहीं आ सकता, तो पहाड़ को मूसा तक जाना होगा। ऐसे उपायों पर सामूहिक सहमति बननी चाहिए कि जिन वर्गों में उच्च शिक्षा अभी तक पहुँची ही नहीं है, उन तक जाकर किस प्रकार से उनको राष्ट्र की मुख्यधारा में लाया जाए। इंटरनेट और मोबाइल आधारित प्रौद्योगिकी का प्रयोग करने से यह महान् कार्य सहज और सुगम हो सकता है।

□

# कर्म प्रधान है भारतीय वर्ण-व्यवस्था

भारतीय वर्ण-व्यवस्था का आधार कार्य विभाजन रहा है, न कि स्पृश्यता-अस्पृश्यता। कार्य विभाजन मानव की मूल प्रकृति है। परिवार से लेकर राष्ट्र और संपूर्ण मानव जगत् परस्पर सहयोग तथा सहभाग से ही विकास कर पाया है। इसलिए जिस समाज एवं राष्ट्र का कार्य विभाजन जितना समतामूलक होगा, वह समाज उतना ही दीर्घजीवी होगा। सह-अस्तित्व की अभिलाषा, सांस्कृतिक एवं सामाजिक मूल्यों को संरक्षित करने की क्षमता ही समाज को दीर्घजीवी बनाती है। भारत विश्व का प्राचीनतम राष्ट्र है। यहाँ के सामाजिक जीवन में विश्व भर के मानव और जीवों को पालित-पोषित होने का भाव विद्यमान है। वह किसी धर्म, जाति एवं स्थान-विशेष के आधार पर किसी को छोटा-बड़ा नहीं मानता। जब तक भारत में बाहरी आक्रमणकारियों का प्रवेश नहीं हुआ था, तब तक यहाँ किसी प्रकार स्पृश्य-अस्पृश्य के भेद के कोई ठोस प्रमाण नहीं मिलते। अतः हिंदू समाज की वर्ण-व्यवस्था का आधार कार्य विभाजन एवं कर्म प्रधान ही रहा है।

विश्व का प्राचीनतम ग्रंथ ऋग्वेद है। यह भारत ही नहीं, बल्कि विश्व धरोहर है। इसमें भारतीय वर्ण-व्यवस्था के बारे में संपूर्ण जानकारियों सहित व्यक्तिशः भिन्न-भिन्न कार्यों के बारे में बताया गया है कि कैसे एक ही परिवार के सदस्य भिन्न-भिन्न कार्यों में संलग्न रहते रहे हैं। परिवार का एक सदस्य कविता करता है, उसका पिता वैद्य है, माँ अनाज कूटती है। (9.112.3) समाज में श्रम विभाजन है, पर परिवार के सदस्य अपने स्वभाव के अनुसार निश्चय करते हैं कि वह कैसा श्रम करें। वैद्य का बेटा वैद्य हो, यह आवश्यक नहीं, वह कवि भी हो सकता है।

खेती के बारे में ऋग्वेद का कवि कहता है, "हे मित्रो! अनेक प्रकार के अस्त्र-शस्त्र को अच्छी प्रकार से बनाओ, उत्तम यज्ञ का अनुष्ठान करो।" (सातवलेकर,

10.101.2) जो अस्त्र-शस्त्र बनाता है, वह यज्ञ र्भ करता है। वास्तव में प्रत्येक कर्म यज्ञ है। आगे कहा है, "देवों में श्रद्धा रखनेवाले बुद्धिमान् विद्वान् लोग सुख प्राप्त करने के लिए हल आदि को जोतते हैं।" (उप. 10.101.4) जो कविता करते हैं, वह हल भी चलाते हैं और खेतों को भी सींचते हैं। "हम उत्तम झरने से जलयुक्त, उत्तम रीति से भूमि खेत सींचने में समर्थ और अक्षय कूप से जल लेकर सींचें।" (उप. 10.101.5) स्पष्ट है कि पढ़ना-पढ़ाना किसी वर्ण विशेष का कार्य नहीं है, जो किसान और कारीगर का काम करते हैं, वे पढ़ते-पढ़ाते हैं, यज्ञ करते हैं और काव्य रचते हैं। जिस मंत्र में यह कहा गया है कि पुरुष के मुख से ब्राह्मण, बाँहों से क्षत्रिय, जाँघों से वैश्य और पैरों से शूद्र उत्पन्न हुए। उसका इतना ही संकेत है कि कुछ कर्म श्रेष्ठ हैं, कुछ निम्न हैं, पर यह नहीं कहा गया है कि ये कर्म जन्म से निर्धारित होते हैं। शूद्रों का काम दूसरों की सेवा करना है, ऐसा उल्लेख तो ऋग्वेद में है ही नहीं।

**विविध कार्य करनेवालों का वंदन**—यजुर्वेद में एक बड़ा रोचक मंत्र है, जिसमें विविध कार्यों को करनेवाले को नमन किया गया है। मंत्राकर्ता कहता है, "तरखानों (बढ़इयों) के लिए नमस्कार और रथ निर्माण करनेवालों को नमस्कार है। उत्तम मिट्टी के बरतन बनानेवालों और लोहे के शस्त्र बनानेवालों के लिए नमस्कार है। गिरिचारी भीलादि (निषादों) के लिए नमस्कार तथा पुल्कसादि के लिए नमस्कार है। कुत्तों के गले में रस्सी बाँधकर धारण करने वालों को नमस्कार और मृगों की कामना करनेवालों व्याधों के लिए नमस्कार है।" (सातवलेकर, 16.27) यहाँ पर किसी प्रकार की ऊँच-नीच नहीं। कर्म करनेवाले का अभिवादन हो रहा है।

**महाभारत का एक संवाद**—महाभारत में तुलाधर बनिए और जाजलि नामक ब्राह्मण के मध्य एक सुंदर संवाद होता है। तुलाधर बनिया जाजलि ब्राह्मण को धर्म का रहस्य समझाता है। इस धर्म रहस्य सुनने के उपरांत जाजलि ब्राह्मण तुलाधर बनिए से प्रश्न करता है, "हे वणिज, तुम सभी रसों, गंधों, वनस्पतियों, औषधियों, फूलों और फलों को बेचते हो; तुम्हें धर्म में निष्ठा रखनेवाली बुद्धि कहाँ से मिली?" तुलाधर ने उत्तर दिया, "जो सबका सुहृदय होता है, मन, वचन, कर्म से सबकी भलाई में लगा रहता है, वही धर्म जानता है।" इस संवाद से सिद्ध होता है कि सही शिक्षा देनेवाला कौन है। इस एक ही संवाद में ज्ञान पर ब्राह्मण का एकाधिकार समाप्त हो जाता है।

**विश्वामित्र और परशुराम**—वाल्मीकि रामायण के दो पात्र विश्वामित्र और परशुराम अपने वर्ण धर्म के विपरीत कार्य सिद्धि करते हैं। विश्वामित्र क्षत्रिय हैं और ब्राह्मणत्व को प्राप्त करते हैं; परशुराम ब्राह्मण हैं, पर काम क्षत्रियों का करते हैं। वशिष्ठ परशुराम की तरह योद्धा तो नहीं है, पर अपनी गाय की रक्षा के लिए विश्वामित्र से युद्ध अवश्य करते हैं। कोई प्रजापालक राजा उनकी सहायता करने नहीं आता। वशिष्ठ के पास एक डंडा है, यह उनका ब्रह्मदंड है। इससे वह विश्वामित्र के अस्त्रों के प्रभाव को व्यर्थ कर देते हैं। पर विश्वामित्र के पास बहुत सी सेना है। इसको परास्त करने के लिए वशिष्ठ कामधेनु से एक विशाल सेना उत्पन्न कराते हैं। इसमें शक, यवन, काम्बोज और म्लेच्छ हैं। ये सब वर्णेतर समाजों के सदस्य हैं और क्षत्रिय के विरुद्ध ब्राह्मण की सहायता करते हैं। युद्ध के बाद ये सब कहाँ गए? सब यहीं के वर्णों में समा गए! यह वर्ण-व्यवस्था की जड़ता नहीं, उसकी गतिशीलता का प्रमाण है।

**जातीय शब्द का प्रयोग**—वासुदेवशरण अग्रवाल के अनुसार पाणिनि के समय में आचारवान और आचारहीन ब्राह्मणों में भेद किया जाता था। "पाणिनिकाल में ब्रह्मन् शब्द ब्राह्मणोचित आध्यात्मिक गुण संपत्ति के लिए प्रयुक्त होता था और ब्राह्मण जन्म पर आश्रित जाति के लिए नहीं। ब्राह्मण के भाव (आदर्श) और कर्म (आचार) के लिए ब्राह्मण्य पद सिद्ध किया गया है—नाममात्र के आचारहीन ब्राह्मण 'ब्रह्मबंधु' कहलाते थे। पाणिनि के समय में केवल जाति का अभिमान करनेवाले कर्मविहीन ब्राह्मणों के लिए ब्रह्मबंधु की तरह 'ब्राह्मण जातीय' यह नया विशेषण भी प्रचलित हो गया था।" सभी ब्राह्मण आचारवान न थे, यह वर्ण-व्यवस्था के विघटन का एक लक्षण था। यह स्थिति केवल एक वर्ण की नहीं थी। "नाममात्र ब्राह्मण, क्षत्रिय और वैश्य के लिए ब्राह्मण जातीय, क्षत्रिय जातीय और वैश्य जातीय पद व्यवहार में आते थे।"

**गौ-भक्षकों को अस्पृश्य माना**—हिंदू समाज में गाय को माँ का स्थान मिला है। उसकी पूजा होती है। धरती, गाय और जननी—ये तीनों समान हैं। इन तीनों के महत्त्व को थोड़ा भी कम नहीं किया जा सकता है। सर्वप्रथम विदेशी आक्रांता मोहम्मद बिन कासिम ने सन् 712 ईसवी में भारत पर आक्रमण किया। राजा दाहिर के साथ उसका संघर्ष हुआ। राजा दाहिर युद्ध में वीरगति को प्राप्त हुआ। राजा दाहिर की पत्नी ने जौहर किया। जौहर करने के पूर्व रानी ने कहा, "हे ईश्वर! मुझे क्षमा करना। मैं इन विजातीय एवं गौमांस खानेवाले लोगों के हाथ में नहीं पड़ना चाहती,

इसलिए जौहर कर रही हूँ।" गौ-भक्षकों को भारत में अछूत माना गया। इन्हें ही म्लेच्छ भी कहा गया। मुसलमान और ईसाई दोनों ही गौ-भक्षक हैं। जिस प्रकार हिंदुओं ने मुसलमानों को अस्पृश्य माना, उसी प्रकार ईसाइयों को अस्पृश्य माना। भारतीय वर्ण को किसी भी प्रकार से अस्पृश्य माना ही नहीं जाता था। इससे पूर्व जब विदेशी यवन सेनापति सेल्युकस की बेटी का विवाह सम्राट् चंद्रगुप्त मौर्य से हुआ, तब किसी प्रकार की अस्पृश्यता नहीं थी और न ही इसका कोई प्रमाण है।

**मुसलिम आक्रमण**—विश्व के इतिहास में मुसलिम आक्रमणकारियों का एक अपना इतिहास है। जहाँ भी ये आक्रमणकारी पहुँचे, वहाँ के समाज-जीवन को इन्होंने तहस-नहस किया। ये इसलामी सेनाएँ चाहे वे अरबी हों, चाहे तुर्की, चाहे अफगानी या तातारी, वे जिस देश में भी गईं, अल्पकाल में ही उसकी पहचान और राष्ट्रीयता को समाप्त करके उसे इसलाम की पहचान देने का प्रयास किया। देश के लोगों को पुरानी विरासत से तोड़ने में सफलता पाई और यहाँ तक कि यह स्थिति पैदा कर दी गई कि उस देश के लोग अपने इसलाम पूर्व पूर्वजों, इतिहास और विरासत को नकारने ही नहीं लगे, बल्कि उस पर शर्मिंदगी भी महसूस करने लगे। लेकिन भारत पर जब इन इसलामी सेनाओं ने आक्रमण किए तो शस्त्र और शास्त्र दोनों स्तरों पर ही द्वंद्व हुआ, परंतु जब एक बड़े भू-भाग में मुसलमान राजाओं ने अपना राज्य स्थापित कर लिया और उन्हें यह भी अनुभव होने लगा कि यूरोप, अफ्रीका और एशिया के अन्य देशों की तरह भारत को इसलामी देश नहीं बनाया जा सकता तो ऐसी स्थिति में दोनों पक्षों ने संवाद की आवश्यकता महसूस की होगी। क्योंकि जिस प्रकार का प्रतिकार इन सेनाओं का भारत में हुआ, ऐसा विश्व के अन्य देश न कर पाए थे। भारत ने इन इसलामी सेनाओं का सामना ही नहीं किया, बल्कि मुँहतोड़ जवाब भी दिया। ऐसे समय में हिंदू-समाज के अंदर भी अनेक प्रकार की विसंगतियों ने जन्म लिया। जगह-जगह पर लोगों का विस्थापन हुआ। समाज में अनेक रूढ़ियाँ पनपने लगीं। समाज एक ओर रक्षात्मक स्थिति में भी आ गया। यह हिंदू समाज का दुर्भाग्यशाली समय था। हिंदू समाज को एक ओर तो बाहरी आक्रमणकारियों से समाज को बचाना और दूसरी ओर सामाजिक विकृतियों के विरुद्ध संघर्ष करना। इस विकट समय में ही भारत के अंदर धार्मिक महापुरुषों की एक महान् परंपरा का उदय संपूर्ण देश में एक साथ हुआ। देश के सभी प्रांतों में ये संत भक्ति-भाव लेकर खड़े हो गए और उन्होंने किसी भी प्रकार के सामाजिक भेदभाव को मानने से इनकार कर दिया। इन आध्यात्मिक महापुरुषों

ने संपूर्ण समाज में भक्ति-भाव का जागरण कर उसे संगठित किया। मुसलिम आक्रमणकारियों के विरुद्ध समाज को एकजुट कर स्वराज्य की स्थापना के लिए अति महत्त्वपूर्ण कार्य इन संतों ने जिस प्रकार किया, यह इस देश की अनोखी घटना है।

1. श्रीरामानुजाचार्य (ई. सन् 1016-1137) ने शूद्र गुरुओं को श्रद्धापूर्वक गुरु रूप में स्वीकार किया।
2. काशी के स्वामी रामानंद (ई. सन् 1299-1448) ने भक्ति में जाति के महत्त्व को अस्वीकार कर एक नई परंपरा खड़ी कर दी। 'जाति-पाँति पूछे नहिं कोई, हरि को भजै सो हरि का होई' कहकर सभी जाति के लोगों को अपने निकट एकत्र कर राम के प्रति भक्ति की प्रेरणा दी।
3. महाराष्ट्र के संत नामदेव (ई. सन् 1270-1350) ने ग्राम-ग्राम घूमते हुए भक्ति का जागरण किया।
4. गुरुनानक देव (ई. सन् 1469-1539) ने भगवद्भक्ति के साथ ही सामूहिक-संगत, सामूहिक पंगत तथा सामूहिक ठहरने की व्यवस्थाओं का चलन प्रारंभ किया।
5. संत ज्ञानेश्वर, संत नामदेव, संत तुकाराम ने पण्ढरपुर में विट्ठल (विष्णु भगवान्) की निर्गुण भक्ति प्रारंभ की और विट्ठल-विट्ठल का जो संकीर्तन प्रारंभ किया तो लाखों लोग उनके अनुगामी हो गए। संत गुरु रामदास, आंध्र प्रदेश के भक्त अन्नामाचार्य, वीर ब्रह्मेंद्र स्वामी तथा संत वेमना आदि ने सभी को समान समझने की धारणा को बल दिया। संत कबीर, चैतन्य महाप्रभु बंगाल के स्वामी प्रणवानंद ने नमशूद्र परिवारों में जाकर भोजन किया। यह एक अनवरत कड़ी है, जिसने भारत को एक सूत्र में बाँधे रखने का महत्त्वपूर्ण राष्ट्रीय दायित्व निभाया।

'ग्रोथ ऑफ शेड्यूल्ड कास्ट ऐंड शेड्यूल्ड ट्राइब इन मिडिल इंडिया' में डॉ. के.एस. लाल इस की प्रस्तावना में लिखते हैं, "वर्तमान मान्यता के विपरीत, इसका कोई प्रमाण नहीं मिलता कि अनुसूचित जातियों को उच्च जातिवालों ने मध्य-काल में कभी सताया हो। यदि इसमें कुछ भी सच्चाई होती कि पिछड़ी जातियाँ ब्राह्मणों द्वारा बुरे तरीके से दबा दी गई थीं तो हमें उनसे यह अपेक्षा करनी चाहिए थी कि वे आक्रांता मुसलमानों से मिलकर समान उद्देश्य की पूर्ति के लिए बदला लेते; किंतु मामला बिल्कुल उलटा है।"

सिंध में जाटों एवं मेवों ने अरब आक्रांताओं के विरुद्ध ब्राह्मण और क्षत्रिय राजाओं की सहायता की थी। जाटों तथा खोक्खरों ने मिलकर महमूद गजनवी के खिलाफ पंजाब के शाही राजा की सहायता की थी। पूरे मध्य-काल में अनुसूचित जातियों ने उच्च जातियों के साथ कंधे-से-कंधा मिलाकर विदेशी आततायी आक्रांताओं से युद्ध किया। कुछ विद्वान्, मराठाओं की हार के पीछे जाति-व्यवस्था को भी मानते हैं। उन विद्वानों से हम एक प्रश्न पूछते हैं कि जब मराठों ने मुसलिम शासकों को हमारे पैरों की धूल चटाने के लिए विवश किया था तो क्या उस समय वर्ण-व्यवस्था समाप्त हो चुकी थी? इसके विपरीत, यह व्यवस्था उस समय और भी सक्षम हो रही थी, जब मराठों का साधारण सैनिक मुगल शासक औरंगजेब की शक्तिशाली सेनाओं को परास्त करने का गौरव अनुभव कर रहा था। अत: यह तर्क आधारहीन है।

समाहार रूप में कहा जा सकता है तथा प्रामाणिकता के साथ सिद्ध किया जा सकता है कि कुछ विद्वानों की ऐसी अवधारणाएँ निर्मूल हैं, "जब गजनी के मुहम्मद गौरी ने पृथ्वीराज को परास्त किया था, उस समय हिंदुओं की क्षमता क्षीण हो गई थी तथा उनकी गलतियों का विरोधियों को लाभ मिला।" यहाँ लेखक अपने मार्ग से ही नहीं भटक गया है, बल्कि उसने भारतीय इतिहास के कालक्रम को भी भुला दिया है। वह यह नहीं जानता कि महमूद गजनी ने पृथ्वीराज को परास्त नहीं किया, बल्कि शहाबुद्दीन गौरी ने किया था। इस प्रकार निष्कर्षत: कहा जा सकता है कि जाति-व्यवस्था का हिंदुओं के उत्थान-पतन से कुछ लेना-देना नहीं।

**ब्रिटिश साम्राज्यवादी शक्ति से जातीय विभेद को बढ़ावा मिला—** अंग्रेज भारत में सर्वप्रथम व्यापार करने के लिए आए। भारत की संपदा-वैभव को देखकर अंग्रेज दंग थे। भारत की विविधता, समन्वय तथा आत्मनिर्भरता का भारत एक अजूबा था। निश्छलता ऐसी कि कोई किसी के कार्य और जीवन में हस्तक्षेप ही नहीं करता था। भारत का साहित्य भी विपुल था। अंग्रेजों ने जितने भी सर्वेक्षण किए उनमें शिक्षा, स्वास्थ्य एवं आत्मनिर्भरता दिखाई देती थी। सर जॉन मैलकम ने, जो काफी समय तक भारतीयों में रहे और उनसे इतना परिचित हुए, भारतीयों के बहुत से उच्च गुणों पर गवाही दी। उत्तर भारत पर गवाही देते हुए उन्होंने कहा था, "हिंदू ऐसे लोग हैं, जो न केवल ऊँचे डील-डौल के हैं, बल्कि वे मन के सूक्ष्म गुणों से लैस हैं। वे साहसी, उदार और मानवीय हैं और उनकी सच्चाई उतनी ही प्रबल है, जितना कि साहस।" ग्रामे मर्सर ईस्ट इंडिया कंपनी में एक डॉक्टर

और राजस्व तथा राजनैतिक विभागों में नौकर रह चुका था, भारतीय के संबंध में पूछे जाने पर यह बताया, "वे नरम स्वभाव के, आमतौर से सुरुचियुक्त, घरेलू संबंधों में दयालु और स्नेहशील, शासन के अनुगत, अपने धार्मिक विचारों के तथा अपने द्वारा बनाए हुए रीति-रिवाजों, अनुष्ठानों और त्योहारों के प्रति आसक्त हैं।" भारतीय माल की उत्कृष्टता का अंदाजा इस बात से सहज ही किया जा सकता है कि जब मुनरो से ब्रिटिश कपड़े की भारत में खपत के बारे में पूछा गया तो मुनरो के विचार इस प्रकार के थे, "वहाँ के लोगों की धार्मिक और शहरी आदतें और सर्वोपरि कारण यह है कि वे खुद बहुत अच्छा, सुंदर उत्पाद करते हैं।" उन्होंने स्वयं सात साल तक एक भारतीय शॉल इस्तेमाल किया था और दीर्घ इस्तेमाल के बाद भी उसमें बहुत थोड़ा फर्क आया था, जबकि इंग्लैंड में उत्पादित नकली शॉलों के विषय में उन्होंने यह कहा था, "अब तक हमने कोई यूरोपीय शॉल ऐसा नहीं पाया, जो इस योग्य हो कि मुफ्त मिलने पर भी इस्तेमाल करना चाहूँ।"

**त्रिसूत्री योजना**—जिस प्रकार के विचार सर जॉन मैलकम, ग्रामे मर्सर और मुनरो ने रखे, उससे क्या अंग्रेजों का भला होनेवाला था? कदापि नहीं! अंग्रेजों की प्रथम योजना थी—भारत के संसाधनों पर अधिकार करना। जिससे भारत की संपदा और श्रम इंग्लैंड को निरंतर मिलता रहे और इंग्लैंड के तैयार माल को भारत में खपाया जा सके। दूसरा उद्देश्य था—भारत को स्थायी उपनिवेश के रूप में स्थापित करना और तीसरा—भारत में ईसाइयत का प्रचार-प्रसार करना। इन तीनों उद्देश्य की पूर्ति का मार्ग अंग्रेजों ने बड़े ही दुष्टतापूर्ण ढंग से निकाला। सर्वप्रथम यहाँ की शिक्षा-व्यवस्था को तहस-नहस किया जाए, यहाँ की वर्ण-व्यवस्था आधारित समाज-व्यवस्था को नष्ट किया जाए और अंदर-ही-अंदर हिंदू समाज में विद्वेष पैदा हो जाए और अपने धर्मग्रंथों और धर्म के प्रति अनास्था पैदा की जाए। इस विषय पर रामशरण शर्मा ने कहा कि अंग्रेजों ने भारतीय सामंतवाद को नया चोला दिया। उनका कहना है, "वर्ण-व्यवस्था के बंधन जहाँ ढीले हुए थे, उन्होंने उन्हें कस दिया। कानून की निगाह में सब बराबर थे, पर हिंदुओं का अपना कानून भी था, इसी तरह मुसलमानों का अपना कानून था। यह भेद अब तक चला आ रहा है। इस भेद के कारण एक ओर द्विज और शूद्र का भेद बढ़ा। इतना ही नहीं, प्रत्येक वर्ण में ऊँच-नीच का भेद बढ़ा। यही नहीं, अंग्रेजों ने जो आर्यों के आक्रमण का सिद्धांत गढ़ा, उसी प्रकार मूल निवासियों को दास या शूद्र बनाने का सिद्धांत भी गढ़ा। ये सभी सिद्धांत अंग्रेजी राज के लिए परम हितकारी सिद्ध हुए।" भारतीय समाज को जातियों में बाँटना, भारत के

एकात्म भाव को छिन्न-विच्छिन्न करना, यह ब्रिटिश इतिहासकार विलियम जोन्स की बुद्धि का कमाल था। धीरे-धीरे अंग्रेजों की कुटिल नीतियाँ काम करने लगीं। आदिवासी, अनुसूचित जाति, जंगली जातियाँ और अपराधी जातियाँ बना डालीं। यही नहीं, अंग्रेजों ने एक हजार जातियों में भारत को बाँट दिया।

**जातीयता के आधार पर शिक्षा का सर्वेक्षण**—सर्वप्रथम अंग्रेजों ने भारत में जातीयता के आधार पर शिक्षा सर्वेक्षण करवाया। इस सर्वेक्षण के उद्देश्य साफ थे—भारत में ईसाइयत के प्रचार-प्रसार के लिए जमीन ढूँढ़ना और भारत में चल रही शिक्षा का जातीयता के आधार पर ऐसा ब्योरा तैयार करना, जिससे अंग्रेजों को लाभ मिल सके। इस पर सन् 1813 ई. में 22 जून से 02 जुलाई तक ब्रिटिश पार्लियामेंट में इंडिया चार्टर बिल क्लाज नं.-3 के आधार पर बहस हुई। पार्लियामेंट में हुई बहस के आधार पर यह निर्णय लिया गया कि जातीय आधार पर प्रचलित शिक्षा का सर्वेक्षण हो और सर्वे के आदेश दे दिए गए। सर्वेक्षण के लिए पत्रक तैयार किया गया और वह पत्रक जिलाधिकारी के माध्यम से देश में सभी जगह वितरित किया गया। पत्रक के कॉलम (6) में स्कूल, कॉलेजों की जिलानुसार संख्या तथा उनमें पढ़नेवाले छात्रा और छात्राओं की अलग-अलग संख्या एकत्र करने के लिए कहा गया था। इस सर्वे का नाम था—कास्टवाई सर्वे, जो वर्ण के आधार पर किया गया। जातियों को इस प्रकार से बाँटा गया था—

1. ब्राह्मण विद्यार्थी, 2. क्षत्रिय विद्यार्थी, 3. वैश्य विद्यार्थी, 4. शूद्र विद्यार्थी, 5. अन्य विद्यार्थी यानी अदर कास्ट, 6. मुसलमान।

सर्वे का यह काम सन् 1922 से 1926 ईसवी तक चला। 1926 में यह सर्वे रिपोर्ट बनकर तैयार हो गई। कॉलम 1 से 5 तक की संख्या अलग से जोड़ी गई और कॉलम 6 की संख्या को अलग से। इस सर्वे में मद्रास प्रेसीडेंसी की सूची संलग्न है और उसके आँकड़े इस प्रकार से हैं—

1. मलयालम भाषी यानी मालाबार में द्विजों में शिक्षा 20 प्रतिशत, मुसलिम 27 प्रतिशत और शूद्र और अन्य जातियों में यह 54 प्रतिशत था, जो बच्चे स्कूल जाते थे।
2. कन्नड़ भाषी बेलारी जिले में द्विजों में 33 प्रतिशत, शूद्र और अन्य जातियों में यह 63 प्रतिशत था।
3. उड़िया भाषी गंजाम जिले में द्विज 35.6 प्रतिशत, जबकि शूद्र और अन्य जातियाँ 63.5 प्रतिशत था।

4. तेलुगु भाषी गुड्डुप्पाई जिले में द्विज 24 प्रतिशत और विशाखापट्टनम जिले में 46 प्रतिशत और शूद्र और अन्य जातियाँ गुंटूर जिले में 35 प्रतिशत तथा गुड्डुप्पाई और विशाखापट्टनम में 41 प्रतिशत।

यह सारे आँकड़े हमें यह दरशाते हैं कि भारत में शिक्षा का विस्तार किस हद तक सुदृढ़ था। भारत में शिक्षा का आधार गाँव-गाँव में पाठशालाएँ थीं और उच्च शिक्षा के लिए विद्यार्थी गुरुओं के पास गुरुकुलों में जाते थे। विलियम आदम के अनुसार, बंगाल और बिहार में एक लाख ग्राम स्कूल और पाठशालाएँ थीं और थॉमस मुनरो के अनुसार, मद्रास प्रेसीडेंसी में शायद ही कोई छोटा-बड़ा गाँव हो, जहाँ स्कूल न हो।

**अदर कास्ट**—जिस हिंदू समाज में चार ही वर्णन थे, उसमें यह अदर कास्ट कहाँ से आ गया। इस में डॉ. धर्मपाल का विश्लेषण यह कहता है कि हिंदू समाज में यदि किसी को दंडित किया जाता है तो उसे प्रायश्चित्त करके पुनः हिंदू धर्म में ही अपने वर्ण में आने का प्रावधान रहा है। इसलिए यह अदर कास्ट हिंदुओं द्वारा दंडित तो नहीं हो सकता, फिर यह अदर कास्ट कौन है? यह अदर कास्ट हिंदू समाज का वह वर्ग था, जो मुसलमानों और अंग्रेजों द्वारा दंडित किया गया था और हिंदू समाज उसे दंडमुक्त नहीं कर सकता था।

**आदिवासी एवं अनुसूचित जाति**—सन् 1931 ईसवी की जनगणना में अंग्रेजों ने पहली बार आदिवासी शब्द को जोड़ा और यह एक नया ही वर्ग खड़ा कर दिया। जंगलों, पहाड़ों और बीहड़ स्थानों में रहनेवालों को आदिवासी कहकर शेष हिंदू समाज से काटने का षड्यंत्र रचा गया। क्योंकि पहाड़ों और जंगलों में रहनेवाले तो आदिवासी हो गए और शेष हिंदू समाज गैर-आदिवासी। ऐसा करने से अंग्रेजों का स्वार्थ सिद्ध होता था। अंग्रेजों को इस विभाजन से सीधा यह लाभ मिलता था कि अपने षड्यंत्र के अधीन इन सरल हृदय लोगों के बीच जाकर वे अपना ईसाइयत का एजेंडा लागू कर सकते थे और उन्होंने ऐसा किया भी।

**अपराधी जातियों की घोषणा**—भारत में एक ऐसा बड़ा वर्ग था, जिसने सदैव से ही विदेशी आततायियों का सामना बड़ी बहादुरी के साथ किया। वे आततायियों के सामने कभी झुके नहीं। वे छापामार युद्ध करते रहते थे और घोर जंगलों में चले जाते थे। ऐसा वे लगातार करते रहते थे। इस छापामार युद्धों से अंग्रेज हाकिम परेशान रहते थे। अंग्रेजों ने इन्हें सन् 1871 में अपराधी जाति घोषित कर दिया। आज भी जब हम हिमाचल प्रदेश के क्षेत्र में घूमते हैं तो हमें यह सुनने

को मिलता है कि यहाँ के राजपूत कोई राजस्थान से आए हैं, कोई मध्य प्रदेश से आए हैं।

9 मई, 1916 को अमेरिका के कोलंबिया विश्वविद्यालय में भारत में जातिप्रथा के विषय पर डॉ. भीमराव आंबेडकर ने अपने शोधपत्र को प्रस्तुत करते हुए कहा था, "भारत को छोड़कर संसार का कोई ऐसा देश नहीं है, जिसमें इतनी सांस्कृतिक समरसता हो। हम केवल भौगोलिक दृष्टि से ही सुगठित नहीं हैं, बल्कि हमारी सुनिश्चित सांस्कृतिक एकता भी अविच्छिन्न और अटूट है, जो पूरे देश में और चारों दिशाओं में व्याप्त है।" निष्कर्ष रूप में हम कह सकते हैं कि जातीयता के आधार पर भारत कभी टूटा नहीं। गोरे शासकों को हमारी सांस्कृतिक ताकत से डर लगता था और इस ताकत को निष्क्रिय करने के लिए ही भारतीय समाज में सामने काल्पनिक विभाजनों के अध्ययन प्रस्तुत किए गए। भारतीय वर्ण-व्यवस्था का आधार तो कार्य विभाजन ही रहा है, जिसको आततायियों ने छिन्न-विच्छिन्न किया।

□

# राम का चरित्र

किसी भी व्यक्ति के जीवन में अनेक ऐसे मोड़ आते हैं, जब आगे बढ़ने के लिए एक से अधिक विकल्प होते हैं। कौन सा निर्णय लेना चाहिए, इसके लिए पूर्व अनुभव और संस्कारों का सहारा होता है। ऐसे मौकों पर व्यक्ति एवं समाज धर्मानुकूल ही निर्णय लें, इसके लिए सभ्य समाज कई व्यवस्थाएँ करता है। कानून भी बनते हैं और परंपराओं का भी आधार होता है। अपने भारतीय समाज में प्राचीन काल से ही महान् आत्माओं के जीवन को संस्कारों के निर्माण में आवश्यक माना गया है। रामायण जैसे महान् ग्रंथ को भी इस दृष्टि से देखा जा सकता है कि विकल्पों की अनेकता की स्थिति में मर्यादित व्यवहार क्या और कैसे हो? सामाजिक जीवन के हर पहलू में मर्यादाओं के निर्माण में सर्वश्रेष्ठ जीवन जिनका हुआ, उन्हीं को मर्यादा पुरुषोत्तम राम के रूप में हम जानते हैं। हालाँकि मर्यादा पुरुषोत्तम राम का जीवन हजारों वर्ष पूर्व के संदर्भों में व्यक्त है, अपितु आधुनिक जीवन में भी कोई ऐसी स्थिति नहीं मिलती, जब अपेक्षित आदर्श व्यवहार के लिए राम के जीवन से मार्गदर्शन न लिया जा सके। व्यक्तिगत, पारिवारिक, जाति, कुल, समाज या सृष्टि की रचना—किसी का भी संदर्भ हो, राम की कथा में उसी व्यवहार को प्रतिष्ठित किया गया है, जो सर्वमंगल के लिए है और धर्मानुकूल है। हालाँकि हजारों ऐसे संदर्भ हैं, परंतु यहाँ कुछेक उदाहरणों की चर्चा इस विषय को स्पष्ट करने के लिए पर्याप्त है।

रावण के षड्यंत्र की योजना के अनुसार राजा दशरथ के सामाज्य में तप और साधना कर रहे, ऋषियों-मुनियों के कार्य में विघ्न डालने के लिए राक्षसरूपी ताड़का आदि को भेजा। बालक राम और लक्ष्मण ने इन सभी का वध किया। यहाँ विचार योग्य बात यह है कि इन राक्षसों से किसी प्रकार की वार्त्ता और संधि का

प्रयास न तो विश्वामित्र ने ही किया, न ही राज्य द्वारा इस प्रकार का सुझाव आया।

वर्तमान संदर्भ में देखें तो जितनी शक्तियाँ राष्ट्र-विरोधी कार्यों में लगी हैं, उन्हें आधुनिक रावण की आसुरी शक्ति माना जा सकता है। मुख्य रूप से यह जेहादी मुसलिम और साम्यवाद से प्रभावित नक्सली संगठन हैं। जिन शक्तियों का जन्म ही सृष्टि के मूल सिद्धांतों के विरोध में हों, उन्हें मान्यता देना या उनसे बातचीत करना न केवल अव्यावहारिक है, प्रत्युत आत्मघाती और राष्ट्र-विरोधी भी है। पंजाब के आतंकवाद को 'बुलेट फॉर बुलेट' के सिद्धांत ने ही समाप्त किया। जिस प्रकार विश्वामित्र के मार्गदर्शन में बालकों राम और लक्ष्मण ने पूर्ण विश्वास के साथ राक्षसों का वध किया, वह आज के आतंकवाद और नक्सलवाद से निपटने के लिए दिशासूचक है। ध्यान रहे कि विश्वामित्र वर्तमान में बुद्धिजीवी शक्तियों के प्रतीक हैं।

व्यक्तिगत विकास और सुख-सुविधाओं तथा सामूहिक हितों के बीच में टकराव एक स्वाभाविक स्थिति है। इन परिस्थितियों में सामूहिक हित को ही सर्वोपरि मानना—यह राम के जीवन में अनेक बार देखने को मिलता है। युवा राम तो विशाल साम्राज्य के राजा बननेवाले थे, परंतु पिता के वचनों का मान समाज में रहे और कुल की मर्यादा बनी रहे, इसलिए राम ने 14 वर्ष वनवास काटना स्वीकार किया। विकल्प तो उस समय भी अनेक थे, परंतु बिना किसी संशय के राम ने सामूहिक हित का विकल्प ही चुना और अपने लिए कष्ट के 14 वर्ष काटने का निर्णय लिया।

लंका विजय और रावण दहन के पश्चात् राम वापस लौटे और ऐसा लगा कि उनका पारिवारिक जीवन सुखमय होगा, परंतु एक धोबी के मन में आए संशय के आधार पर उन्होंने पत्नी का त्याग किया। फिर से एक बार ऐसी मर्यादा की स्थापना की, जिसमें व्यक्तिगत जीवन और समाज जीवन के हितों में से एक का चुनाव करने की स्थिति बने तो व्यक्ति का अपना महत्त्व शून्य है और समाज ही सर्वोपरि है। ऐसी है राम की मर्यादा।

भगवद्गीता में जीवन जीने के लिए तीन साधन बताए गए हैं, जिनसे मानव को संपूर्ण सत्य का अनुभव होता है और वह मोक्ष को प्राप्त होता है। ये साधन हैं—ध्यानयोग, ज्ञानयोग और कर्मयोग। विष्णु के मनुष्य रूप के अवतार भगवान् राम ने अपने जीवन को कर्मयोग की उत्कृष्ट पालना का उदाहरण प्रस्तुत किया। फल के इच्छारहित कर्म को करना तो है ही, परंतु कर्मों के परिणाम को निर्लेप

भाव से ही लेना भी कर्मयोग की अनिवार्यता है। राम का पूरा जीवन ही ऐसा है, जहाँ कर्मयोग की प्रधानता देखने को मिलती है। स्वयंवर में शिव धनुष का सफल प्रयोग, सीता से विवाह, राजा बनने का अवसर, रावण का वध और लंका पर विजय, वनवास काटकर फिर से राज्य प्राप्त करना—ऐसे हर्ष के अनंत अवसर हैं, परंतु भगवान् राम के मुख और व्यवहार से उल्लास की भावना की अभिव्यक्ति नहीं होती। सीता के वियोग में दु:ख की अभिव्यक्ति के अतिरिक्त राम के जीवन में कहीं भी क्रोध, निराशा या विषाद की अभिव्यक्ति नहीं है। कर्म के परिणामों को निर्लेप भाव से लेने की मर्यादाओं का यही तो उदाहरण है।

आज हम इस बात के लिए अनेक कानून बनाते हैं कि मानव दूसरे मानव का सम्मान करे। मानवाधिकारों के लिए जितना ही बवाल हम मचाते हैं, उतना ही मनुष्यों के आपसी संबंध असमान और विषैले होते जा रहे हैं। राम का जीवन इस बात को समझाता है कि मनुष्य के पारस्परिक संबंध अधिकारों का मामला नहीं है। सद्भाव तो मनुष्य की स्वाभाविक प्रकृति है और मानव के कर्तव्यों की सूची बनाना ही जग के हित में होगा। राम के जीवन में अधिकारों का संदर्भ तो आता ही नहीं है और कर्तव्य-पालन का बोध और उसके लिए पूर्ण समर्पण की आदर्श मर्यादा सम्मुख आती है। भगवान् राम ने सज्जन मनुष्यों से किस प्रकार के प्रेम और समरसता के संबंध बनाए इसके कई उदाहरण हैं, जैसे कि केवट से वार्त्ता, सबरी के झूठे बेर खाना, सुग्रीव और बाली के बैर को समाप्त करना, विभीषण को स्वीकार करना।

सिद्धांतों के पालन की मर्यादाओं की शिक्षा भी राम के जीवन से मिलती है। कुशल नेतृत्व प्रदान करने की मर्यादाएँ भी रामायण को पढ़ने से सीखी जा सकती हैं। सहज भाव से ही अपने सहयोगियों को सद्मार्ग की प्रेरणा देना भी तो राम के जीवन से ग्राहय है। भरत को समझाकर वापस अयोध्या भेजना या विभीषण को कर्तव्य-बोध कराना हो या हनुमान को अपनी क्षमताओं का बोध करवाना हो, रामायण के लेखकों ने अनेक प्रेरणात्मक संचार के आदर्श उदाहरण प्रस्तुत किए हैं।

रामायण अति प्राचीन ग्रंथ है, इसमें तो कोई संशय नहीं है। उस समय का समाज वर्तमान समाज से भिन्न था, इसमें भी कोई शक नहीं हो सकता। रामायण के काल की सामाजिक रचनाएँ, रीतियाँ और नीतियाँ सभी आज से भिन्न थीं, परंतु मूल रूप से वह भी मानव प्रधान सृष्टि थी और आज भी मानव से प्रभावित ही सृष्टि है। एक आदर्श मानव समाज की रचना के लिए किस प्रकार की मर्यादाएँ

अपेक्षित हैं, उनका चित्रण जिस प्रकार रामायण में राम के चरित्र के माध्यम से हुआ वह आज भी पूर्ण रूप से प्रासंगिक है। किस परिस्थिति में किस प्रकार का व्यवहार धर्मानुकूल, समाजानुकूल और प्रकृति के अनुकूल है, ऐसी जिज्ञासा हो तो राम के जीवन में कहीं-न-कहीं जिज्ञासा समाधान होता ही है। आवश्यकता तो केवल आस्था की है और मर्यादित व्यवहार हम करें, इसके लिए शक्तिशाली इच्छा और संकल्प की है।

□

# भारतीय मनीषा के जागरण से ही साकार होंगे स्वराज्य के सपने

हर वर्ष गणतंत्र दिवस के पुण्य अवसर पर यह स्वाभाविक ही है कि हम पूर्व के वर्षों का आकलन और मूल्यांकन करें तथा भविष्य के लिए योजनाएँ बनाते हुए कुछ संकल्प लें। अपना देश जिस अवस्था में आज है, उससे सुख-दु:ख दोनों की अनुभूतियाँ होती हैं। हजार वर्षों से भी अधिक की विदेशी गुलामी के बाद 63 वर्ष की स्वाधीनता अवश्य ही एक हर्ष की अनुभूति दिलाती है। इन छह दशकों में हम खाद्यान्नों के मामलों में न केवल आत्मनिर्भर हुए, परंतु निर्यात करने की भी स्थिति बनी इसका श्रेय देश के किसानों को जाता है, जिन्होंने कृषि वैज्ञानिकों की सहायता से यह दुर्लभ कार्य कर दिखाया। विज्ञान और प्रौद्योगिकी के क्षेत्र में भी हमने अपने देश की आवश्यकता की पूर्ति की और विश्व के अन्य देशों में भी अपनी उपस्थिति स्थापित की। आर्थिक दृष्टि से भी देश ने कुछ पहलुओं में विकास किया है, अगर देखा जाए तो 18 महीने के कार्यकाल को छोड़कर हमने प्रजातंत्र को भी बनाए रखने में सफलता हासिल की है। सुरक्षा सेनाओं ने भी अपने कर्तव्य को निभाते हुए सीमाओं की रक्षा बहुत हद तक की है।

गौरवमयी सफलताओं के साथ-साथ सहज भाव से ही अपनी असभ्यताओं की तरफ भी ध्यान जाता है। वर्ष 1947 में देश में एकता का जो भाव उत्पन्न हुआ दिखता था, वह आज छिन्न-भिन्न हो गया लगता है। आर्थिक और सामाजिक विषमताएँ कम होने के बजाय तीव्र गति से बढ़ी हैं। राष्ट्र को विदेशी शक्तियों से तो खतरा बड़ा है ही, परंतु उससे भी अधिक आंतरिक विरोधाभास ऐसे पनपे कि नक्सलवाद-अलगाववाद और आतंकवाद देश की एकता-अखंडता के लिए गंभीर चुनौती बन गया। जहाँ राष्ट्र के किसानों, मजदूरों और वैज्ञानिकों ने अपेक्षा

से अधिक दायित्व निभाकर देश और समाज को सुदृढ़ किया है, वहीं राजनीतिक स्तर पर विशाल असफलता हमारे सम्मुख विद्यमान है। यहाँ राजनीति से अपेक्षा देश को सुदृढ़ और समाज को सुरक्षित बनाने की होनी चाहिए थी, आज स्थिति ऐसी हो गई है कि राजनीति को केवल सत्ता प्राप्ति का साधन मान लिया गया है। उचित एवं अनुचित उपायों और साधनों का उपयोग करके सत्ता में आना और बने रहना यहीं तक राजनीतिक चेतना सीमित होकर रह गई है। अधिक चिंता का विषय यह है कि इस प्रकार की अधूरी और विकृत प्रवृत्ति का विरोध या समाधान कहीं दिखता नहीं है।

15 अगस्त, 1947 और 26, जनवरी 1950 को जो मुख्य घटना हमारे भारत के भूखंड पर हुई, उसकी तीन तरह से व्याख्या की जाती है—प्रथम, भारत देश स्वाधीन हुआ। लगभग हजार वर्ष से अधिक समय तक देश की सत्ता विदेशी हाथों में रही। मुगल इसलाम के प्रसार के साथ-साथ लूटपाट के इरादे से भारत में आ रहे थे, उस समय के राजाओं ने उनका विरोध किया, परंतु उस समय की राजनीतिक व्यवस्था ऐसी बन गई थी कि सामूहिक विरोध मुगलों का नहीं हो सका। भीतरघात भी हुआ और लुटेरे मुगलों को लगा कि इस देश को तो अपने अधीन किया जा सकता है। पूरा मुगल काल देश के राजनीतिक पतन का शर्मनाक उदाहरण है। देश की समृद्धि ने यूरोप की साम्राज्यवादी ताकतों को भी आकर्षित किया। धीरे-धीरे मुगलों का पतन हुआ और सत्ता भारतीयों के हाथ में आने के बजाय अंग्रेजों के हाथों में चली गई। लगभग एक हजार वर्ष के मुगल प्रभाव ने भारत की सामाजिक, सांस्कृतिक और आर्थिक व्यवस्थाओं को बहुत कम प्रभावित किया, परंतु अंग्रेजों ने योजनाबद्ध तरीकों से सामाजिक-सांस्कृतिक व्यवस्थाओं पर आघात किया। परिणाम यह निकला की जब अंग्रेजों को देश के बाहर धकेला तो वो कुछ हद तक अंग्रेजियत को भारत में स्थापित कर चुके थे। इसलिए अंग्रेजों की अधीनता समाप्त हुई और हम अपने ही अधीन हुए। परंतु क्या ऐसा कहा जा सकता है कि हमें स्वराज्य मिला ?

## स्वराज्य का लंबा इंतजार

दूसरी व्याख्या स्वराज्य की है। अपने देश पर अपना राज हो यह तो प्रकृति का नियम है, परंतु इस अपनेपन का अर्थ समझना आवश्यक है। स्वराज्य केवल राजनीतिक परिकल्पना नहीं है। इसका बहुत बड़ा हिस्सा स्वयं की संस्कृति से भी

संबंधित है। 15 अगस्त, 1947 को भारत कोई नया देश नहीं बना था, जबकि बहुत से यूरोप के देश और अमेरिका चार-पाँच सौ वर्षों से अधिक पुराने नहीं थे, परंतु भारत कम-से-कम पाँच हजार वर्ष पुराना देश था। यह एक ऐसा देश था, जो एक समय में विश्व की सर्वश्रेष्ठ सभ्यता का साक्षात् उदाहरण था। इस देश की ही भूमि पर एक ऐसी संस्कृति का निर्माण हुआ था, जिसमें संपूर्ण सृष्टि के विज्ञान को समझा था और एक ऐसी जीवन-पद्धति का विकास किया था, जो मानव के भौतिक विकास के साथ-साथ आध्यात्मिक विकास का भी मार्ग प्रशस्त करती थी। इस श्रेष्ठ संस्कृति की विशेषता यह थी कि हजार वर्ष की पराधीनता के बावजूद इसके मौलिक मूल्य भारतीय जनमानस के हृदय और मस्तिष्क में बने रहे। स्वाधीनता तो मिली, परंतु राज भारत की उस प्राचीन चेतना के 'स्व' का नहीं बना, न तो व्यवस्थाएँ अपनी थीं, न मौलिक दर्शन अपना था और न ही भाषा अपनी थी। गांधी ने भी स्वराज्य के लिए संघर्ष किया, परंतु उनको भी पराधीनता से मुक्ति प्राप्त हुई, किंतु उनकी संकल्पना का स्वराज्य नहीं मिला।

तृतीय व्याख्या 26 जनवरी, 1950 से लागू भारतीय संविधान से संबंधित है। बार-बार कहा जाता है कि भारत गणतंत्र बना, अर्थात् गण द्वारा गण के लिए गण का अपना तंत्र स्थापित होना, परंतु हमने तो अपने आपको वही तंत्र दे दिया, जिसका निर्माण अंग्रेजों ने 150 वर्ष के कार्यकाल में किया। आम समझ की बात है कि एक आक्रांता, जब दूसरे देश पर राज्य स्थापित करता है तो वो ऐसी व्यवस्थाएँ बनाता है, जिससे आक्रांता सुदृढ़ हो और गुलाम समाज दुर्बल हो, अंग्रेजों ने तो ऐसा ही किया था। उन्होंने ऐसी शिक्षा व्यवस्था बनाई, जो काले अंग्रेज पैदा करते थे। भारत की भूमि से संवेदना रखनेवाले बौद्धिक वर्ग का निर्माण न हो पाए, अंग्रेजों की यह सफल योजना रही। प्रशासन व्यवस्था में भी आर्थिक विकास, सामाजिक समरसता और सांस्कृतिक उत्थान को अवरुद्ध करनेवाली रचनाएँ अंग्रेजों ने कीं। कपड़े का संपूर्ण भारतीय उद्योग नष्ट हुआ। पूजा-पद्धति, जाति और क्षेत्र के आधार पर समाज को तोड़ा गया और मौलिक भारतीय संस्कृति का उपहास उड़ाते हुए, पश्चिम की अधूरी और विकृत संस्कृति की स्थापना अंग्रेजों ने की। हम स्वाधीन तो हुए, परंतु तंत्र के परिवर्तन हमने नहीं किए। स्व का तंत्र या तो निर्माण हो या पुराने अपने ही तंत्रों में सुधार करके लागू किया जाए, ऐसा प्रयास नहीं किया गया। शिक्षा-पद्धति को वैसा-का-वैसा स्वाधीन भारत में भी अपनाए रखा है। जिला प्रशासन का मुख्य अधिकारी अभी भी 'कलेक्टर' या 'कमिश्नर' कहलाता है। पूरा-का-पूरा

दंड विधान ब्रिटिश काल का हमने स्वतंत्र भारत में पुनः स्थापित कर दिया। पश्चिम की भोगवादी व्यवस्था को स्वतंत्र भारत में नकारा नहीं, परंतु उसको सम्मानपूर्वक प्रतिष्ठित किया। वैस्टमीनिस्टर आधारित चुनाव-व्यवस्था को अपनाकर हमने गण के तंत्र को स्थापित करने का ढोंग रचा।

## अधूरी आजादी से आगे बढ़ने की जरूरत

भाषा के मामले को भी हमने इतना उलझाया कि एक ओर तो ऐसा लगने लगा कि इंगलिश के बिना कुछ भी चल नहीं पाएगा और दूसरी ओर विभिन्न भारतीय भाषाओं को हमने एक-दूसरे के विरोध में खड़ा कर दिया। निष्कर्ष रूप में यह कहा जा सकता है कि भारत को स्वाधीनता तो मिली, परंतु न ही उसको स्वराज प्राप्त हुआ और न ही उसको स्वतंत्रता प्राप्त हुई। इस अधूरी आजादी का परिणाम हमने पिछले छह दशकों में देखा और यदि उचित उपचार नहीं हुआ, तो भविष्य में भी इसके गंभीर विपरीत परिणाम झेलने के लिए हमें तैयार रहना चाहिए।

प्रश्न यह है कि अंग्रेजों के शासन से मुक्ति के पश्चात् भी हम स्वयं की व्यवस्थाओं को स्थापित क्यों नहीं कर पाए? उत्तर ढूँढ़ना कठिन नहीं है। अंग्रेजों की दूरदर्शिता और अपने नेताओं का अंग्रेजियत से सराबोर मानसिकता से यह साफ-साफ झलकता है। एक समय था, जब विश्व में अंग्रेजों के लिए सूर्यास्त नहीं होता था, परंतु धीरे-धीरे पूरे विश्व में साम्राज्यवाद का विरोध प्रारंभ हुआ और अंग्रेजों को यह समझ आया कि भारत में उसका राज्य अधिक दिन रहनेवाला नहीं है, परंतु अंग्रेज तो आदतन लंबी दौड़ का घोड़ा दौड़ाता है। एक ओर तो अंग्रेजों का प्रयास था कि अधिक-से-अधिक समय तक भारत पर अपना साम्राज्य कायम रखें और उसकी धन-संपत्ति अधिक-से-अधिक इंग्लैंड में पहुँचा दी जाए। दूसरी रणनीति यह थी कि बेशक समय आने पर ब्रिटिश लोगों का राज्य समाप्त हो जाए, परंतु ब्रिटिश का प्रभाव यहाँ बना रहे और लंबे काल तक ब्रिटिशों के हितों की सुरक्षा इस देश में होती रहे। पश्चिम की संस्कृति का प्रभाव बढ़ाना तो उद्‌देश्य था ही, परंतु मूल रूप से ईसाइयत का प्रचार-प्रसार भी उद्‌देश्य था। स्वतंत्रता-संग्राम के समय ही कूटनीतिज्ञ चालें प्रारंभ हुईं। मुसलमानों को भिन्न राजनीतिक शक्ति के रूप में खड़ा करके देश के बँटवारे की योजना बना ली गई। भारतीय नेतृत्व में भी अंग्रेजों ने ऐसे नेताओं को प्रोत्साहित किया, जो अंग्रेजों के प्रति केवल आदर-भाव ही नहीं, परंतु श्रद्धा का भाव रखते थे। स्व-राष्ट्र और स्व-संस्कृति से प्रेरित नेतृत्व को हतोत्साहित

करना भी अंग्रेजों की नीति का महत्त्वपूर्ण भाग था। इसका प्रमाण पं. जवाहरलाल नेहरू के उस वक्तव्य से मिलता है, जब स्वतंत्रता के कुछ वर्षों के पश्चात् ही एक पत्रकार को बताया कि शायद वे स्वयं भारत के अंतिम अंग्रेज राजा हैं। जिस राजनीतिक चेतना के आधार पर पूरे स्वतंत्रता-संग्राम का आधार बना, उसी चेतना का कायाकल्प स्वतंत्रता के पश्चात् पूर्णरूपेण हो गया।

## फूट डालकर, राज करने की अंग्रेजी नीति

मेरा देश, मेरी भूमि, मेरा धर्म और मेरी संस्कृति यह सब वे प्रेरक तत्त्व थे, जिन्होंने लाखों भारतवासियों को जीवन न्योछावर करने की प्रेरणा दी। 1857 के स्वतंत्रता-संग्राम के विवरण देखें तो मूलतः यह बात सामाने आती है कि धर्म की रक्षा के लिए अंग्रेजों को देश से निकालना अनिवार्य हो गया था। संग्राम के लिए सहयोग और सहायता लेने के संवाद का मुख्य बिंदु धर्म की रक्षा ही था। स्थितियाँ ऐसी बनीं कि इसी धर्म का उपयोग करके स्वतंत्रता-संग्राम के सेनानियों में फूट डाली गई और देश का विभाजन किया गया। जिस धार्मिक चेतना ने स्वतंत्रता-संग्राम की नींव रखी, उसी धर्म को हमने स्वतंत्रता प्राप्त करने पर नकार दिया और घोषित कर दिया कि भारत धर्म-निरपेक्ष राज्य है। धर्म की संकुचित व्याख्या पूजा-पद्धति तक सीमित रखकर हमने एक ऐसी विकृत राजनीतिक चेतना का निर्माण किया। जो शाश्वत का प्रतीक है, नियमों का उल्लंघन करके समाज की रचना करने में प्रयासरत हो गई। स्व की राजनीतिक चेतना को त्यागकर उधार की ली हुई राजनीतिक चेतना को अपनाया। परिणामस्वरूप धोबी के कुत्ते वाली स्थिति बनी, न हम पूरे भारतीय रहे और न ही पूरे अंग्रेज बने।

आज तो हम इस स्थिति में हैं कि स्वतंत्रता के पश्चात् की उपलब्धियों और विफलताओं का निरपेक्ष भाव से मूल्यांकन करें और ऐसी राजनीतिक चेतना का चयन करें, जो आनेवाले सैकड़ों वर्षों तक देश, समाज, मानव और सृष्टि के लिए हितकारी हो। आज पूरा विश्व इस तथ्य को बिना किसी शक के मानता है कि पिछली तीन-चार शताब्दियों में मानव ने प्रकृति का जो दोहन किया है, उसके कारण से न केवल मानवता, परंतु पूरी पृथ्वी का अस्तित्व संकट में है। ऐसा भोगवादी राजनीतिक दर्शन, जो मनुष्य को या केवल आर्थिक इकाई मानता हो या फिर उसे मात्र एक उपभोक्ता मानता हो, प्रकृति से न्यायसंगत नहीं है। पशु और मनुष्य में यदि अंतर करना है तो समझना होगा कि मनुष्य सामाजिक प्राणी है, इसलिए अस्तित्व के

लिए संघर्ष और सर्वशक्तिमान की विजय के सिद्धांत आत्मघाती हैं। सहयोग और सह-अस्तित्व पर आधारित संस्कृति ही मनुष्यता को विकास के मार्ग पर ले जा सकती है। यह आज पूँजीवादियों, समाजवादियों और साम्यवादियों सभी को समझ में आ गया है। मनुष्य केवल राजनीतिक प्राणी भी नहीं है। सत्ता के लिए संघर्ष भी विकास का मार्ग नहीं है। यह कटु तथ्य भी सबके सामने स्पष्ट हो गया है।

## सेवा और त्याग हों, राजनीति के लक्ष्य

राजनीति के दो ही आधार बिंदु हो सकते हैं—त्याग और सेवा। ऐसा राजनीतिक चिंतन विश्व में केवल भारतीय संस्कृति में ही प्रतिपादित है। राजनीति सत्ता-प्राप्ति का साधन नहीं है, परंतु आम जन को सत्ताशील बनाने का एक मार्ग है। यह राजनीतिक चेतना वर्तमान में बौद्धिक वर्ग में सर्वमान्य है। आज विज्ञान ने अध्यात्म के उस रहस्य को प्रमाणित कर दिया है कि न केवल सभी प्राणियों में एक ही चेतना है, परंतु प्रकृति के जड़ पदार्थों में भी चैतन्य उपस्थित है। वेदांत ने प्रकृति के जिन सिद्धांतों को सूत्र रूप में रखा, उनको आज के विज्ञान ने अपने तरीकों से समझा है। और दोनों में एकरूपता का संज्ञान दिया है। पश्चिम ने ऐसी राजनीतिक चेतना पूरे विश्व में प्रसारित की, जो मानव को दानव की ओर ले जाती है। पूरे विश्व में आज सृष्टि को सौ बार से अधिक पूर्णतः नष्ट करने की क्षमताएँ उपलब्ध हैं। मनुष्य के विकास की यह उलटी चाल न केवल मनुष्यता के लिए, परंतु पूरी रचना के लिए संकट का साधन है। दूसरी ओर वैकल्पिक जीवन-दर्शन भी उपलब्ध है, जिसके अंतर्गत मनुष्य अपने को प्रकृति का न केवल एक छोटा अंग, परंतु प्रकृति का एक रूप ही मानकर जीवन व्यतीत करता है। ऐसे दर्शन का समावेश जब राजनीतिक चेतना में होगा तो मनुष्य के विकास का मार्ग नर से नारायण की ओर प्रशस्त होता है।

आधुनिक मानव समाज में संचार की नवीन प्रौद्योगिकी ने यह संभव बना दिया है कि मनुष्यता आपस में पूर्ण रूप से संबंधित और निर्भर हो जाएगी। विश्व की सज्जन शक्तियाँ तो प्रकृति के इन गुणों को समझ चुकी हैं और भारत की ओर आशा भरी दृष्टि से देख रही हैं, क्योंकि उन्हें इस बात का भी संज्ञान है कि जिस सूक्ष्मता से एक भारतीय मानस प्रकृति के शाश्वत नियम को समझता है, वह किसी अन्य जाति के लिए संभव नहीं है, क्योंकि न केवल हजारों वर्ष इस सत्य को भारत ने खोजा था, परंतु हजारों वर्ष से इसी सत्य को जिया भी है। दीनदयाल उपाध्याय के कथन

अनुसार, "करना यह होगा कि प्राचीन को युगानुकूल बनाकर और पश्चिम के विज्ञान और प्रौद्योगिकी को देशानुकूल बनाकर एक ऐसी राजनीतिक चेतना का समावेश भारतीय जीवन में करना होगा, जो न केवल पूरी सृष्टि की सुरक्षा सुनियोजित करे, साथ-ही-साथ मानव के आध्यात्मिक विकास का भी मार्ग बनाए।"

□

# देवर्षि नारद : सर्वश्रेष्ठ जनसंचारक

पुराणों में नारद को भागवत संवाददाता के रूप में बताया गया है। इतना ही नहीं, बल्कि वे देव, मनुष्य और दानव सभी के लिए मित्र, दार्शनिक, सलाहकार और प्रसन्न कर देनेवाले ईश्वर और उनकी रचना के मध्य सेतु की तरह हैं। उनके नाम की व्याख्या कुछ इस तरह की गई है—'नारम् परमात्मविषयक ज्ञानम् ददाति इति नारदः।' यह देवर्षि का प्रशंसनीय रूप है। उनकी प्रशंसा से परे एक दूसरी धारणा भी है—'नारं नरसमूहं कलहेन द्यति खंडयतीति', यहाँ उनको कलह पैदा करनेवाला बताया गया है। उनको कलिप्रिय नाम से भी जाना जाता है। उनके व्यक्तित्व का कुछ भी अँधेरे में नहीं है, यानी वह पारदर्शी है। एक व्यक्ति के लिहाज से यह अच्छी बात ही है। उन्होंने दैत्य अंधक को शिव के वरदान का अपने ऊपर इस्तेमाल करने की सलाह दी। रावण को बाली की पूँछ में उलझने पर विवश किया, कंस को सुझाया कि देवकी के बच्चों को मार डाले, वह कृष्ण के दूत बनकर इंद्र के पास गए और उन्हें कृष्ण को पारिजात से वंचित रखने का अहंकार त्यागने की सलाह दी। यह और इस तरह के अन्य कृत्य, देवर्षि के व्यक्तित्व में विरोधाभासी नजर आते हैं, लेकिन इन सबके पीछे उनका कोई स्वार्थ नहीं है, बल्कि विश्व के कल्याण की नेक भावना है। समुद्र मंथन के बाद देवों ने अमृत पाया और नई ऊर्जा से भरकर दैत्यों का नाश करने जा रहे थे, नारद ने उन्हें ऐसी क्रूरता न करने की सलाह दी। (भागवत्, भाग आठ, 12.43) एक बार जब हिरण्य तपस्या के लिए मंदार पर्वत पर चला गया और देवता असुरों की पत्नियों का दमन करने लगे, नारद ने हिरण्य की पत्नी की देखभाल की। तब उसके गर्भ में प्रह्लाद पल रहा था। नारद की आध्यात्मिक उपस्थिति से प्रह्लाद वैसा बना, जो वे थे। इस तरह की घटनाएँ उनके चरित्र की महानता का द्योतक हैं।

पद्म पुराण में कहा गया है—ब्रह्मा के पुत्र का वैभव यह है कि वे शुभ के निवास हैं। उनके मुख से निकला एक शब्द प्रह्लाद के मोक्ष का कारण बन गया और उनकी ही कृपा से ध्रुव को देवलोक (आकाश) में स्थायी स्थान मिल गया। उनके सम्मान में कहा गया है—'जयति जगति मायां यस्य कायाध्वस्ते वचनरचनमेकं केवलं चाकलय्य। ध्रुवमपदमपि यातो यत्कृपातो ध्रवोअयं सकलसकुशलपात्रं ब्रह्मपुत्रं नतास्मि।' ऐसा मालूम होता है कि श्रीरामकृष्ण की तरह नारद का भी यही मानना है कि जीव का सबसे पहला कर्तव्य भागवत् सत्य की अनुभूति है, इसके बाद ही उसे दुनियावी जीवन में प्रवेश करना चाहिए। भागवत् भाग चार, 8, भाग चार 25, भाग छह. 5, और विष्णु पुराण 1.15, इस संदर्भ को बखूबी रखते हैं। सृष्टि के आरंभ में दक्ष ने पाञ्चजन्य की बेटी, अपनी पत्नी असिक्नी से दस हजार बच्चे पैदा किए, ताकि धरती आबाद हो सके। दक्ष के इन पुत्रों को हरयस्वा कहा जाता है। वह अपने पिताओं की आज्ञा का पालन करते हुए तपश्चर्या के लिए नारायनसरस की तीर्थयात्रा पर थे, देवर्षि ने उन्हें स्व, ईश्वर और प्रकृति को जानने और फिर जीवन के अंतिम लक्ष्य मोक्ष की तरफ बढ़ने का मार्ग दरशाया। वे सभी संन्यासी बने और कभी भी दुनियादारी की तरफ नहीं लौटे। दक्ष अत्यंत कुपित हुए, लेकिन ब्रह्मा की सांत्वना के बाद उन्होंने फिर से दस हजार बच्चे उत्पन्न किए, जिन्हें सबलसवास के नाम से जाना जाता है। वे भी नारायणसरस को गए, जहाँ उनके अग्रजों ने पूर्णता की प्राप्ति की थी। नारद की आध्यात्मिक शिक्षा से वे भी ब्रह्मलीन हुए और कभी वापस नहीं लौटे। इस निष्फलता के अवसाद में दक्ष ने नारद को अभिशाप दिया, जिसके चलते नारद एक यायावर की तरह हमेशा संसार में विचरते हैं, उनका कोई स्थायी आवास नहीं है। 'स्वरब्रह्मणि, निर्भातहृषिकेशपदाम्बुजे। अखंडचित्तमावेश्य लोकानुचरन मुनिः।' प्रभु के चरण कमलों में समर्पित व्यक्तित्व वाले नारद एक देवर्षि की तरह संसार में भ्रमण करते हैं, उनको केवल नादब्रह्म से ही महसूस किया जा सकता है। भागवत् भाग छह, 5.22। आध्यत्मिक कांति दे, दमकते पापों से सर्वथा दूर, तपस्या में लीन, समय-समय पर नारद तीनों त्रिलोक का चक्कर लगाते रहते हैं। महाभारत भाग बारह 213.5. 'ब्रह्मेवामितदीप्तौजाः शान्तपाप्मा महातपाः। विचचार यथा कालं त्रिषुलोकेषु नारदः।' ऐसे नारद सभी ऋषियों में चतुर हैं। और हमेशा तप में लगे रहते हैं। वाल्मीकि ने अपने एक मशहूर पद की शुरुआती पंक्तियों में उनका इस तरह वर्णन किया है—'तपःस्वाध्यायनिरतं, वाग्विदां वरम्।' उनके संदर्भ में इसे भी याद रखना जरूरी है कि यह नारद की ही प्रेरणा थी कि वाल्मीकि

ने रामायण जैसे महाकाव्य और व्यास ने भागवत्गीता जैसे अद्भुत भक्ति-काव्य की रचना कर पूर्णता को प्राप्त हुए। महाभारत में भाग बारह 215, में भीष्म युधिष्ठिर से यह कहते हुए कि नारद आदर्श व्यक्तित्व है। श्रीकृष्ण द्वारा उग्रसेन को कही गई बात उद्धृत करते हैं—हे राजन्, मैंने नारद के चरित्र की कुछ नेक विशिष्टताएँ बताईं। नारद के मन में कभी भी अपने चरित्र का घमंड नहीं होता, बल्कि वह हमेशा पूर्णता के लिए पवित्र ज्ञान और नेक व्यवहार को धारण करते हैं। उनका हर जगह सम्मान होता है, क्योंकि वे दिव्यता की गरिमा, तेज, सरलता, साहस और निर्मलता से परिपूर्ण तथा असंतुष्टि, क्रोध, अविश्वसनीयता और अपूर्णता से मुक्त हैं। निश्चित ही वे वंदनीय हैं, क्योंकि किसी भी तरह का मोह या लोभ, उन्हें अपने वचन से डिगा नहीं सकते।

नारद का सर्वत्र सम्मान किया जाता है, क्योंकि उनके पास सच्चा आत्मज्ञान, सहिष्णुता, शांति, इंद्रियों पर नियंत्रण, स्पष्टता, वाणी की सत्यता, दृढ़ ईश्वर प्रेम, उच्च नैतिक दिव्य-दृष्टि, पवित्र चतुराई, करुणा, भ्रांतिरहित मन, चमत्कारी आचरण है। उनमें गरिमा, मधुरता, सरलता, पवित्रता और मधुरवाणी की शक्ति है और कोई भी ईर्ष्या भाव नहीं है, इसलिए वे सर्व स्वीकृत हैं। निश्चित ही वे शुभ काम में लगे हैं, जिसे कोई पाप विचलित नहीं कर पाता। वे किसी को संकट में देखकर प्रसन्न नहीं होते हैं। स्वयं को दैवीय दृष्टि और पिछली घटनाओं के ज्ञान से सुरक्षित रखते हैं। वे अहंकार रहित भाव से सबके लिए न्यायसंगत रहते हैं तथा किसी का तिरस्कार नहीं करते, इसीलिए वे किसी विशेष को पसंद या नापसंद नहीं करते हैं। विविधतापूर्ण वाक् शक्ति के उपहार के साथ उनका ज्ञान विस्तृत है तथा न तो वे हठी स्वभाव के हैं और न ही जड़ हैं। वे दूसरों से सम्मान पाने के लिए ध्यान नहीं करते हैं और आत्मप्रशंसा से दूर रहते हैं तथा सदैव मधुर बोलते रहते हैं। वे किसी की उपेक्षा किए बिना ही मनुष्य के विविध आचरणों का प्रेक्षण करते रहते हैं। वे दूसरों से सामंजस्य स्थापित करने की कला में निपुण हैं, इसलिए सर्वत्र उनका सम्मान किया जाता है। किसी एक के बिना किसी विशेष लगाव के भी वे सबसे लगाव रखनेवाले हैं। वे कभी किसी भी तरह की शंका को लंबे समय तक अटकाकर नहीं रखते। वे एक कुशल वक्ता हैं। वे अन्य विश्वासों के प्रति उदासीन नहीं हैं, किंतु वे स्वधर्म का पालन करते हैं। वे एक क्षण भी व्यर्थ नहीं गँवाते और सदैव आत्मनियंत्रित रहते हैं। उन्होंने निपुणता के लिए कठोर प्रयास किए हैं और सर्वोच्च बुद्धिमत्ता प्राप्त की है। उनमें सदैव आत्मसाक्षात्कार होता है तथा उत्साह के साथ हर अनुभूति में डूबे

रहते हैं। ऐसा नहीं है कि उनमें लज्जा भाव नहीं है, पूर्णता की प्राप्ति के लिए अगर दूसरों का सुझाव उपयोगी है तो वे उसके लिए तत्पर रहते हैं। वे दूसरों के रहस्यों को कभी प्रकट नहीं करते। उनका चित्त निस्पृह रहता है। सहमति से या असहमति से इच्छा के उद्‌देश्यों की प्राप्ति या अभाव में वे प्रभावित नहीं होते। कौन इन आदर्श सद्‌गुण वाले—प्रभावशाली, पुण्यात्मा, दूरदर्शी, चातुर्यपूर्ण को प्रियमित्र नहीं बनाना चाहेगा। स्वयं श्रीकृष्ण द्वारा इस उत्कृष्ट आभापूर्ण प्रशंसा के पश्चात् और महान् भीष्म द्वारा उद्‌धृत किए जाने के बाद नारद के व्यक्तित्व की असंस्कृत अवमानना को तूल देना असंभव है।

□

# समष्टि में निहित है—संवाद और संचार

इस सृष्टि में जीवन के क्रमिक विकास का तथ्य प्रमाणित हो चुका है। जिन दर्शनों और विचारधाराओं ने सृष्टि के तत्पर निर्माण की बात कही गई है, वह भी आज इस वैज्ञानिक तथ्य को स्वीकार करने के लिए बाध्य है कि किसी एक शक्ति ने एक बार में या कुछ दिनों में सृष्टि का निर्माण नहीं किया है। जैविक विकास के क्रम को अध्ययन करने से कई जटिल प्रश्नों के उत्तर स्वयं ही मिलते हैं। संचार, संवाद और जनसंचार के विद्यार्थियों की दृष्टि से देखें तो संचार की क्षमताओं के विकास के क्रमिक विकास का चित्र स्पष्ट सामने आता है। जगदीशचंद्र बसु जैसे वैज्ञानिकों ने यह भी सिद्ध किया है कि वनस्पति जगत् में भी संचार और संवाद उपस्थित हैं। पशु जगत् के जैविक विकास का अध्ययन करें तो अत्यंत रुचिपूर्ण तथ्यों के साथ-साथ दो प्रक्रियाएँ प्रामाणिक रूप से सामने आती हैं—पहली नवजात शिशु के जन्म के समय की अवस्था और दूसरी अभिव्यक्ति की क्षमताओं का विकास क्रम।

पशु के विकास के क्रम में यह तथ्य सामने आता है कि विकास के क्रम पर निम्न स्तर के प्राणियों में नवजात शिशु जन्म से ही स्वतंत्र रूप से जीवन जीने के लिए सक्षम होता है। कीड़ों के वर्ग की बात लें या शक जैसे खोल में रहनेवाले जंतुओं की बात लें या फिर रीढ़ की हड्डी वाले प्रथम प्राणियों मछली आदि की बात करें तो सभी में अंडों से जो प्राणी निकलते हैं, उनका अपनी जाति के अन्य जातियों के प्राणियों से कोई निर्भरता का संबंध नहीं होता। जन्म के बाद माता-पिता या अन्यों की कोई भूमिका नहीं रहती। मछलियों से अगले क्रम के प्राणी, जो जल और थल दोनों में रहते हैं। उनमें भी स्थिति इसी प्रकार की है। मेढक अंडे देकर भूल जाते हैं और उनसे जो नए मेढक निकलते हैं, वह जन्म से ही स्वयंभू होते हैं।

रेंगनेवाले प्राणी, जो जैविक विकास के क्रम में मेढक जैसे प्राणियों से अधिक विकसित माने जाते हैं, उनमें थोड़ा-थोड़ा अंडे देने का स्थान बनाना और उनका कुछ-कुछ ध्यान देना, परंतु जन्म के पश्चात् माता-पिता या कोई अन्य न तो कोई सिखाता है, न ही सुरक्षा देता है, न ही खाने का प्रबंध करता है। हर नया मगरमच्छ, छिपकली या साँप अपने आप में जन्म से स्वतंत्र और समाजहीन हैं।

विकास की अगली कड़ी में वायु में उड़नेवाले पक्षी माने जाते हैं। पक्षी भी अंडे देते हैं, परंतु अंडे देने के पूर्व वे घोंसला बनाते हैं। अंडों की सुरक्षा कराते हैं। उनको उष्मा देते हैं और अंडों से निकले चूजों को भोजन भी माता-पिता कराते हैं। उड़ना भी सिखाते हैं, भोजन ढूँढ़ना भी सिखाते हैं और एक दिन पक्षी स्वतंत्र रूप से उड़ना प्रारंभ करता है। कुछ पक्षियों में सामूहिकता भी उत्पन्न हुई और वे समूह में रहने लगे। इसे सामाजिकता का प्रारंभ कहा जा सकता है।

जैविक-क्रम की अगली कड़ी स्तनधारी प्राणियों की है, इन प्राणियों में नवजात शिशु मादा के पेट में ही पलता है और अंडे के रूप में शरीर से बाहर नहीं आता है। यह नवजात शिशु जन्म के समय पूर्ण रूप से असहाय, असमर्थ और निर्भर होता है। प्रकृति ने माँ को स्तन दिए, जिससे वह नवज़ात शिशु के भोजन की व्यवस्था करें। अपनी जाति के अन्य प्राणियों पर यह निर्भरता जैविक-क्रम के विकास में महत्त्वपूर्ण पायदान है। स्तनधारी प्राणियों में शिशु आदि को माँ या अन्य का सहयोग नहीं मिलता है तो जीवन नहीं चल पाता। स्तनधारी प्राणियों में भी निर्भरता का समय क्रमशः बढ़ता गया। गाय, भैंस, बकरी, ऊँट, शेर आदि में यह निर्भरता का समय क्रमशः बढ़ता है। हाथी, बंदर, गोरिल्ला आदि में निर्भरता अधिक काल तक है। मनुष्य, जो जैविक विकास के क्रम में सर्वोच्च स्थान प्राप्त है, में यह निर्भरता आजीवन है। इस निर्भरता ने स्तनधारी प्राणियों को समूहों में लगातार रहने के लिए बाध्य किया और मनुष्य के समाज का कारण और साधन दोनों ही मनुष्य की मनुष्य पर निर्भरता है। मनुष्य को समाज में रहना आवश्यक नहीं अनिवार्य है, इसलिए सामाजिक व्यवस्था जैविक अनिवार्यता है, न कि कोई विकल्प। मनुष्य एक सामाजिक प्राणी है, यह एक जैविक अनिवार्यता है, न कि सामाजिक विकल्प।

जो बात अनेक विद्वानों के ध्यान में नहीं आती हैं, वे यह हैं कि समाज की रचना में संवाद एक ऐसी प्रक्रिया है, जिसका होना जैविक मजबूरी है, न कि सामाजिक। प्रकृति ने जीवन के विकास के क्रम में मनुष्य को समाज में रहने की

व्यवस्था की, जिसका प्राण तत्त्व संवाद है। क्या इस संवाद को बाधित या नियंत्रित किया जा सकता है या करना चाहिए?

जैविक विकास के क्रम की दूसरी महत्त्वपूर्ण प्रक्रिया संवाद की क्रियाओं के लिए शरीर में विभिन्न अंगों के विकास का है। जैविक विकास के प्रारंभिक पशु जगत् में संवाद के लिए अंगों का निर्माण नहीं है। कीड़ों, मछलियों आदि ने ध्वनि उत्पन्न करने के अंग लगभग अनुपस्थित हैं। आँख या चेहरे के भाव द्वारा भी अभिव्यक्ति की क्षमताएँ नहीं हैं। हालाँकि चींटियों, मधुमक्खियों और कुछ अन्य निम्न स्तर के पशु जगत् में संवाद की कलाओं का विकास हुआ है, परंतु उसे एक समानांतर या विशिष्ट विकास द्वारा माना गया है। अधिकांश निम्न स्तर के पशुओं में न तो समाज है, न ही संवाद। रीढ़ की हड्डीधारी पशुओं में धीरे-धीरे ध्वनि पैदा करनेवाले अंगों का विकास हुआ है। मेढक और मेढकी अलग तरह की ध्वनियों के द्वारा अपनी उपस्थिति का संदेश देते हैं और शायद निमंत्रण भी देते हैं। पक्षियों में तो ध्वनि पैदा करने के यंत्रों की विविधता प्रकृति का अजूबा ही लगता है। वैज्ञानिकों का मानना है कि पक्षियों की हर प्रकार के पक्षी-जगत् की एक भाषा है, जो नवजात शिशु प्रारंभिक जीवन में समूह में रहते हुए माता-पिता एवं अन्य से सीखते हैं। स्तनधारी प्राणियों में ध्वनि-तंत्र या ध्वनि-डिब्बे का विकास हुआ और सामाजिक संवाद का क्रमिक विकास होता गया। अनेक प्राणी न केवल ध्वनि से, परंतु कानों और पूँछ की क्रियाओं से भी महत्त्वपूर्ण संवाद होता है। पालतू जानवरों—गाय, भैंस, बकरी, ऊँट, कुत्ता इत्यादि तो मनुष्य से भी संवाद करते दिखाई देते हैं। मनुष्य में ध्वनि-तंत्र सबसे अधिक विकसित है और इसी की रचना के आधार पर भाषा की उत्पत्ति हो सकी। ऐसा माना जाता है कि स्तनधारियों की सामाजिकता को समृद्ध करने और अधिक प्रभावशाली बनाने के लिए प्रकृति के नियमों के अनुसार ऐसे ध्वनि-तंत्रों का विकास हुआ, जिसके कारण से मानवता का सामाजिक दायरा असीमित संभव हुआ। प्रकृति के दिए इस अभिव्यक्ति के तंत्र को क्या बाधित किया जा सकता है या नियंत्रित किया जा सकता है। जब हम मीडिया की संचार और संवाद की क्षमताओं पर अंकुश लगाने का विमर्श करते हैं तो मौलिक प्रश्न यह ध्यान में रखना आवश्यक है कि संचार और संवाद केवल मात्र सामाजिक प्रक्रिया नहीं है, वह जीवन के लिए अनिवार्यता है। प्रकृति के इस वरदान को सामाजिक विकास का साधन प्रकृति ने ही बनाया है, जिसके कारण से मनुष्य का व्यक्तिगत विकास भी होता है और समाज भी प्रकृति के नियमों के अनुसार विकास को प्राप्त होता है।

परंतु जिस प्रकार प्रकृति के अन्य वरदानों को मनुष्य अपनी नासमझी के कारण दुरुपयोग करता है, उसी प्रकार संवाद की क्षमताओं का भी मीडिया एक ऐसा रूप है, जिसमें प्रकृति के नैसर्गिक नियमों के विरोध में जाकर उनका दुरुपयोग संभव है, हुआ है और हो रहा है। प्रश्न यह है कि संवाद व्यक्ति करे या मीडिया की टेक्नोलॉजी के द्वारा हो। स्वच्छंद हो, हो सकता है। क्योंकि संवाद का मूल उद्देश्य सामाजिकता की भावना को बल देना है, इसलिए यदि किसी भी प्रकार का संवाद मनुष्य को मनुष्य से तोड़ता है या मनुष्यता के हित में नहीं है या सृष्टि के नैसर्गिक नियमों के विरोध में है तो वह प्रकृति के प्रति अपराध है। संवाद की प्रक्रियाओं को कुछ ही लोगों के हाथ में दे देना और वह स्वयंभू संवाद के नियंत्रक बने, यह प्राकृतिक रचना नहीं है। संवाद की मर्यादाओं को स्थापित करने का कार्य समाज को स्वयं करना होगा। और हर संवाददाता (व्यक्तिगत स्तर पर, सामूहिक स्तर पर या जनसंचार के स्तर पर) के संवाद की कुछ मर्यादाएँ तो होंगी ही। मनुष्य का इतिहास गवाह है कि मनुष्य के व्यवहार को राजकीय नियमों और कानूनों से बाधित, नियंत्रित या मर्यादित नहीं किया जा सका है। किसी मनुष्य पर हिंसा करना प्रकृति का विरोध है, परंतु कई प्रकार के कानून होने के बावजूद यह हिंसा समाप्त नहीं होती, समाज के अंदर अपनी एक शक्ति होती है, जो हर मनुष्य के व्यवहार को बाधित भी करती है, नियंत्रित भी करती है और मर्यादित भी करती है। इस प्रक्रिया में एक महत्त्वपूर्ण बिंदु यह उठता है कि व्यक्ति-समूह या समाज के प्रति कितना समर्पित है। यदि व्यक्ति अपने स्वार्थ के लिए या छोटे समूह के स्वार्थ के लिए बड़े समूह की मर्यादाओं का उल्लंघन करता है तो वह मानव-धर्म या मानव-कर्तव्यों का पालन नहीं करता। इसलिए समाज द्वारा ही मर्यादाएँ और मर्यादाओं के उल्लंघन करने पर दंड का प्रावधान है। मूल तथ्य यह है कि संवाद एक व्यक्तिगत व्यवहार है—समाचार-पत्र का संपादकीय लिखना या पैस्टिंग करना या किसी धारावाहिक का संवाद लिखना या किसी दृश्य को कैमरे में लेना; यह सब कार्य संस्थागत होते हुए भी व्यक्तिगत स्तर पर संपन्न होते हैं। इसलिए नियमों या कानूनों के नियमों का पालन हो-न-हो मीडिया स्वनियंत्रण की व्यवस्थाएँ करे-न-करे, परंतु मीडियाकर्मियों अर्थात् संचारकों का स्वविवेक अत्यंत महत्त्वपूर्ण है। स्वविवेक यदि शुद्ध रूप से मानवता और प्रकृति के सिद्धांतों का अनुसरण करता है तो जनसंचार भी समाज और सृष्टि के हित में होगा और यदि स्वविवेक में अधूरापन है, विकृति है या खोट है तो इससे उत्पन्न संवाद भी हानिकारक विघटनकारी और दुष्टतापूर्ण होगा।

आज जब भारतीय समाज में मीडिया के नियंत्रण या अंकुश की चर्चा सर्वव्यापी हो रही है, वहाँ हर नागरिक, परंतु मीडियाकर्मियों के स्वविवेक को प्रकृति के नैसर्गिक मूल्यों के अनुकूल बनाने का भी प्रयास होना चाहिए। सभी मीडिया संस्थान और मीडिया प्रशिक्षण संस्थान इस दायित्व का संज्ञान लेंगे तो सत्य आधारित एवं कल्याणकारी मीडिया की रचना होगी।

□

# संवाद के प्रभाव का व्यापार

पाप का घड़ा लबालब भर गया और दुष्कर्मों का जहर हर घड़ी छलक रहा है, परंतु पुरानी कहावत के अनुसार घड़ा फूट नहीं रहा है। ऐसा लगता है कि कुम्हार ने घड़ा बनाते समय मिट्टी में मिलावट कर दी है। किसी भी कल्पना से भी कई गुना भ्रष्टाचार खुलकर सामने आया, परंतु एक राजा पदच्युत हुआ, इसके अतिरिक्त भारत के राजनीतिक और प्रशासनिक ढाँचे में कहीं कोई बिखराव नहीं है। पाप का इतना समर्थन जिस व्यवस्था में हो, उस व्यवस्था में ही कहीं-न-कहीं त्रुटि होगी। बोफोर्स तोप का प्रकरण वर्तमान के 2जी घोटाले से हजारों गुना कम है। उस समय बोफोर्स के प्रकरण पर राजनीतिक और प्रशासनिक प्रतिक्रिया कहीं अधिक बलशाली थी। 2जी, आदर्श अपार्टमेंट्स और राष्ट्रमंडल खेल का सामूहिक अंदाजा लिया जाए, तो शायद विश्व के किसी भी घोटाले से कई गुना अधिक होगा। इन घोटालों में राडिया के प्रकरणों को भी मिला दिया जाए, तो भारतीय समाज का जो चित्र उभरता है, वह बड़ा भयानक है। समाज के मुख्य अंगों पर प्रश्नचिह्न लगे हैं। सर्वप्रथम वर्तमान की राजनीति केवल कटघरे में खड़ी नहीं है, परंतु उसके पूरी तरह से पापी होने और पथभ्रष्ट होने के स्पष्ट प्रमाण हैं। केंद्रीय सरकार के वरिष्ठ मंत्री हजारों करोड़ का चूना देश की जनता को लगाते हैं और राजनीतिक व्यवस्था उसको मुश्किल से अपने पद से हटा सकने में सफल होती है। प्रशासन के मुखिया प्रधानमंत्री की सलाह को अनदेखा करके फैसला लिया गया और प्रधानमंत्री सहित पूरा मंत्रिमंडल असहाय रहा। आज भी राजनीति के क्षेत्र में प्रधानमंत्री को दोषी माननेवाले बहुत कम हैं। मंत्रिमंडल के फैसलों के लिए सामूहिक दायित्व का सिद्धांत किसी को याद नहीं आ रहा है।

राडिया केस से जाहिर होता है कि जिस राजा को इन दुष्कर्मों के लिए

जिम्मेदार माना जा रहा है। उसको मंत्री बनवाने के लिए देश के तथाकथित शीर्ष पत्रकारों का हाथ रहा था। राडिया टेप केस के वार्त्तालाप से स्पष्ट जाहिर होता है कि महिला पत्रकार इसलिए राजा की पैरवी कर रही थी, जिससे कि एक औद्योगिक समूह को लाभ पहुँचे। 2जी घोटाले से एक निष्कर्ष तो निकाला ही जा सकता है कि राजनीति व्यापार हो गई है। आदर्श हाउसिंग सोसाइटी का कांड राजनेताओं और नौकरशाही ने मिलकर अंजाम दिया। शत्रु के साथ युद्ध में शहीद होनेवाली सैनिकों की विधवाओं की निवास व्यवस्था करने की परियोजना में जिस प्रकार राजनेता और नौकरशाह घुस बैठे, यह तो भ्रष्ट, लालची प्रवृत्तियों की परम सीमा है। वरिष्ठ सैनिक अधिकारी भी जाने-अनजाने इसके हिस्सा बन गए। सामाजिक कल्याण की अधिकतर परियोजनाओं का यही हाल है। जिन गरीब, उपेक्षित और दीन-हीन वर्गों के लिए कल्याण योजनाएँ बनती हैं, उन्हें तो इस कल्याण की हवा भी नहीं मिलती और लाभ समाज का प्रभावी वर्ग आपस में बाँट लेता है। पीले कार्ड के आवंटन, नरेगा के लाभ कार्यों की सूचना और छात्रवृत्तियों का विद्यार्थियों में वितरण, यह सब भ्रष्ट व्यवस्था से ग्रसित हैं और ऐसा लगता है कि सामाजिक कल्याण के उपाय भी एक व्यापार बन चुके हैं, जिसमें राजनेता, अधिकारी और स्वयं-सेवी संस्थान पूरी तरह पनप रहे हैं।

राष्ट्रमंडल खेलों ने एक बार फिर भ्रष्ट होने की सीमाओं को लाँघा। एक बार फिर राजनेताओं और नौकरशाही ने मिलकर देश को लूटा और ऐसे प्रमाण हर दिन आ रहे हैं कि लूटा हुआ धन विदेशी बैंकों में सीधा पहुँच गया। आम आदमी के मन में प्रश्न उठता है कि इतना पैसा लूटा गया, उसका कुछेक प्रतिशत भी यदि खिलाड़ियों के प्रशिक्षण और प्रोत्साहन के लिए लगाया जाता तो न केवल राष्ट्रमंडल खेलों में, परंतु एशियाड में भी देश को और अधिक गौरव प्राप्त होता। राष्ट्र के खेल के क्षेत्र को भी भ्रष्ट व्यापार बना दिया गया है। उधर राडिया के प्रकरण में पत्रकारिता और मीडिया के क्षेत्र को झकझोरकर रख दिया है। चिंता का विषय और भी गंभीर हो जाता है, जब मीडिया का एक वर्ग चुनिंदा मीडियाकर्मियों के कार्यों को उचित सिद्ध करने के प्रयास में लगा है। संपादकीय पृष्ठ पर या टेलीविजन की चर्चाओं में राजनीतिक और प्रशासनिक व्यवस्थाओं पर टिप्पणी करना और उचित-अनुचित की व्याख्या करना तो पत्रकारिता हो सकती है, परंतु अपने पद और स्थान का दुरुपयोग करते हुए राजनीतिक व्यवस्थाओं को दिशा देने का प्रयास करना पत्रकारिता नहीं हो सकती है। बड़ा प्रश्न यह है कि इन पत्रकारों

ने ऐसा क्यों किया ? राडिया और उसके संस्थानों का तो काम ही संवाद और प्रभाव का व्यापार है, जिसे लॉबी के नाम से प्रतिष्ठित किया गया है। औद्योगिक संस्थानों का भी व्यापारिक हित है। किसी व्यक्ति के मंत्रिमंडल में आने या न आने से उनका लाभ या हानि है, परंतु वरिष्ठ पत्रकारों की क्या प्रेरणा हो सकती है, इस वार्त्तालाप में सक्रिय सहभागिता करने को कहा गया, समाचार बनाने के लिए ऐसा किया गया, परंतु यह समाचार कहाँ छपा या कहाँ प्रसारित हुआ और समाचार लेने के लिए जानकारी नहीं मिलती है, सलाह नहीं दी जाती है और वह भी पुरजोर। आम धारणा यह है कि वरिष्ठ पत्रकार एक स्थान पर पहुँचने के पश्चात् पद्मश्री जैसे सम्मान की अपेक्षा करते हैं और राज्यसभा में नामांकित होने की भी उन्हें आशा रहती है। परंतु ऐसे सम्मानों को प्राप्त करने के लिए पत्रकारिता करनी पड़ती है, दलाली नहीं। ऐसा लगता है कि मंत्रिमंडल के निर्माण की प्रक्रिया को प्रभावित करने के प्रयास के पीछे भी व्यापार ही है। वैसे भी पिछले 20 वर्षों में भारतीय समाज की एक धारणा में एक बड़ा परिवर्तन हुआ है। पत्रकारिता को एक समाज के हित का कार्य मानने की सोच काफी हद तक भारतीय समाज में थी। परंतु आज केवल मीडिया घरानों के मालिक ही नहीं, किंतु पूरा पत्रकार जगत् इस बात की घोषणा करता है कि पत्रकारिता को यदि व्यापार नहीं माना गया तो पत्रकारिता का अस्तित्व समाप्त हो जाएगा। यह उसी प्रक्रिया का एक हिस्सा है, जिसमें शिक्षा का व्यापारीकरण हुआ, शिक्षा सुविधाओं का व्यापारीकरण हो रहा है और समाज-कल्याण भी एक व्यापार बन गया है। पत्रकारिता, जिसको इन सब प्रक्रियाओं का विरोध करना था, वह स्वयं इस बीमारी से ग्रसित हो गई और एक व्यापार बनकर रह गई है।

राजनीति अपने पथ से हटकर व्यापार बन गई, प्रशासन का दर्शन व्यापार हो गया, खेलों का आयोजन व्यापार हो गया, सामाजिक कल्याण की योजनाओं का व्यापारीकरण हो गया और पत्रकारिता सेवा या व्यवसाय न होकर व्यापार बन गई, मानो समाज की सभी व्यवस्थाओं को व्यापार के वायरस ने डँस लिया। परंतु किसी भी व्यापार की कुछ सीमाएँ और मर्यादाएँ होती हैं। आधारभूत ईमानदारी, न्याय, निष्पक्षता और सामाजिक दायित्व का बोध किसी भी व्यापार या व्यवसाय की अनिवार्यताएँ होती हैं। इनमें से किसी एक या अनेक का उल्लंघन होता है तो भ्रष्टाचार स्थापित होता है। वर्तमान भारत में ऐसा लगता है कि लगभग सभी मुख्य व्यवस्थाओं का न केवल व्यापारीकरण हुआ है, परंतु उस व्यापार को भी विकृत कर समाज के साथ धोखा और राष्ट्र के साथ द्रोह की स्थितियाँ हैं और देश का

शीर्ष नेतृत्व मौन है। न्यायसंगत जाँच का विरोधी है। जनता भी मूक है, परंतु स्तब्ध है, हैरान है। आशा की किरणें कम नजर आ रही हैं। परंतु इतिहास साक्षी है कि जब-जब समाज का पतन एक सीमा से अधिक हुआ है तो क्रांति का सूत्रपात हुआ है और परिवर्तन के लिए समाज में से ही नेतृत्व उभरकर आया है। पाप का घड़ा केवल भरा ही नहीं है, छलक भी गया है, बस फूटने का इंतजार है। इस फूटन से ही नवरचना होगी। इक्कीसवीं सदी के गांधी, विवेकानंद, चाणक्य या फिर कृष्ण के अवतरित होने की प्रतीक्षा है।

□

# छद्‌म शिष्टाचारियों से संकट, सज्जन-शक्ति का आह्वान

कुशासन का जो डरावना चेहरा वर्तमान में भारत के जनमानस के सामने उभरकर आया है, वैसा तो उस समय भी नहीं था, जब भारतीय राजनीति की व्यवस्था में छोटे-छोटे राजा-रजवाड़े आपस में युद्धरत थे और जिसका लाभ उठाकर मुगलों ने अपना आधिपत्य हिंदुस्तान में जमाया। मुगलों ने भी भारत को खूब लूटा और लगभग 100 वर्षों के कार्यकाल में अंग्रेजों ने भी हमारे देश को लूटने में कोई कसर नहीं छोड़ी। परंतु अंग्रेजों और मुगलों की लूट, उस लूट से बहुत न्यून दिखती है, जो लूट आज़ का शासक वर्ग देश में कर रहा है। मुहम्मद गौरी ने सारी लूट गजनी में जमा की और अंग्रेजों की सारी लूट ब्रिटेन में संकलित हुई। आज के भारतीय लुटेरों ने भारत की पूँजी को विदेशी बैंकों में जमा किया है।

राडिया केस के खुलासे हों या 2जी स्कैंडल की राशि की असंख्य बिंदियाँ या फिर महाराष्ट्र आवासीय घोटाला सभी में राजनीतिज्ञों और प्रशासकों ने दलालों का प्रयोग किया है। इसके अतिरिक्त राजस्थान, पश्चिम बंगाल, कर्नाटक, आंध्र प्रदेश, केरल और अन्य कई राज्यों में छोटे-बड़े घोटाले प्रतिदिन सामने आते हैं। भ्रष्टाचार की छोटी-मोटी घटना तो अब समाचार ही नहीं बनती। कार्यपालिका, न्यायपालिका और खबरपालिका सभी में भ्रष्ट व्यवहार की दुर्गंध जनमानस तक पहुँच रही है। यह तो वह कहानियाँ हैं, जो खुल गईं, परंतु इनके खुलने से मन में एक और डर उत्पन्न होता है कि जो खुला नहीं, वह कितना विराट् और भयंकर होगा ? अंग्रेजी शब्दावली का प्रयोग करें तो जितना खुला, वह तो 'टिप ऑफ द आईस वर्ग' है।

देश की अर्थव्यवस्था में जो धन संचालित है, उससे कहीं अधिक धन काले धंधों में लगा है और उससे भी कहीं अधिक धन भारतीय नागरिकों के नाम से विदेशी

बैंकों में जमा है। कुछ विदेशी बैंकों ने जब इस बात के संकेत दिए कि वह अपने यहाँ भारतीयों के खातों का विवरण देने को तैयार हैं तो हमारी सरकार मौन रही। कारण स्पष्ट है, अपने पाँव पर कुलाड़ी मारनेवाला शेखचिल्ली कहलाता है।

स्वाधीनता का उद्देश्य स्व के तंत्र का निर्माण था, जिससे कि सुशासन जनमानस को दिया जा सके। पराधीन भारत स्वाधीन तो हुआ, परंतु तंत्र वही रहा उपनिवेशवादी। गुलाम देश को चलानेवाले इन तंत्रों से कुशासन पला। जनमानस भय और दुःख से भौचक्का हो रहा है, क्योंकि देश का नेतृत्व भ्रष्ट सिद्ध हो गया है। इसलिए आमजन में, विशेषकर आनेवाली पीढ़ी में ऐसे संस्कार बन रहे हैं, मानो कि अनैतिक और भ्रष्ट व्यवहार ही शिष्टाचार हैं। ऐसा लगने लगा है कि दो नंबर की कमाई करना मान्य है और उसके लिए प्रयास करना वांछित सामाजिक व्यवहार है। नैतिकता का आधार खिसकता हुआ दिख रहा है। आम व्यक्ति स्तब्ध है और नहीं जानता है कि उसे क्या सोचना चाहिए और क्या करना चाहिए।

आर्थिक और नैतिक धारणाओं के आधार पर वर्तमान भारतीय समाज को तीन हिस्सों में विभाजित किया जा सकता है—पहला वर्ग सत्ता के गलियारों में स्थित कमरों में बैठनेवाला और गलियारों में घूमनेवाला है। इसमें अधिकतर राजनेता, प्रशासनिक अधिकारी, बड़े-छोटे व्यापारी और उद्योगपति हैं, जिनको दलालों का वर्ग संचालित करता है। दलालों के लिए भी अंग्रेजी के एक प्रतिष्ठित शब्द का प्रयोग हो रहा है—'लॉबिस्ट'। यह पूरा-का-पूरा वर्ग मन, वचन और कर्म से भ्रष्ट है। देश को लूटना अपना अधिकार ही नहीं, कर्तव्य और धर्म भी मानता है। इनकी मानसिकता उन लुटेरे मुगलों की और ब्रिटिश अधिकारियों की है, जिन्होंने उस देश को कंगाल बना दिया, जिस देश की दूध-दही की नदियाँ बहनेवाली व्याख्या की जाती थी। इनके मन में कभी भी अपने कार्य के प्रति शक या पश्चात्ताप की गुंजाइश नहीं है। राजा अशोक चव्हाण और राडिया उनके प्रतिनिधि हैं।

समाज का दूसरा वर्ग वह है, जो ईमानदारी और शिष्टाचार का लबादा ओढ़कर बैठा है। वह पहले वर्ग के भ्रष्टाचारी लोगों के साथ उठता-बैठता है। कदम मिलाकर चलता है और हमप्याला होता है, परंतु अपनी छवि भ्रष्ट न होने की चेष्टाएँ बनाए रखता है। यह वर्ग भ्रष्ट नहीं है, ऐसा विश्वास जनमानस के मन में रहता है। परंतु यह भ्रष्ट है या नहीं, यह शक के दायरे में है। उनके नाक के नीचे भ्रष्टाचार हो रहा है और जिस टोली के वह नेता हैं, उस टोली के ही कार्यकर्ता हर किस्म का अपराध कर रहे हैं, परंतु अपने अधीन हो रहे भ्रष्टाचार से वह अपने

आपको अलग रखते हैं और कभी-कभी प्रत्यक्ष या अप्रत्यक्ष रूप से भ्रष्टाचार को संरक्षण भी देते हैं। किसी भी भावी जाँच के पक्ष में वह नहीं होते और यदि जाँच हो भी तो उसे प्रभावित करके भ्रष्टाचारियों को अपने लबादे के अंदर लपेटकर बचाकर ले जाते हैं। वर्तमान में प्रशासन के शीर्ष नेता और संगठन के शीर्ष नेता दोनों ही भ्रष्ट प्रणाली के सर्वेसर्वा हैं। निष्क्रिय हैं और मौन हैं। सज्जन व्यक्तित्व का आडंबर भी करते हैं। यह वर्ग छोटा है, परंतु देश और राष्ट्र के लिए सबसे अधिक घातक है। भ्रष्टाचारी, देशद्रोही की तो पहचान है, परंतु जो भेड़िए बकरी का रूप धारण किए हैं, उनसे बचना होगा।

समाज का तीसरा वर्ग आम जनता का है। जो नीयत और व्यवहार से देश-प्रेमी है, ईमानदार है, परंतु अपने कर्तव्य की पहचान उसे नहीं है। इनमें से एक वर्ग ऐसा है, जो मौका मिलते ही पहले या दूसरे वर्ग अर्थात् भ्रष्टाचारियों या छद्‍म शिष्टाचारियों के साथ मिल जाता है। इनकी देशभक्ति के संस्कार दुर्बल हैं और समाज के प्रति समर्पण क्षीण है। परंतु यदि उचित वातावरण मिले तो यह लोग भी शिष्टाचारी और ईमानदार हो जाते हैं। जैसा अवसर या वातावरण मिलता है, उसी में यह ढल जाते हैं। इसी वर्ग में एक संख्या उनकी भी है, जिसमें बेईमान होने की निपुणता या क्षमता ही नहीं है। बेईमानी या समाज विरोधी कार्य करने का अवसर आने पर यह या तो कन्नी काट लेते हैं या फिर इसका विरोध करते हैं। इसे हम समाज की सज्जन-शक्ति कहते हैं। आशा की किरण यह है कि इस सज्जन-शक्ति की संख्या पर्याप्त है और चिंता यह है कि यह शक्ति विघटित है और नेतृत्व विहीन है। समाज के पहले दो वर्ग अर्थात् भ्रष्टाचारी और छद्‍म शिष्टाचारी सज्जन-वर्ग को विघटित रखने के लिए षड्यंत्र करते हैं। जब भी सज्जन-शक्ति में नेतृत्व उभरता है तो उसके विनाश में लग जाते हैं। महात्मा गांधी के साथ यही हुआ। लालबहादुर शास्त्री को भी टिकने नहीं दिया गया। जयप्रकाश नारायण के चारों तरफ इन शक्तियों का बोलबाला रहा और जननायक अपने को ठगा सा महसूस करते रहे। वर्तमान में भी सज्जन-शक्ति में छोटे-बड़े नेतृत्व उभरते हैं, परंतु शीघ्र ही या तो उन्हें निष्क्रिय कर दिया जाता है या फिर उन्हें भी भ्रष्टाचारी और छद्‍म शिष्टाचारी बना दिया जाता है।

आज के भारतीय समाज के सामने स्थापित और मान्य भ्रष्टाचार की समस्या विकराल रूप धरे खड़ी है। यदि कुछ वर्ष और ऐसी स्थितियाँ रहीं तो यह व्यवस्थाएँ इतनी विकराल हो जाएँगी कि देश और समाज टूटने लगेगा। आज केवल पाकिस्तान

को 'असफल राष्ट्र' कहा जाता है। खतरा इस बात का है कि आनेवाले समय में भारत भी कहीं इस विशेषण का हकदार न बन जाए। सज्जन-शक्ति की निष्क्रियता इसके लिए जिम्मेदार होगी। समाज के बड़े वर्ग को जो न तो भ्रष्टाचारी है, न भ्रष्टाचार को संरक्षण देता है, यह तय करना होगा कि कब तक वह इन देशद्रोही शक्तियों का वर्चस्व सहेगा? कहा जाता है कि जो रिश्वत लेता है, वह तो अपराधी है ही, परंतु जो रिश्वत देता है, वह भी उतना ही अपराधी है। समझने की बात यह है कि जो इस रिश्वत के लेनदेन का विरोध नहीं करते, उनका भी कहीं-न-कहीं अपराध में योगदान है। पाप न करना धर्म का अनुपालन है, परंतु पाप का विरोध करना धार्मिक कर्तव्य हो, ऐसा दायित्व सज्जन-शक्ति की हर इकाई अर्थात् हर व्यक्ति को होना चाहिए।

एक नैतिक नेतृत्व के उभारने की आवश्यकता है, जो समाज के तथाकथित चारों अंगों से बाहर हो। वह न तो राजनेता हो और न ही वह न्यायपालिका से हो, उसे कार्यपालिका का हिस्सा भी नहीं होना चाहिए और वह तथाकथित चौथे स्तंभ का भी भाग न हो। ऐसा नेतृत्व, जिसकी नैतिक शक्ति इतनी हो कि उसके परामर्श पर सर्वसहमति हो। हर विकसित समाज में ऐसा वर्ग रहता है और रहना ही चाहिए। यह नेतृत्व पूर्णतः निस्स्वार्थी होता है और उसका व्यक्तिगत जीवन आदर्श उदाहरण होता है। गीता में भी इसी तरह के नेतृत्व की ओर इशारा है कि जब-जब समाज में दुराचार और अनाचार का व्यवहार एक सीमा से बढ़ेगा तो शिष्टाचार को फिर से स्थापित करने के लिए समाज के अंदर से ही शक्तियाँ उभरती हैं। अगर आज के भारत में यह नहीं हुआ तो भारतीय समाज अवश्य ही किसी गंभीर संकट में अपने को उलझा हुआ पाएगा।

□

# उदीयमान भारत, इंडिया न बने

लगभग एक हजार वर्ष से भी अधिक हमारा भारत मुसलिम और ईसाई आक्रमणकारियों के अधीन रहा। अंग्रेजों और मुसलमानों का राज्य केवल राजनीतिक सत्ता तक सीमित नहीं रहा। दोनों ने ही हमारी समाज रचना और संस्कृति को अपने-अपने पक्ष में प्रभावित करने का प्रयास किया। पूर्ण रूप से सत्ता में आने के बावजूद मुगल भारतीय जनमानस के केवल एक छोटे से भाग का ही मतांतरण कर पाए। हिंदुत्व के प्रत्यक्ष चिह्नों—मंदिरों आदि का उन्होंने खूब ध्वंस किया। कई बार ऐसा भी समय आया कि मानो हिंदू देश में हिंदू होना एक अपराध हो गया और मुसलमान बनने से अनेक सुख-सुविधाएँ मिलने का लालच रहा। परंतु फिर भी एक तो हिंदुत्व की अपनी अंदरूनी शक्ति और मुगलों की जीवन-शैली और विश्वास की अपूर्णता तथा तर्कविहीन होना दो कारण रहे कि मुगलों का पूरे भारत को मुसलिम बनाने का सपना साकार नहीं हुआ। धीरे-धीरे मुगल सत्ता अपने आप ही ढल गई। हिंदू समाज उस समय संगठित नहीं था और सत्ता सुदूर यूरोप से आए अंग्रेजों के हाथ में चली गई। अंग्रेजी राज्य का भी एक मुख्य उद्देश्य हिंदुओं को ईसाई बनाने का था। इस प्रयास में अंग्रेज भी असफल रहे। भारत संगठित हुआ और अंग्रेजों को देश से बाहर कर दिया। जाते-जाते अंग्रेज शरारत कर गया और भारत का विभाजन हो गया।

स्वतंत्रता के पश्चात् भी मुगलियत और अंग्रेजियत कायम है, परंतु राष्ट्रवादी भारतीय धीरे-धीरे संगठित हुआ और आज विश्व में भारत एक महान् शक्ति के रूप में उभर रहा है। एक आम भारतीय इस बात पर कम विश्वास करता है कि भारत फिर से संपन्न और शक्तिशाली बन गया है और इससे भी अधिक प्रगति करने और विश्व में प्रभावशाली बनने की क्षमता रखता है। परंतु पिछले एक दशक में जितने भी आकलन विदेशी विद्वानों ने किए, उनका एक ही निष्कर्ष निकलता है कि भारत

और चीन आनेवाले समय के दो ऐसे मुख्य देश होंगे, जो पूरे विश्व पर अपना प्रभुत्व बनाएँगे। मुख्यतः भारत को भविष्य की एक बड़ी आर्थिक शक्ति के रूप में देखा जा रहा है। आम भारतीयों के मन में भी यह विश्वास है कि उसके देश को दुनिया में महत्त्वपूर्ण भूमिका निभानी है, धीरे-धीरे विश्वास आ रहा है।

अमेरिका में भारतीय समुदाय की आबादी लगभग 30 लाख है और अमेरिका में भारतीय समुदाय को सुशिक्षित और सुंदरतम जाति समूह माना जाता है। पूरे विश्व में भारतीय मूल के लोगों को कानून का पालक, शांति प्रिय, सह-अस्तित्व के साक्षात् उदाहरण वाले नागरिकों के रूप में पहचान बनी है। अमेरिका और यूरोप में सामरिक महत्त्व के कई संस्थानों में भारतीय मूल के वैज्ञानिकों और विशेषज्ञों का वर्चस्व है। अमेरिका के राष्ट्रपति और इंग्लैंड के प्रधानमंत्री अपने देश के बच्चों को यह कहने पर मजबूर हैं कि वे विज्ञान और टेक्नोलॉजी में उच्च शिक्षा प्राप्त करें, अन्यथा भारतीय मूल के लोग उनके देश में इस कार्य को करने के लिए तत्पर हैं। जिस भी देश में भारतीय लोग बड़ी संख्या में रहते हैं, उनका प्रभाव न केवल आर्थिक और राजनीतिक क्षेत्र में प्रकट हो जाता है, परंतु वे एक नई संस्कृति का भी वहाँ प्रतिपादन करते हैं, जो मूल रूप से हिंदू संस्कृति होती है, परंतु उसका प्रत्यक्ष रूप आधुनिक होता है। एक भारतीय बच्चा अपनी माँ को 'मॉम' कहते हुए उसके पैर छूता है और कंप्यूटर पर नया सॉफ्टवेयर बनाने से पहले स्क्रीन पर 'ओम्' लिखता है। यह कहने में अतिशयोक्ति नहीं है कि एक समृद्ध और शक्तिशाली भारत का उदय प्रारंभ हो चुका है और तीव्र गति से इस नव जाग्रत् भारत का प्रकाश पूरे विश्व को प्राप्त होगा।

परंतु प्रश्न यह है कि नया भारत कैसा होगा? एक विकल्प यह है कि नया भारत पश्चिम, विशेषकर अमेरिका की कार्बन कॉपी बने। ऐसे भारत में जी.डी.पी., प्रति व्यक्ति आय, प्रति व्यक्ति ऊर्जा का भोग और प्रति व्यक्ति खर्च तीव्र गति से बढ़ेगा और वर्तमान के अमेरिका या जापान के बराबर या अधिक होगा। ऐसे भारत में धर्म के प्रति आस्था क्षीण होगी, मातृभूमि के प्रति समर्पण कमजोर होगा और ऐसा समय आएगा, जब अमेरिका की तरह भारत में भी प्रश्न उठेगा कि आखिरकार हम कौन हैं? वर्तमान में अमेरिका में परिवार का औसत आकार 2.6 है, जबकि भारत में यह 5.5 शहरी और 5.0 ग्रामीण क्षेत्रों में है। अमेरिका की प्रतिलिपि भारत की कल्पना करें तो भारत में भी परिवार का आकार घटेगा, सिंगल पैरेंट्स परिवारों की संख्या बढ़ेगी, तलाक बढ़ेंगे। इसके साथ ही, ऐसे भारत में बूढ़े माँ-बाप की

देखभाल करना बच्चे अपना कर्तव्य न मानकर उन्हें राज्य की जिम्मेवारी समझेंगे। ऐसा भारत, भारत नहीं, परंतु इंडिया होगा। क्या हमें ऐसे ही भारत के उदीयमान होने की प्रक्रिया में सहयोग करना है ?

वर्तमान भारत के सामने एक और विकल्प है। और वह है—भारत को भारत के ही रूप में उदीयमान करते हुए, हिंदुत्व आधारित समाज की रचना को पूरे विश्व के सामने प्रसारित करना। ऐसा भारत प्राकृतिक साधनों का अंधाधुंध शोषण नहीं करेगा, परंतु प्रकृति से मित्र भाव रखता हुआ, अपना जीवनयापन करेगा। नवोदित भारत में न केवल सभी मनुष्यों में समभाव होगा, परंतु पूर्ण चेतन जगत् में एक ही आत्मा का भाव होगा। न केवल चेतन जगत्, परंतु जड़ में भी एक ही शक्ति का अंश है, इस कारण जड़ और चेतन सभी के प्रति प्रेमभाव होगा। हिंदुत्व आधारित समाज रचना में व्यक्ति केवल जीने और मौज-मस्ती करने का उद्देश्य नहीं रखेगा। इसके विपरीत, प्रकृति के नियमों अर्थात् धर्म के अनुसार कर्म करता हुआ अनिवार्य उपभोग करेगा और अंतिम लक्ष्य मनुष्य की योनी से विकसित होकर 'नर' से 'नारायण' बनाने का संकल्प होगा। आज का पश्चिम शरीर मन और बुद्धि पर आधारित रचनाएँ बनाता है, परंतु कल के भारत को पूरे विश्व को साक्षात् सिद्ध करना है कि शरीर मन और बुद्धि से ऊपर की सत्ता आत्मा है और यह आत्मा उस ऊर्जा का एक अंश है, जिसे परमात्मा कहते हैं। इससे भी अधिक महत्त्वपूर्ण यह है कि परमात्मा का यह अंश हर प्राणी, वनस्पति और तथाकथित निर्जीव पदार्थों में भी है। सभी में परमात्मा का वही अंश है, जो मुझमें है। जब यह भावना मन और बुद्धि में होगी तो एक ऐसे विश्व की रचना होगी, जो आपस में प्रतिस्पर्धा करते हुए द्वेष, वैर, शत्रुता, संघर्ष और युद्ध को अनिवार्य नहीं मानता है। इसके विपरीत प्रेम, सुख, शांति सह-अस्तित्व, परोपकार और समरसता ही जीवन के विश्वास होंगे।

परम वैभव से संपूर्ण जो भारत की कल्पना है, वह केवल अर्थ तक सीमित नहीं है। हर व्यक्ति की शारीरिक आवश्यकताएँ सहज रूप से पूर्ण होंगी, परंतु उसके साथ-साथ व्यक्ति अपने लिए नहीं, परंतु समाज, प्रकृति और सृष्टि के विकास के लिए जीवन लगाएगा। ऐसा भारतीय समाज अपने आप में इतना शक्तिशाली होगा कि कोई भी अन्य देश या समाज उससे शत्रुता रखने की हिम्मत नहीं करेगा। बल्कि शत्रुता रखने की आवश्यकता ही नहीं पड़ेगी, क्योंकि उत्कृष्ट समाज और संस्कृति इस नए भारत में रचित होगी, शिक्षा का उद्देश्य जीवनयापन न होकर ऐसे ज्ञान का अर्जन करना होगा, जिससे इस ब्रह्मांड के असंख्य रहस्यों की अनुभूति होगी।

परिवार में सदस्यों की संख्या घटेगी नहीं, परंतु बढ़ेगी। विवाह केवल एक कॉण्ट्रेक्ट नहीं होगा, परंतु आध्यात्मिक विकास का एक महत्त्वपूर्ण पड़ाव होगा। ऐसा भारत विश्व की ऐसी राजनीतिक संकल्पना प्रस्तुत करेगा, जिसमें राज्य सत्ताहीन होगा और व्यक्ति स्वतंत्र होते हुए भी दायित्व-बोध से परिपूर्ण होगा। समाज की रचना की कल्पना समकेंद्रित मंडलों के अधिकारों के आधार पर न होकर अखंड मंडलाकार (कुंडली की तरह) की होगी। वातावरण की समझ भिन्न-भिन्न विषयों पर आधारित न होकर समग्र होगी और समग्रता ही जीवन का मार्ग, साधन और लक्ष्य होगा। ऐसे समाज में क्योंकि अर्थ विहीनता ही संपन्नता होगी, इसलिए आर्थिक भ्रष्टाचार अनुपस्थित होगा। व्यक्ति के अधिकारों के बजाय कर्तव्यों की बात होगी, इसलिए अपराध शून्य नहीं तो कम होंगे। एक ही चैतन्य सब में है, इसलिए जाति, वर्ण, रंग या निवास आधारित भेद आदि उत्पन्न ही नहीं होंगे। अपने कुकर्मों के कारण से मानव पृथ्वी पर ओजोन की परत में छेद नहीं करेगा, क्योंकि वह प्राकृतिक संसाधनों का उतना ही प्रयोग करेगा, जितना वह पुनः स्थापित कर सकता है। जल और वायु प्रदूषण को बचाने के लिए धन, ऊर्जा और समय लगाकर अभियान चलाने की आवश्यकता नहीं रहेगी, क्योंकि मनुष्य की क्रियाओं में जल और वायु को प्रदूषित करने की कोई क्रिया नहीं होगी। मनुष्य प्रकृति का मित्र होगा और जब जहाँ प्रकृति से अन्याय होगा या मनुष्य को उसकी पीड़ा की अनुभूति होगी। पेड़ों, नदियों, पर्वतों और सबसे बढ़कर भूमि के प्रति श्रद्धा-भाव होगा। चाँद, सूरज, नक्षत्र और ग्रह सभी के प्रति सम्मान का भाव होगा। एकात्मकता केवल मानव तक ही सीमित नहीं होगी, परंतु समस्त सृष्टि में सर्वात्मा का विश्वास होगा।

उदीयमान भारत के किसान के सामने एक रास्ता पश्चिम द्वारा दिखाया गया है, जिसमें वह जहरीले पदार्थों को भूमि में डालता है और गहरे-से-गहरे पानी को भूमि से निकालता है और कुछ वर्ष खूब फसल उगाता है और अंत में भूमि बंजर हो जाती है। दूसरा विकल्प उसके सामने है कि वह गौ आधारित खेती करे। प्रकृति के मौसमों के अनुसार फसलों का उत्पादन करे, जिसके परिणामस्वरूप हर फसल के बाद भूमि पहले से अधिक उर्वर हो।

पूरे विश्व की शक्तियाँ भारत को अपनी ओर लालायित कर रही हैं और एक बहुत बड़ा प्रयास भारत को पश्चिम की अपूर्ण और त्रुटिपूर्ण समाज दृष्टि के आधार पर उदय करने का है, परंतु भारत का मन और आत्मा विपरीत दिशा में चलने के लिए लालायित है। हजारों वर्ष पूर्व जो एक श्रेष्ठ संस्कृति, विचारधारा और जीवन-

शैली हमारे ऋषियों-मुनियों ने दी, उसको ही आधुनिक रूप में प्रस्तुत करने का विकल्प भी हमारे समाने है। हिंदू समाज की जाग्रत् शक्ति आज एक ऐसे समाज की रचना के लिए सक्रिय है, जो अधिकतम संख्या का अधिकतम हित के आदर्श वाक्य से आगे बढ़कर प्राणीमात्र का पूर्ण कल्याण हो, ऐसे मन का भाव रखने वाली होगी। ऐसे समाज का आदर्श वाक्य—

*'सर्वे भवन्तु सुखिनः सर्वे सन्तुनिरामयाः'*

*(सभी सुखी हों और सबकी सभी अनिष्टों से मुक्ति हो)*

ऐसा ही भारत हमें बनाना है। यह महायज्ञ है और हर भारतीय को तय करना है कि उसकी आहुति कब और कितनी पड़ती है।

□

# सहज व्यक्तित्व के गंभीर लेखक श्री अच्युतानंद मिश्र

मा. दीनानाथ बत्राजी ने एक बार कहा था कि बुद्धिजीवी वह होता है, जो अपनी बुद्धि का प्रयोग आजीविका को चलाने में करता है एवं बुद्धिमान वह कहलाता है, जिसे अपनी बुद्धि पर अभिमान होता है। तब उनसे पूछा गया कि व्यक्ति को कैसा होना चाहिए तो उनका कहना था कि व्यक्ति को बुद्धिधर्मी होना चाहिए। बुद्धिधर्मी शब्द का तात्पर्य उन्होंने बताया कि बुद्धिधर्मी वह है, जो अपनी बुद्धि के विस्तार को अपना धर्म समझे और उसका उपयोग सदा ज्ञान के विस्तार तथा उसके प्रसार में करे। इस संचित ज्ञान का उपयोग सदा समाज एवं मानव कल्याण के लिए करना ही बुद्धिधर्मी की पहचान है। 'बुद्धिधर्मी' शब्द की मा. बत्राजी द्वारा की गई व्याख्या मन-मष्तिष्क पर काफी गहरे पैठ कर गई, किंतु उस व्याख्या को अपने कार्य-व्यवहार में परिणित करनेवाले व्यक्तित्व को काफी दिनों तक मन खोजता रहा। अंततः कुछ नामों के अतिरिक्त श्री अच्युतानंद मिश्रजी का नाम स्मृति पटल पर उभरा है, जो मा. बत्राजी द्वारा दी व्याख्या को पूर्णतः चरितार्थ करता है। मन-वचन और कर्म से इस व्याख्या पर वे पूरी तरह से खरे उतरते हैं। चाहे वह गंभीर लेखन से समाज को संदेश देने की बात हो या फिर सामाजिक कुरीतियों पर अपने लेखनी से कुठाराघात करने की बात हो, उनकी लेखनी हमेशा यथार्थ को उद्‌घाटित करने के लिए सार्थक दिशा में ही चली।

समाचार-पत्र में प्रकाशित किसी आलेख, खबर या संपादकीय के शीर्षक अथवा उसकी एक-दो पंक्तियों को पढ़कर अगले पृष्ठ पर बढ़ जाना सामान्यतः पाठक का स्वभाव होता है। किंतु कई पत्रकारों के लेख के शीर्षक अथवा उसकी एक-दो पंक्तियों को पढ़कर उसे आगे पढ़ने की जिज्ञासा पैदा होती है एवं पढ़ते-

पढ़ते उसमें ऐसी रुचि पैदा होती है कि पाठक उसमें डूबकर पढ़ता है। पूरा आलेख पढ़ने के बाद लगता है कि वाह! ऐसे विषय पर इतनी सटीक भाषा में इतना अच्छा लिखा जा सकता है और उसमें निष्पक्षता से गंभीर संदेश भी दिया जा सकता है। देश के ऐसे ही चंद अग्रणी वरिष्ठ पत्रकार लेखकों में श्री अच्युतानंद मिश्रजी का नाम है, जो विषय के गांभीर्य को समझते हुए न केवल अपना लेखन कार्य करते हैं, वरन् उसमें निहित यथार्थ एवं ऐतिहासिक दृष्टि को सहज भाषा में लक्षित पाठक वर्ग तक पहुँचाने की सामर्थ्य रखते हैं।

मैंने जब भी मिश्रजी के किसी आलेख को पढ़ना शुरू किया तो उसे पूरा पढ़ने के लोभ का संवरण नहीं कर पाया, क्योंकि उनके लेखों में पठनीयता के गुण के साथ ही पठनीय सामग्री की भी प्रचुरता रहती है। उनके लेखन में एक अलग तरह का ही आकर्षण होता है। जो गांभीर्य उनके आभामंडल पर झलकता है, वही भीरूपन उनके लेखन में दृष्टिगोचर होता है। मीडिया शिक्षक के नाते समय-समय पर मुलाकात एवं विचार-विमर्श उनसे होता रहा है और उनसे हमेशा ही कुछ नया सीखने को मिलता है। लेखन में विषय की समझ एवं भाषा चयन का काफी महत्त्व होता है और दोनों ही आयामों पर मिश्रजी की मजबूत पकड़ उनके पाठक को बाँधे रखती है।

तमाम तरह के पत्रकार, लेखकों में मिश्रजी के लेखन में ऐतिहासिक दृष्टि एवं समसामयिक संदर्भों के अलावा, साहित्यिक लेखन की अनूठी झलक दिखती है। विज्ञान, संस्कृति, खगोल, शिक्षा एवं अंतरराष्ट्रीय संबंधों सहित सभी विषय पर एकाग्र उनके लेखों एवं सटीक टिप्पणियों की वास्तव में बड़ी सार्थकता है। चाहे वह डॉ. विद्यानिवास मिश्र पर साधिकार लिखना हो या सच्चिदानंद हीरानंद वात्स्यायन 'अज्ञेय' पर मिश्रजी की लेखनी उनके कृतित्व एवं अवदान के साथ पूरा न्याय करती है। लेखन कर्म के प्रति मिश्रजी का अद्‌भुत समर्पण उनके लेखन में दृष्टव्य होता है। उनकी लेखनी ऐसी सहजता से चलती है, मानो शांत लहरों पर कोई नाव सहजता से चल रही हो। उसमें कोई भाषिक अवरोध या दुरूहपन नहीं दिखता, साथ ही लेखन की धार भी भोथरी नहीं होती।

मृदुभाषी एवं सरल स्वभाव के धनी श्री मिश्र के संस्कारों पर स्वतंत्रता-संग्राम में चरितार्थ मानक-मूल्यों का गहरा असर दिखता है। हिंदी भाषा पर अंग्रेजियत के अतिक्रमण के विरुद्ध बीड़ा उठानेवाले पत्रकारों में उनका नाम बहुत आगे है। उनकी पुस्तक 'सरोकारों के दायरे' में छपे उनके लेख राष्ट्रभाषा बनाम राजभाषा

में उन्होंने हिंदी की समृद्ध विरासत के बारे में लिखा है, "स्वतंत्रता पूर्व भारत जैसे बहुभाषी देश में हिंदी सर्वस्वीकृत भाषा थी, राजभाषा नहीं। यह दर्जा उसे उस दौर से अहिंदीभाषी महापुरुषों ने दिया था, जिनमें धार्मिक, सांस्कृतिक और राजनीतिक योद्धा भी शामिल थे। तमिल, मराठी या बँगला जैसी सशक्त और समृद्ध भाषाओं के बावजूद हिंदी राष्ट्रभाषा इसलिए थी, क्योंकि उसमें संपूर्ण देश की जनवाणी बनने की क्षमता थी। संस्कृत भाषा संपदा की वह प्रमुख उत्तराधिकारी थी। व्याकरण, उच्चारण और संप्रेषण क्षमता में हिंदी सहज थी और सबसे प्रमुख कारण था— उसकी अहंकारशून्यता तथा देशव्यापी लोकप्रियता।"

मिश्रजी के बारे में पद्मश्री रमेशचंद्र शाह की टिप्पणी, "वे एक ओर साहित्य और दूसरी ओर राजनीति की दुनिया के बीच जरूरी सेतुबंध रचते रहते हैं और इस तरह कमजोर वर्गों को आवश्यक पोषण पहुँचाते हुए, व्यापक समाज में एक जीवंत क्रिया-प्रतिक्रिया का माहौल भी रचने में सहायक होते हैं, जो बुद्धिजीवी का अनिवार्य दायित्व है। यह दायित्—कहना न होगा—उस संकल्प से भी जुड़ा हुआ है, जिसे हिंदी के ही एक साहित्यकार-बुद्धिजीवी ने 'आलोचक राष्ट्र का निर्माण' कहकर परिभाषित किया था।" उनके लेखन कर्म का सम्यक् मूल्यांकन करता है। गंभीर विषय को कम शब्दों में संतुलित तरीके से व्यक्त करने की उनकी संप्रेषण कला उन्हें एक अलग ही वैशिष्ट्य प्रदान करती है। किसी भी विमर्श के दौरान ज्यादा सुनना, मनन करना और फिर कम, लेकिन सुव्यवस्थित और सटीक बोलने का उनका अपना निराला ही अंदाज है। पर हाँ, जनमानस को संवेदित करने में उनका प्रयास किंचित् मात्र भी कभी फीका पड़ा हो, ऐसा कहीं दिखता नहीं है।

आज जब पत्रकारिता के मूल्यों का चहुँ ओर क्षरण हो रहा है, मीडिया की विश्वसनीयता बार-बार संदेह के घेरे में आ रही है, राजनीतिक स्वार्थों के लिए मूल्यों को आए दिन ताक पर रखा जा रहा है। ऐसे माहौल में मिश्रजी, प्रभाषजी एवं रामबहादुर राय जैसे पुरोधा पत्रकारों का लेखन हमें प्रेरित करता है कि आशा की किरण अभी भी बाकी है। उनका कृतित्व कहीं-न-कहीं इस बात की सीख देता है कि हमारी समृद्ध विरासत रूपी परंपरा के खजाने में सभी यक्ष-प्रश्नों के उत्तर रूपी मोती छुपे हुए हैं। उनके लेखन, संवाद एवं संप्रेषण कला में 'ऑफ द रिकॉर्ड' एवं 'ऑन द रिकॉर्ड' की सीमा रेखा लक्ष्मण रेखा जैसी मजबूत है और मजाल है कि कभी इन सीमाओं का उल्लंघन हो जाए।

अनावश्यक और अप्रासंगिक विषयों पर अनर्गल बयानों एवं लेखन के

धुर विरोधी मिश्रजी ऐसे हथकंडों से सस्ती लोकप्रियता हासिल करने के तरीके को अनैतिक मानते हैं। अनावश्यक विवादों से स्वयं को हमेशा दूर रखनेवाले अच्युतानंदजी बिना साधना के प्राप्त सिद्धि को स्वीकार करने के कतई पक्षधर नहीं हैं। वस्तुतः वे मूल्य–आधारित लेखन को आनुष्ठिक कर्म माननेवाली पत्रकार पीढ़ी के संवाहक पुरोधा पत्रकारों में अग्रणी स्थान रखते हैं। अपने लेखन के बारे में एक स्थान पर वे लिखते हैं, "किसी अवकाश के दिन यदि इन लेखों से एक क्षण के लिए भी आपका अवसाद घटाने या उल्लास जगाने में सफलता मिली तो मैं मानूँगा कि मेरी मंजूरी मिल गई।" यह उनकी सज्जनता का परिचायक है और इस बात की भी सीख देता है कि महान् व्यक्ति को अभिमान कभी छू नहीं सकता।

माखनलाल चतुर्वेदी राष्ट्रीय पत्रकारिता एवं संचार विश्वविद्यालय संस्थान में श्री मिश्रजी के कुलपति रहने के दौरान उसकी महापरिषद् एवं विद्या परिषद् के सदस्य के नाते मेरा यहाँ आना होता रहा है। इस बहाने उनसे निरंतर मुलाकात होती रही है। अपने कार्यकाल में उन्होंने इसे 'विश्वविद्यालय संस्थान' से 'विश्वविद्यालय' बनाया। यह एक महत्त्वपूर्ण उपलब्धि थी। विश्वविद्यालय का वर्तमान भवन उनके कार्यकाल में क्रय किया गया एवं विश्वविद्यालय को नवीन कैंपस के लिए भूमि आवंटन जैसी महत्त्वपूर्ण उपलब्धियाँ उनके अनथक प्रयासों की ही परिणति थी। विश्वविद्यालय के कुलपति पद का कार्यभार ऐसे विभूति संपन्न पुरुष से ग्रहण करते समय मेरे मन में आत्मिक गर्व था, किंतु उनके साथ किंचित् संकोच उनकी प्रतिबद्धता को आगे बढ़ाने एवं उन पर खरा उतरने को लेकर था। किंतु उनके प्रेरणापरक मार्गदर्शन एवं सहज उपलब्ध सहयोग से हमेशा संबल मिलता रहा है। ऐसे आग्रही, मूल्यपरक चैतन्य व्यक्तित्व को शतायु होने की कामना के साथ प्रणाम।

□

# बलात्कार का समाजशास्त्र एवं मनोविज्ञान

बलात्कार की घटनाओं के विरोध में जन आक्रोश की आवाज हमारे देश में आजकल बार–बार उठ रही है। 'निर्भया कांड' के बाद कानून भी बना, परंतु फिर भी अमानवीय दुष्कर्म रुक नहीं पा रहे हैं। विभिन्न राजनेताओं द्वारा सामाजिक मूल्यों के आधार पर की गई टिप्पणियों से जन आक्रोश तो बढ़ जाता है, परंतु समस्या का हल सामने नहीं आता। जैसे–जैसे आतंकवाद बढ़ा समाजशास्त्रियों एवं मनोवैज्ञानिकों ने गंभीर शोध करने प्रारंभ किए कि आखिरकार एक आतंकवादी बनने की प्रक्रिया क्या है ? इसी प्रकार ऐसे शोध भी हुए हैं और अधिक होने चाहिए, जिनमें यह जानने का प्रयत्न किया जाए कि आखिरकार एक पुरुष के व्यक्तित्व में क्या विकृति आती है, जो उसे बलात्कार जैसा पाप करने को विवश कर देती है। इस विषय के समाजशास्त्रीय एवं मनोवैज्ञानिक कारणों की व्याख्या करने से ही ऐसे दुष्कृत्यों को रोकने के प्रभावी उपाय सामने आ सकेंगे।

बलात्कार, पशुवत व्यवहार नहीं है, क्योंकि पशुओं में भी जब तक मादा की सहमति नहीं होती, सहवास संभव नहीं होता। पशु बलात्कार नहीं करते, किंतु मानव करता है, इसलिए बलात्कार एक अमानवीय व्यवहार माना जाना चाहिए। स्त्री और पुरुष दोनों की प्राकृतिक रचना इस प्रकार से बनी है कि बचपन के बाद की आयु में विपरीत लिंग के प्रति आकर्षण सहज रूप से उत्पन्न होता है और शारीरिक संबंध बनाने की भूख भी धीरे–धीरे जाग्रत् होती है। वैज्ञानिकों और दार्शनिकों, दोनों के अनुसार सहवास की प्रवृत्ति का जागना प्रजनन के लिए अनिवार्य है, अन्यथा मनुष्य जाति के ही लुप्त होने का खतरा हो सकता है। शरीर की इस अनिवार्य भूख का नियमन करने के लिए समाज ने न केवल विवाह और परिवार जैसी रचनाएँ बनाई हैं, परंतु अलग–अलग प्रकार से विभिन्न समाजों में स्त्री–पुरुष संबंधों की कुछ

घोषित और अघोषित परंपराएँ बनाई हैं। समाज में स्त्री-पुरुष के संबंधों के संदर्भ में पूर्व और पश्चिम की संस्कृतियों में विरोधाभास है। भारतीय संस्कृति में संबंध के विभिन्न रूपों में नियमन करने का प्रयास किया गया है कि पत्नी के अतिरिक्त हर महिला को माँ, बहन या पुत्री के भाव से देखना चाहिए। पश्चिम की संस्कृति में इसके विपरीत ऐसे मूल्य प्रतिपादित किए जाते हैं कि सगी माँ, बहन और पुत्री के अतिरिक्त हर महिला से शारीरिक संबंध बनाए जा सकते हैं। पूर्व पर पश्चिम की जीवन-शैली और उसका प्रभाव क्रमशः बढ़ते गए और स्त्री-पुरुष से संबंधित मूल्यों में परिवर्तन हुआ। व्यक्ति के व्यवहार की स्वतंत्रता को सर्वोच्च माननेवाली विचारधाराओं ने भी स्त्री-पुरुष के संबंधों में न केवल स्वतंत्रता, अपितु उच्च शृंखलता का भी समावेश करवाया। इसलिए जब एक युवक किसी महिला पर कुदृष्टि डालता है, दुर्व्यवहार करता है या बलात्कार करता है तो उसके लिए वह तो दोषी है ही, परंतु उसके सामाजिक परिवेश को भी दोषमुक्त नहीं माना जा सकता।

भारतीय पुराणों की दो घटनाओं का संदर्भ लेना यहाँ उचित रहेगा। पांडवों द्वारा जुए में अपनी पत्नी को हारने के बाद कौरवों ने द्रौपदी से बदला लेने के लिए उसके चीरहरण अर्थात् उसको निर्वस्त्र करने का प्रयास किया, परंतु कहीं भी उसके साथ बलात्कार करने का दुष्कर्म करने का उद्‌देश्य नहीं था। इसी प्रकार रावण ने सीता का हरण उसको अपनी पत्नी बनाने के लिए किया था, परंतु रावण होते हुए भी उसने सीता के साथ बल प्रयोग, सहवास के लिए नहीं किया। उसने हर प्रकार से, प्यार से, डराकर, लोभ देकर और भ्रम में डालकर सीता को मनाने का ही प्रयास किया। भारतीय वाङ्मय में वैवाहिक जीवन के अतिरिक्त शारीरिक संबंध बनाने के अनेक उदाहरण मिलते हैं, परंतु बलपूर्वक सहवास करने का उदाहरण एक भी नहीं है। समाजशास्त्र और मनोविज्ञान के अनुसार विश्लेषण करें तो निष्कर्ष निकलते हैं कि प्राचीन भारतीय समाज में स्त्री और पुरुष के संबंधों में ऐसी समानता थी कि दोनों के अधिकार और कर्तव्य एक जैसे थे। दूसरे विपरीत लिंग के व्यक्ति की निजता का अतिक्रमण कल्पना में भी नहीं था। वर्तमान का भारतीय समाज इन दोनों मानवीय मूल्यों से वंचित है और लगातार और बार-बार महिलाओं की निजता का अतिक्रमण करता है। ऐसा नहीं है कि यह किसी प्रांत विशेष तक सीमित हो, पूरा भारतीय समाज इस व्याधि से ग्रसित है।

यह सत्य है कि आज भारत की जनसंख्या में सबसे बड़ा भाग युवा वर्ग का है। साठ प्रतिशत से अधिक जनसंख्या को हम युवा कहकर अपने देश की शक्ति

पर गर्व करते हैं, परंतु इस युवा वर्ग की सामाजिक, आर्थिक और मनोवैज्ञानिक स्थिति की ओर भी हमारा ध्यान जाना चाहिए। इस युवा वर्ग का बहुत बड़ा भाग या तो बेरोजगार है या योग्यता एवं क्षमता से निम्न स्तरीय कार्य करने के लिए मजबूर है, जिसके कारण से आर्थिक रूप से दूसरों पर निर्भर है और कमजोर है। जीवन में स्थायित्व न होने और निर्धन होने के कारण इस बड़ी जनसंख्या के युवकों के विवाह में भी बड़ी बाधा रहती है। समाज में महिलाओं का अनुपात भी धीरे-धीरे कम हो रहा है। बेरोजगारी और विपन्नता के कारण समाज में सम्मान का भी सर्वथा अभाव दिखता है और मनोवैज्ञानिक रूप से युवकों में असामाजिकता के लक्षण उत्पन्न होते हैं। निराशा के वातावरण में समाज की मान्यताओं को तोड़-मरोड़कर फेंकने की प्रवृत्ति बनती है। बड़ी आयु तक सहवास न मिलने के कारण भी मन में विकृतियाँ पैदा होती हैं और कभी योजना बनाकर बलात्कार का अपराध होता है और कभी मौके का लाभ उठाकर।

सर्वमान्य है कि भारतीय समाज को जातिवाद ने खोखला कर रखा है। न केवल सामाजिक व्यवहार, परंतु व्यक्तिगत सोच और मान्यताएँ भी जाति के आधार पर ही निर्मित होती हैं। तथाकथित उच्च जाति का व्यक्ति अन्य जातियों को हीन मानता है और जब-जब अन्य जातियों के लोग उसके इस विश्वास को तोड़ते हुए दिखते हैं तो उसके मन में बदले का भाव आता है। बदला लेने के लिए उस समुदाय की महिलाएँ उसे सबसे कमजोर वर्ग के रूप में नजर आती हैं और अपनी कुंठाओं और बदले के भाव को लेकर वह महिलाओं पर अत्याचार करने पर उतारू हो जाता है। जाति आधारित दंगे हों या सांप्रदायिक दंगे, तथ्य यह जाहिर करते हैं कि सबसे अधिक शारीरिक हानि महिलाओं को ही होती है। वहीं प्रशासनिक सेवाएँ भी नए भारत में जाति की ही तरह व्यवहार करती दिखती हैं। कमजोर महिलाओं को सताना, शारीरिक अतिक्रमण करना और पेड़ से लटकाकर उनकी हत्या कर देना जैसे कुत्सित कार्यों का मनोविज्ञान भी सामाजिक विषमता ही है।

महिलाओं को सचेत करना, जाग्रत् करना और उनके सुरक्षा के प्रबंध करना तो अनिवार्य तात्कालिक उपाय हैं ही। साथ ही, यह भी अनिवार्य है कि अपराधियों को ऐसा दंड दिया जाए, जो अपराधिक प्रवृत्ति रखनेवालों में डर पैदा कर सके। परंतु इसके साथ ही व्यक्तित्व की विकृतियों को प्रारंभिक काल से ही जन्म न लेने के उपाय भी समाज को करने होंगे। प्रशासन की सामाजिक सुधार लाने की अपनी सीमाएँ हैं। सामाजिक संगठनों को यह कार्य करने होंगे, जिसमें वे सामूहिक निर्णय

लेकर समाज में न केवल विभिन्न वर्गों में समरसता उत्पन्न करें, परंतु यह भी आवश्यक है कि स्त्री–पुरुष के संबंधों की मर्यादाओं को बचपन के संस्कारों में ही डाला जाए। कुछ विद्यालयों में प्रथा है कि राखी के दिन सभी बालिकाएँ अपने सहपाठियों को राखी का बंधन बाँधकर उनको अपनी सुरक्षा का दायित्व देती हैं। इसी प्रकार इन स्कूलों में भैया दूज के दिन सभी लड़कों को तिलक लगाकर उनके मन में बहन–भाई के संबंध के संस्कारों का रोपण होता है।

हमारे देश में पुरुष–स्त्री के संबंधों को मर्यादित करने के लिए अनेक प्रावधान पौराणिक काल से ही किए गए थे। उनमें से एक का संदर्भ यहाँ पर प्रासंगिक लगता है। वर्ष में दो बार नवरात्रि आती है, जिनमें हर दिन स्त्री के अलग–अलग देवी रूप की आराधना की जाती है। अष्टमी और नवमी के दिन इस प्रसंग में बहुत महत्त्वपूर्ण हैं। हर घर में आसपास की कन्याओं को आमंत्रित किया जाता है और घर के सभी पुरुष इन कन्याओं का पूजन करते हैं। पूजन की प्रक्रिया में सबसे पहले चाहे किसी भी आयु का पुरुष हो, कन्याओं के पैरों को अपने हाथ से पानी से धोता है, फिर उसको तिलक लगाता है और कन्या से आशीर्वाद की कामना करता है। कल्पना करिए कि एक युवा, जिसने अपने जीवन में कुछ बार कन्या–पूजन गंभीरता से और उसके महत्त्व को समझकर किया हो, क्या वह कभी बलात्कार की भावना को मन–मस्तिष्क में पाल सकता है। दूसरा पहलू और भी रोमांचक है, जिस महिला का बचपन में उसके सामाजिक परिवेश के पुरुषों ने कई बार पूजन किया हो, उसका समाज के प्रति श्रद्धा–भाव सबल ही होगा और उसका आत्मविश्वास भी हर पूजन के साथ बढ़ता ही जाएगा। कन्या–पूजन को धार्मिक कृत्य न मानकर सामाजिक प्रतिबद्धता का कार्य माना जाए तो स्त्री–पुरुष एक–दूसरे की निजता का अतिक्रमण करने के भाव से सहज ही मुक्त होंगे, परंतु दुर्भाग्यवश इन प्रथाओं को रूढ़िवादिता मानकर हम भागते जा रहे हैं। इसलिए ऐसा प्रयास किया जा सकता है कि प्राचीन परंपराओं की प्रासंगिकता को ध्यान में रखते हुए उनको युगानुकूल बनाया जाए तथा उनके महत्त्व को सर्वत्र प्रचारित किया जाए और पश्चिम की विभिन्न प्रथाओं को अपने समाज की परिस्थितियों के अनुसार देशानुकूल बनाया जाए।

□

# भारतीय एकात्म मानव-दर्शन

बीसवीं सदी के अंतिम वर्षों में आर्थिक गतिविधियों का वैश्वीकरण तीव्र गति से हुआ और इसके अच्छे-बुरे परिणाम क्रमशः स्पष्ट होते जा रहे हैं। व्यापार-उद्योग के वैश्वीकरण के समानांतर सामाजिक एवं सांस्कृतिक विस्तार भी तीव्र गति से होता दिख रहा है और ऐसा लगता है कि मानवता में जन्म, नस्ल या रंग के भेद पर आधारित सामाजिक, आर्थिक और राजनीतिक रचनाएँ धूमिल हो रही हैं। इन सभी प्रक्रियाओं के समानांतर बौद्धिक क्षेत्र में भी वैश्विक स्तर पर विमर्श एवं आदान-प्रदान पूर्व से कहीं अधिक मात्रा में प्रारंभ हुआ है। पूरे संसार में विश्वविद्यालयों एवं अन्य बौद्धिक केंद्रों में पश्चिम की सोच के अतिरिक्त वैचारिक धाराओं की ओर विद्वानों का ध्यान गया है। एक तरफ तो ईसाइयों की इस अवैज्ञानिक सोच का खंडन स्वयं ईसाई ही करते दिख रहे हैं कि मनुष्य एक पापी के रूप में जन्म लेता है और जीवन का उद्देश्य उस पाप से मुक्ति प्राप्त करने के लिए चर्च और पादरियों की शरण में जाना अनिवार्य है। दूसरी तरफ इसलाम की उस सोच पर भी गंभीरता से निष्पक्ष चिंतन बढ़ा है, जिसमें अनुयायियों को यह समझाया जाता है कि जो भी व्यक्ति उनके विश्वास और पूजा-पद्धति का पालन नहीं करता है, उसके लिए दो ही मार्ग हैं या तो वह उस विश्वास को अपनाए या फिर जीवन से ही मुक्त हो जाए। न केवल अमेरिका और यूरोप में ऐसे वैज्ञानिकों, दर्शनकारों तथा सामाजिक वैज्ञानिकों की संख्या बढ़ी है, परंतु अन्य तथाकथित अविकसित या विकासशील समाजों में भी यथार्थवादी चिंतन उभरकर सामने आ रहा है। ऐसी अनेक पुस्तकें सामने आई हैं, जो निष्पक्ष रूप से प्रकृति के सत्य को बिना पूर्वाग्रहों के जानने-समझाने का प्रयास कर रही हैं। मानव की सभ्यता के इतिहास में यह परिवर्तन एक अत्यंत लाभकारी एवं सकारात्मक मोड़ है और न केवल मानव के भविष्य के लिए, परंतु इस संसार और

सृष्टि के लिए भी अद्वितीय एवं अभूतपूर्व कदम है।

पिछले दस वर्षों में दर्शन संबंधित पुस्तकों एवं शोध–पत्रों का आकलन करें तो एक तथ्य प्रकाशित होकर सहज ही सामने आता है। इस सत्य का सारांश यह है कि विश्व के किसी भी भाग का विद्वान् जब सत्य की खोज को स्वतंत्र और निष्पक्ष रूप से करता है तो उसे भारत के प्राचीन ग्रंथों का संदर्भ लेना ही पड़ता है। कुछ विद्वान् इस सत्य को कि किसी भी प्रकार के अनुसंधान में भारत की ज्ञान परंपराओं को छुए बिना कार्य पूर्ण नहीं होगा, सहज रूप से मान लेते हैं। कुछ ऐसे भी विद्वान् हैं, जो ऐसा करने में सहज तो नहीं हैं, परंतु मजबूरी में इसको मानते हुए दिखते हैं। एक वर्ग बुद्धिजीवियों का ऐसा भी है, जिनका मन तो भारतीय ज्ञान परंपराओं में दिए सत्य को मानता है, परंतु मस्तिष्क से वह इसे स्वीकार करने में असमर्थ है। इसलिए भारतीय ग्रंथों का वे कभी व्यंग्यात्मक रूप में और कभी विकृत रूप में अपने लेखन और वक्तव्यों में चर्चा करते हैं। एक छोटा, परंतु प्रभावी समूह ऐसा भी है, जो भारतीयता को सम्मान देने का घोर विरोधी है और वह या तो भारतीय ज्ञान–विज्ञान को अनदेखा करते हैं या फिर उसके अर्थ को अनर्थ के रूप में प्रस्तुत करते हैं। ऐसे भी तथ्य उभरकर आए हैं कि मैक्समूलर को वेदों को विकृत रूप में प्रस्तुत करने के कार्य के लिए पाँच पाउंड प्रति पृष्ठ मेहनताना दिया जाता था। भारतीय बौद्धिक जगत् में भी यह परिवर्तन प्रारंभ हो चुके हैं और भारतीय ज्ञान परंपराओं को वर्तमान संदर्भों और विदेशी भाषाओं में प्रस्तुत करने का कार्य बड़े स्तर पर हो रहा है, जिससे भारत के प्राचीन ग्रंथों में उपलब्ध ज्ञान और विज्ञान का वैश्वीकरण विराट् स्तर पर और तीव्र गति से हो रहा है। भारतीय बुद्धिजीवियों का ऐसा वर्ग जो प्राचीन भारतीय ग्रंथों को मिथक, काल्पनिक और रूढ़िवादी मानता है, वह क्रमशः छोटा एवं कमजोर होता जा रहा है। पूरे विश्व में भारतीय ज्ञान का सम्मान करवाने और भारत में ही इसके पुनरुत्थान के कार्य के लिए राष्ट्रीय स्वयं–सेवक संघ द्वारा प्रेरित अनेक वैचारिक अधिष्ठानों की भूमिका अत्यंत महत्त्वपूर्ण रही है। ऐसा कहा जा सकता है कि वैश्विक जगत् में सत्य की पुनः खोज की बौद्धिक क्रांति का सूत्रपात भारत के राष्ट्रत्व से प्रेरित जनों द्वारा ही हुआ है।

इस संदर्भ में संभवतः सर्वाधिक महत्त्वपूर्ण कार्य एकात्म मानव–दर्शन पर आधारित विचार की पुनः जागृति, पुनः स्थापना एवं पुनः अंतरराष्ट्रीय स्तर पर लाने का हुआ है। सोने पर सुहागे का कार्य यह हुआ है कि वैश्विक स्तर पर अनेक ऐसे विद्वान् हैं, जो जीव जगत् की एकात्मता को स्वतंत्र रूप से अर्थात् बिना भारतीय ग्रंथों का संदर्भ लिये ही समझे हैं। बौद्धिक आनंद तब प्राप्त होता है, जब ऐसे स्वतंत्र

विद्वानों के लेखन को हम पढ़ते हैं और उनके ज्ञान को भारतीय ज्ञान के अनुरूप होने की अनुभूति होती है। ब्राजील के सुप्रसिद्ध उपन्यासकार कालो पोलो ऐसे ही एक व्यक्ति हैं। अनेक वैज्ञानिकों, दार्शनिकों, मनोवैज्ञानिकों, समाजशास्त्रियों, टिप्पणीकारों, अध्यात्म के विद्वानों आदि सभी तरह के बुद्धिजीवियों ने इस जगत् में एक केंद्रीय चेतना होने और उस चेतना का एक अंश हर जीव-निर्जीव में होने की बात पर विश्वास किया है। भारत के संदर्भ में स्वामी दयानंद, स्वामी विवेकानंद, महर्षि अरविंदो, महात्मा गांधी, परम-पूज्य गुरुजी एवं दीनदयाल उपाध्याय ने भारत के मानस में इस एकात्मता के मंत्र को पुनः जाग्रत् किया है। जामवंत ने हनुमान की सुप्त शक्ति को जगाया था, तो इन महापुरुषों ने भारत के जनमानस में विस्मृत दर्शन को पुनः स्थापित किया है। आवश्यकता है तो इस बात की है कि इस एकात्मता के सैद्धांतिक प्रतिष्ठान को व्यावहारिक रूप दिया जाए।

यह तथ्य तो मतभेद और विमर्श का हो सकता है कि वेदों की रचना स्वयं भगवान् अर्थात् ब्रह्मा ने की या हजारों वर्ष पूर्व अनेक वैज्ञानिकों और विद्वानों के सामूहिक ज्ञान को चार वेदों में संकलित किया गया और रचनाकार को व्यास का नाम दे दिया गया। परंतु वर्तमान में बौद्धिक विमर्श सर्व-सहमति से इस निष्कर्ष पर पहुँच चुका है कि वेद का ज्ञान अंतिम सत्य है और यह संपूर्ण है। यह एक बहुत बड़ा खजाना है, जिसको खोजा जा चुका है, परंतु समझना अभी शेष है।

ऐसा लगता है कि जब वेदों की रचना हुई तो उस समय के समाज का बौद्धिक स्तर उन्हीं के स्तर का था और जनमानस वेद की ऋचाओं को समझकर ही अपने जीवन का यापन करते थे। यह शायद मानव सभ्यता का सबसे अधिक विकसित काल और स्थिति थी। मनुष्यों की प्रवृत्तियों के अनुसार, संभवतः अर्थ और काम का मोह बढ़ता गया और बौद्धिक स्तर क्रमशः कम हुआ। इसलिए एक समय आया, जब वेद के ज्ञान को थोड़ा और सरल करके प्रस्तुत करने की आवश्यकता अनुभव हुई और ऋषियों-मुनियों ने उपनिषदों की रचना की। ज्ञान तो वही वेदों का था, परंतु भाषा और शैली थोड़ी सरल और सहज कर दी गई। अर्थ और काम का मोह बढ़ता गया और जनमानस का बौद्धिक स्तर और भी कम हुआ, तब उपनिषद् भी जनमानस की समझ से बाहर हो गए। उस समय के ऋषियों-मुनियों ने पुराणों की रचना की, जिनमें मौलिक सिद्धांतों को कथाओं और उदाहरणों के माध्यम से समझाने का प्रयास किया गया। मुख्यतः रामायण, महाभारत, भागवत और अनेक ऐसे ग्रंथ वेदों में प्रतिपादित मौलिक ज्ञान को सरल एवं कथानक के रूप में प्रस्तुत

करते हैं। भारतीय जनमानस का बौद्धिक स्तर कम होता गया, बुद्ध और महावीर ने वेदों में प्राप्त ज्ञान की ही दो अलग-अलग विधाओं को जनमानस में प्रचारित कर दिया। आदिशंकर ने भी इसी प्रकार का प्रयास हजार वर्ष पूर्व किया। मुगलों के प्रभाव में और फिर अंग्रेजों के षड्यंत्रों से भारतीय समाज का बौद्धिक स्तर गिरता ही गया, परंतु विद्वानों ने अपना कार्य नहीं छोड़ा। तुलसी ने एक बार फिर से वेदों के ज्ञान को जनसाधारण की बोलियों के माध्यम से मानस के रूप में प्रस्तुत कर दिया। स्वामी दयानंद सरस्वती ने सत्यार्थ प्रकाश में यही प्रयास किया और स्वामी विवेकानंद ने अपने भाषणों और लेखन के माध्यम से वेदांत का न केवल भारत में, परंतु विश्व में परिचय दिया। महात्मा गांधी का सत्य पर आग्रह, अहिंसा और ग्राम विकास की कल्पनाएँ वेद में दिए हुए ज्ञान का आंशिक रूप में व्यवहारीकरण था। परम-पूज्य गुरुजी की प्रेरणा से जब दीनदयाल उपाध्याय ने देशज ज्ञान की पुस्तक को पढ़-समझकर एकात्म मानव-दर्शन की प्रस्तुति की, तो यह भी उसी अनादिकाल से चली आ रही प्रक्रिया की एक नवीनतम कड़ी थी।

राजनीतिक गुलामी के साथ-साथ भारत में बौद्धिक गुलामी ने भी भारत के मानस के मस्तिष्क को जकड़ा हुआ था। इस जकड़न से निकलने का एक बड़ा प्रयास स्वतंत्रता के बाद अनिवार्य था। वर्तमान संदर्भ में प्राचीन भारतीय ज्ञान को प्रस्तुत करने का अनूठा कार्य दीनदयालजी ने किया था। पिछली सदी के मध्य भाग में साम्यवाद, समाजवाद और पूँजीवाद कई रूपों में उद्धृत हो रहा था और ऐसा लग रहा था कि मानव की अनेक समस्याओं का हल इनमें से ही किसी एक वाद में है। परंतु भारत के साधारण व्यक्ति का मन इनमें से किसी को भी मानने को तैयार नहीं था, क्योंकि उसके संस्कारों में तो मनुष्य-मनुष्य में भेद नहीं था। एकात्मता के आधार पर दीनदयालजी ने पूँजीवाद, साम्यवाद, समाजवाद आदि सभी वैचारिक अधिष्ठानों का प्रभावी खंडन किया। परंतु उन्होंने अनेक विद्वानों की तरह केवल खंडन ही नहीं किया, वरन एक वैकल्पिक ऐसा विचार भी दिया, जो सहज रूप से ही बुद्धि को स्वीकार्य है। पिछले कुछ वर्षों में इस एकात्म मानव-दर्शन के सैद्धांतिक पक्ष पर व्यापक विमर्श एवं प्रचार हुआ है और अब आवश्यकता यह बनती हुई प्रतीत होती है कि बड़े पैमाने पर इस वैचारिक अधिष्ठान के व्यावहारिक पक्ष को सोच-समझकर, विमर्श करके, योजना, नीति और दृष्टि के स्तर पर लाया जाए। एकात्म मानव-दर्शन के व्यावहारिक पक्ष को प्रस्तुत करने का एक क्षुद्र एवं सीमित प्रयास यहाँ प्रस्तुत है।

## 1. आर्थिक विकास

वर्तमान की वैश्विक ही नहीं, परंतु भारतीय परिवेश की सत्यता यह है कि जीवन में अर्थ की प्रधानता सर्वोपरि है। व्यापक रूप से यह विचार स्वीकार्य है कि हर व्यक्ति परिवार और संस्था का उद्देश्य अधिक-से-अधिक धन कमाना, संगृहीत करना, भौतिक आवश्यकताओं और सुविधाओं का आयोजन करना ही व्यक्ति के प्रयासों का केंद्रबिंदु होना चाहिए। शिक्षा का उद्देश्य भी बचपन से ही यह सिखाया जाता है कि बड़े-से-बड़े पैकेज की तैयारी करना। समाज में भी धन और सुख-सुविधाओं के आधार पर सम्मान मिलता है, न कि सामाजिक समर्पण, आध्यात्मिक उपलब्धियों या ज्ञान के स्तर के आधार पर। इसके कारण से समाज में विकृति यह आई कि एक ओर तो एक छोटा वर्ग ऐसा है, जिसके पास समाज का अधिकतम धन एवं सुख-सुविधाएँ उपलब्ध हैं; दूसरी ओर बहुत बड़ा वर्ग ऐसा है, जोकि अर्थ की दृष्टि से या तो लगभग शून्य स्तर पर है या उसके आसपास। कभी-कभी तो ऐसा भी लगता है कि शून्य से कम की स्थिति के भी परिवार एवं समूह आज न केवल भारत में, परंतु पूरे विश्व में हैं और उनकी संख्या कम होने के बजाय बढ़ती जा रही है। इस बड़े वर्ग को स्वामी विवेकानंद ने दरिद्र नारायण कहा था और दीनदयालजी ने अंतिम व्यक्ति। एकात्म मानव-दर्शन पर आधारित अर्थ-नीति ऐसी होनी चाहिए, जिससे कि संपन्न और विपन्न वर्ग में जो गहरी खाई है, वह कम-से-कम हो सके। अर्थात् समाज में धन, संसाधनों एवं सुविधाओं का वितरण यदि समान रूप से नहीं तो लगभग समान रूप से तो होना ही चाहिए।

समझने की बात यह है कि संपन्न वर्ग अपनी संपन्नता को छोड़ने को तत्पर तो कभी नहीं होगा। आज की नीतियाँ, संपन्न की संपन्नता को बढ़ाने की हैं, गरीबी हटाने के नारे तो हैं, परंतु वास्तविक प्रयास इस दिशा में शून्य और असफल हैं। जब सभी सुख-सुविधाओं से संपन्न व्यक्ति गरीब की चिंता करता है और उसकी गरीबी को हटाने की नीति बनाता है तो यदि वह बहुत ईमानदार भी है तो भी वह योजना अपनी दृष्टि से बनाता है, न कि गरीब की दृष्टि से। अंत्योदय के नाम से अनेक प्रयास हो रहे हैं, परंतु अंतिम व्यक्ति का उदय उसके अपने अनुसार हो या कि नौकरशाही या कुछ तथाकथित अर्थ और विकास विशेषज्ञों की दृष्टि से। एक वनवासी भील वन में रहता हुआ, अपने जीवन में सुख, शांति और आनंद को ढूँढ़ता है। उसे शायद पक्का मकान या काली सड़क नहीं चाहिए, वह तो अपने वन में ही स्वतंत्र रूप से रहने के लिए तत्पर और प्रयासरत है। जंगल से उसका

अधिकार छीनकर उसको पक्का मकान और सड़क देना शायद उसके लिए सुख का मार्ग नहीं है। इसी प्रकार, एक किसान पर यह दबाव डालना कि उसको अपनी भूमि से अधिकतम उपज पैदा करनी है, जिसके लिए उसको रासायनिक खाद और कीटनाशक सस्ते दरों पर दिए जाएँगे। परिणामस्वरूप देश के लिए कुछ साल अधिक अन्न उत्पन्न करने के पश्चात् वह किसान अपनी भूमि को बंजर बना लेता है और फिर ऐसे संकट में फँसता है कि आत्महत्या का विचार उसके मन में आता है। यदि सब में एक ही बड़ी चेतना का समान अंश है तो एक व्यक्ति या एक समूह को क्या अधिकार है कि वह दूसरे की चेतना पर कब्जा करने को देशभक्ति माने।

समाज का अंतिम और विपन्न वर्ग अपने विकास की योजना स्वयं बनाए और उसको सफल बनाने के लिए प्रशासनिक सहायता प्राप्त हो सके तो ठीक है, अन्यथा कम-से-कम उसके विकास के मार्ग में न तो रुकावटें डालें और न ही उसको दिशाविहीन करें।

आर्थिक क्षेत्र में दूसरा विषय उत्पादन एवं उपयोग करने का है। आज की अर्थव्यवस्था उत्पादन करती है और फिर उसकी उपयोगिता को जनमानस के मन-मस्तिष्क में उत्पन्न करती है और यह उपभोक्तावाद क्रमशः व्यक्ति और समाज के जीवन को जकड़ लेता है। शरीर को स्वस्थ रखने से अधिक महत्त्वपूर्ण हो जाता है, त्वचा का गोरा होना या बाल काले करना। सकारात्मक संवाद के माध्यम से मन को रंजित करना आज के अर्थ आधारित व्यवस्था में स्वीकार्य नहीं है। उत्तेजित, विद्वेलित और उकसाने के मनोरंजन का निर्माण करना तथा प्रचार माध्यमों से उसको देखने, सुनने, पढ़ने का प्रचार करना—इसके औचित्य पर सोचना पड़ेगा। सामाजिक संवाद एवं मनोरंजन भी क्या अर्थव्यवस्था के लिए व्यापार और कर का साधन हो सकता है या—नहीं विचारणीय विषय है। आवश्यकता से अधिक अनावश्यक वस्तुओं का उपयोग, शरीर और मन को कलुषित करने का संवाद तो समाज के कल्याण के मार्ग पर अग्रसर नहीं कर सकता। इसलिए समाज जीवन के क्या-क्या कार्य-व्यापार और विपणन की सूचियों में आएँ, यह निर्णय यदि एकात्म मानव-दर्शन के सिद्धांत पर करेंगे तो समाज का बहुत बड़ा अनावश्यक व्यापार एवं उद्योग समाप्त होगा और वहीं संसाधन आर्थिक समता एवं समरसता का मार्ग प्रशस्त करेंगे। आर्थिक क्षेत्र के ये कुछ उदाहरण हैं, इन्हें और व्यापक एवं गहरी सोच की आवश्यकता है।

## 2. सामाजिक विकास

सामान्यत: यह माना जाता है कि भारत में समाज विषमता की गंभीर बीमारी से ग्रसित है। जातिप्रथा को इसका मूल कारण माना जाता है, परंतु पूरे विश्व में मानवता विषमताओं में जकड़ी हुई है। कहीं काले और गोरे में भेद है तो कहीं प्रवासियों पर अत्याचार है, तो कहीं पूजा-पद्धति और विश्वास में समाज बँटा है। अधिकतम विकसित देशों में भी समरसता लाने के प्रयास वर्षों से चल रहे हैं और सफलता पूर्ण रूप से प्राप्त नहीं है। अनेक देशों में नस्ल की विविधता को सम्मान देने के लिए कानून बने हैं और उसी विविधता को मापकर प्रशासन से सुविधाएँ दी जाती हैं।

एक ही अवतार को माननेवाले समाज भी सौ से अधिक समुदायों में बँटे हैं और पारस्परिक वैमनस्य इतना पाले हुए हैं कि एक-दूसरे के खून के प्यासे हैं। यदि सभी मनुष्यों का संबंध एक ही चेतन शक्ति से है तो यह भेदभाव कैसा? परंतु सैद्धांतिक पक्ष तो अच्छा लगता है, व्यावहारिक पक्ष में हम कन्नी मार जाते हैं। अंतर्जातीय विवाह अभी भी हमारे समाज में बहुत कम मान्यता प्राप्त करते हैं। एकात्म होने पर क्या आत्मा बुद्धि, मन, शरीर की कोई जाति होगी। यदि होगी भी तो क्या उनका आपस में समन्वय नहीं होगा, आपस में मिलन नहीं होगा। भारतीय संदर्भ में जन्म के आधार पर निर्धारित जाति या पूजा-पद्धति या मत परिवर्तन के आधार पर प्राप्त की गई अस्मिता को सामाजिक और प्रशासनिक नियमों और निर्णयों का आधार नहीं बनाया जा सकता। यदि हम सब एक ही पिता के पुत्री-पुत्र हैं तो हमारा आपस में रंग, नस्ल, जाति और लिंग के आधार पर भेदभाव नहीं हो सकता। यदि पूर्व में कुछ वर्ग उपेक्षित हुए हैं तो उन वर्गों को सामान्य स्तर पर लाने का दायित्व पूरे समाज का है, केवल आरक्षण के माध्यम से यह प्रशासन का कार्य नहीं है। जातिसूचक शब्दों को अपने नाम से लगाकर अपनी पहचान बनाना भी एकात्म मानव-दर्शन के सिद्धांत का अनुसरण नहीं है। इसी प्रकार आत्मा का तो कोई लिंग नहीं होता, वह स्त्री या पुरुष नहीं होता/होती, इसलिए पुरुष और स्त्री में भेद करना या इनमें से किसी एक को भी बेहतर मानना या उत्पीड़ित करना, यह तो प्रकृति के नियमों का उल्लंघन है।

इसी प्रकार समाज की अंतिम इकाई व्यक्ति नहीं हो सकता या केवल माता-पिता और बच्चे नहीं हो सकते। व्यावहारिक रूप से तो परिवार संयुक्त ही हो सकता है, जिसमें अधिक-से-अधिक संबंधी एकत्र होकर सहयोग, सह-अस्तित्व एवं

सह-निर्भरता के प्राकृतिक नियमों का पालन करें। यह कल्पना एकल या संयुक्त परिवार से बड़ी है, कुनबे की है और कुटुंब की है। भवन निर्माण में ईंट जितनी बड़ी और मजबूत होगी, उतना ही भवन सुंदर एवं उपयोगी होगा। इसी प्रकार एकल परिवार और सिंगल पैरेंट परिवार सामाजिक रचना की बहुत कमजोर कड़ियाँ हैं। शंकराचार्य ने उत्तर-दक्षिण, पूर्व-पश्चिम और मध्य सभी के एकात्म होने का व्यावहारिक साधन हमारे देश को दिया था। ऐसा हम नहीं कर रहे हैं, यह हमारा अपराध है और यदि स्वतंत्र होने के बाद भी नहीं करेंगे तो यह पाप ही होगा।

### 3. शैक्षणिक विकास

मैकाले की पहल पर अंग्रेज ने हमारी शिक्षा-प्रणाली को ध्वस्त किया और उसके स्थान पर ऐसी शिक्षा-प्रणाली बनाई, जो अंग्रेज, अंग्रेजी और अंग्रेजियत को स्थापित करती है। अंग्रेज ने तो भारत को गुलाम बनाया था, इसलिए उसका ऐसा करना तो कहीं तार्किक लग भी सकता है, परंतु लगभग 70 साल की स्वतंत्र कार्यावधि में हमने केवल अंग्रेज को ही छोड़ा, अंग्रेजी और अंग्रेजियत को तो हमने अपने आगोश में बाँधे रखा। इससे बड़ी मूर्खता क्या हो सकती है ? यह तो आत्मघात है और यह और भी गंभीर अपराध और पाप हो जाता है, जब हमारे पास, हमारे पूर्वजों द्वारा दिए गए अनेक विकल्प उपलब्ध हैं। अनंत ज्ञान हमारे पास वेदों, उपनिषदों, पुराणों आदि में उपलब्ध है, उसको छोड़कर हम अरस्तू और प्लेटो पर आधारित अधूरे और विकृत ज्ञान को शिक्षा का आधार बनाए हुए हैं।

एकात्म मानव-दर्शन तो केवल अंतिम सत्य को ही पहचानता है, परंतु यह भी मानता है कि सत्य को प्राप्त करने के लिए अनेक साधन, अनेक रास्ते, अनेक प्रयोग हो सकते हैं। प्रयासों की विविधता मान्य है, परंतु अंतिम सत्य पर पहुँचना ही लक्ष्य है। यही क्या शिक्षा का उद्देश्य नहीं होना चाहिए। इसके विपरीत, क्या जीवनयापन के लिए उचित या अनुचित साधनों द्वारा अधिक धनराशि अर्जित करने की तैयारी शिक्षा का उद्देश्य हो। यदि आत्मा परमात्मा का ही एक अंश है तो शिक्षा का उद्देश्य दोनों के मिलन का प्रयास नहीं हो सकता। वर्तमान स्थितियों को यथावत् रखना या उनमें और विकृतियाँ पैदा करना शिक्षा का उद्देश्य न हो, इसके लिए पूर्ण राष्ट्र और समाज के स्तर पर विश्वास होना अनिवार्य है कि जीवन का उद्देश्य आत्मा का विकास है, शरीर का विकास है, न कि आर्थिक संसाधनों और सामाजिक सम्मान का विकास। वर्तमान शिक्षा में बुद्धि केंद्र है।

एकात्म मानव-दर्शन के अनुसार चलें तो शिक्षा का केंद्र मन और आत्मा ही होंगे। हाँ, दैनंदिनी के कार्यों के लिए हर व्यक्ति को किसी-न-किसी एक कार्य में निपुण होना आवश्यक है। यह भी शिक्षा का एक उद्देश्य है, परंतु केवल यही एक ही उद्देश्य नहीं हो सकता।

एकात्म मानव-दर्शन के संदर्भ में शिक्षा के विषय में बहन इंदुमति काटदरे ने गहन चिंतन और लेखन किया है। उनका मानना है कि किसी भी तत्त्व को व्यावहारिक स्वरूप देना है तो माध्यम शिक्षा ही बनाना पड़ेगा। शिक्षा ही संस्कार, ज्ञान, रीति, जीवन-शैली आदि को एक पीढ़ी से दूसरी पीढ़ी को हस्तांतरित करती है। शिक्षा से ही तीनों परंपराओं का निर्माण होता है, जो हैं—संस्कार परंपरा, ज्ञान परंपरा और गुण परंपरा। एकात्म मानव-दर्शन के अनुसार यह सृष्टि परमात्मा का ही एक व्यक्त रूप है और मनुष्य परमात्मा की सर्वश्रेष्ठ कृति। परस्परता और निर्भरता का संबंध है और इस प्रकार का संबंध जीव और निर्जीव के मध्य भी है। इस कारण से मनुष्य जीवन अकेले से नहीं चल सकता। व्यष्टि अर्थात् मनुष्य की सामूहिकता से ही समष्टि अर्थात् संपूर्ण विश्व के मानव समाज की रचना होती है। समष्टि का अस्तित्व सृष्टि से सकारात्मक और पारस्परिक निर्भरता के बिना संभव नहीं है। परंतु व्यष्टि समष्टि और सृष्टि की रचना का आधार तो परमतत्त्व है। इसलिए एकात्म मानव-दर्शन के सिद्धांत के अनुसार प्रकृति के साथ अनुकूलता का संबंध रखते हुए मानव-समाज के हर व्यक्ति का उद्देश्य परमतत्त्व को प्राप्त करना ही है, क्योंकि मनुष्य के विकास के क्रम में नर से नारायण बनने का विकल्प ही सर्वश्रेष्ठ है। शिक्षा का उद्देश्य इसी विकास क्रम को आगे बढ़ाने का होना चाहिए। यदि यही शिक्षा है तो व्यावहारिक तौर पर दो अनिवार्यताएँ शिक्षा के विषय में स्पष्ट हैं—पहला यह कि समस्त शिक्षा की प्रक्रिया शुल्क विहीन ही हो सकती है। यह धन लेकर कुछ देने का कार्य नहीं हो सकता, क्योंकि शिक्षा समाज के अस्तित्व और विकास दोनों का ही अनिवार्य आधार है। व्यष्टि से परमेष्ठी की यात्रा भौतिक कार्य न होकर आध्यात्मिक उत्थान है, इसलिए शिक्षा की व्यवस्था का दायित्व केवल शासन का नहीं हो सकता। शिक्षा का दायित्व समाज का है और आर्थिक दायित्व भी समाज का ही होना चाहिए। समाज द्वारा पोषित शिक्षा-प्रणाली की रचना करना ही एकात्म मानव-दर्शन को व्यावहारिक धरातल पर लाने का कार्य हो सकता है। वर्तमान के संदर्भ में यह कार्य असंभव लग सकता है, परंतु भारतीय समाज ने तो शिक्षा को हमेशा ही सामाजिक साधनों से ही पोषित किया है। धनहीनता शिक्षा प्राप्ति

करने में किसी भी बच्चे या युवा के लिए बाधा नहीं बननी चाहिए। स्वामी दयानंद ने आर्य समाज के माध्यम से समाज पोषित शिक्षा के लिए महत्त्वपूर्ण योगदान और मार्गदर्शन दिया है। भारत के हर क्षेत्र में ऐसी संस्थाओं की कमी नहीं है, जिन्होंने शिक्षा के आर्थिक और व्यवस्थात्मक पक्ष का दायित्व अपने ऊपर लिया था। परंतु वर्तमान में शिक्षा का व्यवसायीकरण ही नहीं, परंतु व्यापारीकरण भी हो गया है और ऐसी शिक्षा नीतियाँ बन रही हैं, जो शिक्षा के व्यापारीकरण का समर्थन करती हैं। शिक्षा को नौकरशाही से मुक्त करवाना भी एक अत्यंत अनिवार्य कार्य है। जिस प्रकार प्रशासन में निपुण नौकरशाही उद्योग, व्यापार, यातायात आदि को नियंत्रित करती है, उन्हीं उपायों से वह समाज में ज्ञान और संस्कार निर्माण अर्थात् शिक्षा के कार्य को भी नियमित करने की आदत से ग्रसित है। जिस प्रकार अर्थ-विशेषज्ञ, सार्थक अर्थ नीति बना सकते हैं। उसी प्रकार शिक्षाविद् ही शिक्षा की नीतियाँ बना सकते हैं और शिक्षा-प्रणाली को सुचारू बनाने में सफल हो सकते हैं। वर्तमान में तो ऐसा लगता है कि विश्व के सभी देशों की तुलना में शिक्षा का व्यापारीकरण भारत में सर्वाधिक हो चुका है और हो रहा है। जिस समाज की शिक्षा-प्रणाली ही व्यापार हो जाएगी, उस समाज का भविष्य उज्ज्वल कैसे हो सकता है?

## 4. प्रशासन एवं राजनीति

किसी भी राष्ट्र को सुचारु रूप से चलाने के लिए चार सत्ताओं की आवश्यकता रहती है—

1. अर्थसत्ता
2. राजसत्ता
3. ज्ञानसत्ता
4. धर्मसत्ता

इन चारों का होना अनिवार्य है, परंतु इनका पारस्परिक अनुपात राष्ट्र जीवन की गुणवत्ता का द्योतक भी है और निर्धारक भी। जब अर्थसत्ता सामाजिक जीवन में सर्वोपरि हो जाती है तो विषमताएँ बढ़ती हैं, जिसके कारण से असंतोष एवं असहयोग की स्थितियाँ बनती हैं, परिणामस्वरूप समाज में संपन्न और विपन्न वर्गों में दूरियाँ बढ़ती हैं और नियंत्रण रखने के लिए और विरोध करने के लिए हिंसा एक मार्ग बन जाता है। पश्चिम का अनुसरण करते-करते आज भारत देश में अर्थसत्ता ही सर्वोपरि दिखती है और राजसत्ता भी अर्थसत्ता पर आधारित है। लोकतंत्र की

व्यवस्थाएँ ऐसी बनी हैं कि चुनाव अनिवार्य है, जिसके लिए धन अनिवार्य है और धन के लिए धनाढ्यों का आश्रय केवल मात्र मार्ग बचता है।

ऐसा समय भी आता है, जब राजसत्ता सर्वोपरि हो जाती है और अर्थसत्ता को भी नियंत्रित कर लेती है या आश्रय देती है। अर्थसत्ता या राजसत्ता, जिसका भी प्रभाव अधिक हो, दोनों ही स्थितियों में ज्ञानसत्ता एवं धर्मसत्ता क्षीण रहती है, जिसके कारण से समाज में सुख, शांति और आनंद लुप्त हो जाते हैं। एक लेख में परम-पूज्य श्री गुरुजी ने लिखा था कि शिखर पर कौन बैठे? मंदिर के शिखर पर तो कौए भी बैठते हैं। लोकतंत्र की व्यवस्था, जिसमें सर्वसम्मत के स्थान पर बहुमत का राज्य होता है, उसमें कौए भी शिखर में बैठ सकने का जुगाड़ कर सकते हैं। हो सकता है कि वर्तमान की व्यवस्थाओं में लोकतंत्र सबसे कम दोषपूर्ण व्यवस्था हो, परंतु ऐसे दोष तो इसमें हैं ही, जो राष्ट्र की आत्मा का भी हनन कर सकते हैं, इसलिए पश्चिमोन्मुखी विचार से निकलकर भारत के इतिहास में जाकर ऐसी व्यवस्थाओं की खोज करना अनिवार्य है, जिनमें राष्ट्रहित एवं समाजहित ही सर्वोपरि निरंतर बना रहे। व्यवस्था का आधार ही राष्ट्र प्रथम हो। प्रयास तो ऐसा होना चाहिए कि ज्ञानसत्ता के माध्यम से धर्मसत्ता का प्रभुत्व सबसे अधिक हो। यहाँ धर्म का अर्थ पूजा-पद्धति से नहीं है, परंतु उन नियमों और सिद्धांतों से है, जो प्रकृति के अनुकूल व्यवस्थाएँ बनाने में सहायक होते हैं, जिनसे समाज की धारणा होती है। आदर्श स्थिति ऐसी बनती है, जिसमें धर्मसत्ता का अनुपात सबसे अधिक, ज्ञानसत्ता का उससे कम और राजसत्ता और अर्थसत्ता का प्रशासनिक व्यवस्थाओं में अत्यंत कम योगदान रहे। समाज के व्यक्ति के जीवन में शासन का कम-से-कम हस्तक्षेप हो, ऐसा महात्मा गांधी ने भी माना और दीनदयालजी ने भी इसी आवश्यकता पर बल दिया। मत देने का अधिकार होना और उसके आधार पर सत्ता की रचना होना, एक छलावा सा लगता है। श्रेष्ठ पुरुषों का धर्मसत्ता और ज्ञानसत्ता में स्थान हो तो राजसत्ता और अर्थसत्ता स्वयं नियंत्रित हो सकती है। इसलिए धर्मनिरपेक्षता एक आत्मघाती परिकल्पना है। सद्कर्मों और सदाशय से निरपेक्ष कैसे रहा जा सकता है? हाँ, पूजा-पद्धतियों से समान दूरी रखना प्रशासन की आवश्यकता हो सकती है, परंतु धर्म को पालन करने की तो सुशासन के लिए अनिवार्यता है। इसलिए वर्तमान में लोकतंत्र प्रणाली का प्रयोग करते हुए, हम समाज के श्रेष्ठ व्यक्तियों को सत्ता तक पहुँचाएँ, जिससे वे ज्ञानसत्ता और धर्मसत्ता का सहारा लेकर राष्ट्र को उत्थान की ओर ले जाएँ। परंतु इसके साथ ही बहुमत आधारित व्यवस्था के विकल्पों की

खोज भी करना अनिवार्य है, क्योंकि संख्याओं का तो आयोजन–प्रायोजन और दुर्योजन संभव है। कल्पना रामराज्य की है तो धर्मसत्ता को सर्वोपरि बनाना ही होगा।

एकात्म मानव–दर्शन आधारित कुछ व्यावहारिक पक्ष रखने का प्रयास यहाँ हुआ है, जो अपने आपमें अधूरा और थोथला ही लगेगा, परंतु सैद्धांतिक परिकल्पनाओं को व्यावहारिक धरातल पर लाने का कार्य प्रारंभ करना ही होगा। सामाजिक जीवन के हर पहलू के विषय में विमर्श की आवश्यकता है, वाद–विवाद की नहीं। यह विमर्श सदाशय से हो, प्रतिस्पर्धात्मक न हो और व्यापक हो, तभी इसका प्रतिफल मानव को दानव बनने से रोककर नर से नारायण बनने की यात्रा पर ले जा सकेगा।

□

# भारतीय समाज में सामाजिक संवाद की विहंगम दृष्टि—दीनदयाल समग्र

अत्यंत प्राचीन काल में ही भारत के वैज्ञानिकों और दार्शनिकों ने सृष्टि की रचना के रहस्यों को उजागर कर दिया था। ब्रह्मांड की उत्पत्ति, रचना एवं उसकी कार्य-प्रणाली के विषय में अनेक प्रकार की व्याख्याएँ प्राचीन भारतीय ग्रंथों में प्राप्त होती हैं। वेदों में भी इसकी गूढ़ चर्चा है, उपनिषदों में वेद के ज्ञान की व्याख्या है और अनेक पुराणों में सृष्टि के रहस्यों की दृष्टांतों के साथ सरल व्याख्या है। अनेक रचनाओं में तो सूत्र रूप में ऋषियों, मुनियों के बौद्धिक निष्कर्षों की घोषणाएँ हैं, वहीं अनेक उदाहरण ऐसे भी मिलते हैं, जहाँ विभिन्न विचारों की विवेचना करके कुछ निष्कर्ष प्रस्तुत किए गए हैं। एक बहुत बड़ा भाग संवाद और प्रश्नोत्तर के रूप में प्राप्त होता है। आदि शंकराचार्य, महात्मा बुद्ध और भगवान् महावीर ने भी उसी ज्ञान को समकालीन संदर्भों में पुन: व्याख्या करके सरल भाषा में आम जन को समझाने का प्रयास किया है। हजारों वर्षों के इस साहित्य में एक सिद्धांत रेखांकित होता है, 'एकम् सद् विप्रा: बहुधा वदन्ति', अर्थात् सत्य तो एक ही है, परंतु विद्वान् उसको विभिन्न रूप में प्रस्तुत करते हैं। यह तो प्रकृति का ही नियम है, जिसमें एकत्व से अनेकता जन्म लेती है और विभिन्नताएँ फिर एक में ही समाहित हो जाती हैं। एक ही सत्य जो विभिन्न शब्दों में उभरकर आता है, वह यह है कि सृष्टि पर सभी जीवों में एक ही चेतना का अंश है। अर्थात् कुछ है, जो केवल एक है, परंतु उसका ही अंश हर जीव में उसको जीवत्व प्रदान करता है। अनेक बार तो ऐसा भी अनुभव होता है कि प्राचीन ऋषि-मुनि मानते थे कि सृष्टि के निर्जीव पदार्थों में भी उसी चेतना का अंश है। अंतर केवल इतना है कि निर्जीव में चेतना सुप्त है, जबकि जीव में वह चेतना चैतन्य है, सक्रिय है। जब जीव में से यह चेतना

सुप्त हो जाती है तो वह भी निर्जीव हो जाता है।

वर्तमान का भौतिक विज्ञान भी इस एकात्मता के रहस्य को सिद्ध करता हुआ दिखाई देता है। आज का विज्ञान यह स्थापित कर चुका है कि जीव या निर्जीव, जो भी पदार्थ हैं, उनका मूल स्वरूप अणु का है। हर अणु में न्यूक्लियस होता है, जिसमें घनात्मक शक्ति वाले प्रोटॉन होते हैं, न्यूक्लियस के चारों तरफ ऋणात्मक शक्ति वाले इलेक्ट्रॉन लगातार अंडाकार मार्ग में घूमते रहते हैं। यह सक्रियता पत्थर के अणुओं में भी है और जीव के जीवित कोष में भी है। पदार्थ और ऊर्जा के संबंधों को भी जब अध्यात्म के अनुसार प्राचीन भारतीय विज्ञान की सहायता से समझने का प्रयास करते हैं तो ऊर्जा पदार्थ में परिवर्तित होती दिखती है और पदार्थ ऊर्जा में। आइंस्टाइन ने और उसके बाद अनेक वैज्ञानिकों ने इसी रहस्य को अधिकाधिक समझने का प्रयास किया है। इसी गूढ़ रहस्य की अत्यंत सहज, व्यावहारिक और वर्तमान के संदर्भ से प्रस्तुति पं. दीनदयाल उपाध्याय ने एकात्म मानव-दर्शन के रूप में लगभग 50 वर्ष पूर्व की थी। आज पूरे विश्व की सज्जन-शक्ति एकात्म मानव-दर्शन के आधार पर मनुष्य की जीवन-शैली निर्माण करने का प्रयास कर रही है। विभिन्न वैचारिक अधिष्ठानों की समझ और व्याख्या में अनेकरूपता हो सकती है, परंतु मूल रहस्य तो एकात्म होने का ही है।

बौद्ध दार्शनिक नागार्जुन की व्याख्या अनेक आधुनिक विद्वानों को आज के संदर्भ में सहज और सरल रूप से समझ आती है। वेद के विज्ञान पर आधारित उनकी व्याख्या बौद्ध दर्शन के नाम से ही हो, परंतु सर्वत्र ग्राह्य और स्वीकार्य है। यहाँ नागार्जुन के एक ही सूत्र को उद्धृत करना समुचित है। उन्होंने एक शब्दावली के माध्यम से संकल्पना प्रस्तुत की है, 'प्रतीत्यसमुत्पाद'। यह छोटा और सहज सूत्र अपने आप में बहुत गहरी संकल्पना को छुपाए हुए हैं। आवश्यकता से अधिक सरल करने की धृष्टता करते हुए इस शब्दावली के दो अर्थ निकाले जाते हैं, जो दोनों एक साथ हैं, विकल्प नहीं है। पहला यह कि इस सृष्टि में सबकुछ एक-दूसरे से जुड़ा हुआ है। कुछ अणु मिलकर मॉलिक्यूल बनाते हैं, कुछ मॉलिक्यूल मिलाकर पदार्थ बनाते हैं, पदार्थों से वस्तुओं की और जीवों की रचना होती है, सभी जीव आपस में जुड़े हुए हैं। वेदों में इसी रचना को इंद्रजाल के रूप में प्रस्तुत किया गया है। इंद्रजाल की संकल्पना के अनुसार, यह सृष्टि एक बहुत बड़ा जाल है, जिसे अंग्रेजी में नेटवर्क कहते हैं, जिसकी कल्पना अत्यंत उलझे हुए जाल के रूप में की जा सकती है। इस जाल के धागे जहाँ एक-दूसरे से मिलते हैं, वहीं जीव का सृष्टि

में स्थान है। ये नग की तरह हैं और चमकते हैं। इस जाल में निरंतर विद्युत् प्रवाहित होती है, जिसके कारण से जीवों में चेतना रहती है। एक नग के व्यवहार में तनिक सा भी परिवर्तन होने पर पूरा-का-पूरा नेटवर्क या इंद्रजाल प्रभावित होता है। इसी को प्रतीत्यसमुत्पाद का दूसरा अर्थ कह सकते हैं अर्थात् जहाँ एक ओर सबकुछ सबसे जुड़ा हुआ है, वहीं सबकुछ सब पर अवश्यमेव निर्भर है। एकात्मता का यह वैज्ञानिक पहलू है। उदाहरण के रूप में, पेड़ पर लगा एक हरा पत्ता वायुमंडल से जलवाष्प लेता है और कार्बन डाई-ऑक्साइड लेता है। इस प्रक्रिया में वह अपना भोजन बनाता है, शेष जीवों के लिए भोजन संगृहीत करता है और लगभग सभी जीवित प्राणियों के लिए जीवन-वायु अर्थात् ऑक्सीजन लगातार उत्पन्न करता है। विश्व के हरे पत्ते का कुछ-न-कुछ वनस्पतियों के लिए और प्राणियों के लिए योगदान है। यह जुड़े होने का प्रमाण है, इसी हरे पत्ते को तोड़ने पर या मानो पूरे वृक्ष को काटने से वातावरण में कुछ अंश में वाष्प बढ़ेगा, कार्बन डाई-ऑक्साइड बढ़ेगी, भोजन का निर्माण और संग्रहण कम होगा और ऑक्सीजन कम बनेगी। पत्ता निर्जीव होकर पंचभूत में समाएगा तो वहाँ भी पदार्थों की मात्रा में अत्यंत सूक्ष्म ही सही परिवर्तन तो होगा ही। हर पत्ते में वही आत्मतत्त्व है, जो शेष जीव सृष्टि में है। इसके अतिरिक्त कुछ होने से यह जुड़ाव कैसे संभव है, यह निर्भरता कैसे संभव है? एक और उदाहरण लें—पिछले दो-तीन सौ वर्षों में मानव सभ्यता में विभिन्न उपकरणों के माध्यम से कार्बन का संतुलन टूटा अर्थात् अधिक कार्बन उस वातावरण में आया, जहाँ वह हानिकारक है। उसके कारण से पृथ्वी पर जो सुरक्षा का आवरण था, ओजोन परत उसमें रासायनिक प्रक्रिया के कारण छिद्र हुए। सुरक्षा कवच में छिद्र होने से सूर्य का ताप पृथ्वी पर अधिक बढ़ा, जिससे तापमान में बहुत, परंतु महत्त्वपूर्ण वृद्धि हुई। गरमी बढ़ने से पहाड़ों में ग्लेशियर सामान्य से अधिक पिघले, नदियों में जल की मात्रा बढ़ी और समुद्र तल कुछ सेंटीमीटर ऊँचा होने की संभावना हुई। इससे पृथ्वी के कुछ भाग और जलमग्न हो गए और मानव सभ्यता सिकुड़ती गई। इस सिकुड़न से फिर से कार्बन का संतुलन बिगड़ने लगा, क्योंकि वनों को काटकर ही मानव अपने लिए स्थान बना सकता है। इस प्रकार से जब एक कार आवश्यकता से अधिक धुआँ उत्पन्न करती है तो उससे पूरे विश्व का वातावरण कुछ अंश में प्रभावित होता है और अंततोगत्वा कार मालिक को अपने कर्म का फल इस प्रकार से मिलता है कि उसकी अगली पीढ़ियों को साँस लेने की वायु में अधिक सल्फर, अधिक नाइट्रोजन ऑक्साइड और अधिक कार्बन

मोनोऑक्साइड मिलती है। यही पारस्परिक निर्भरता सृष्टि का रहस्य है, जो अध्यात्म और विज्ञान दोनों में सिद्ध होता है और सृष्टि के रहस्य का परदा उठाता है।

विषय को और आगे ले जाएँ, तो वर्तमान में मीडिया की रचना और उसकी भूमिका को समझा जा सकता है। 1950 के दशक में कनाडा के अंग्रेजी भाषा के प्राध्यापक मार्शल मैक्लूहन ने प्रौद्योगिकी आधारित भविष्य की मीडिया के आगमन की आहट सुनी थी और उन्होंने ऐसे भविष्य की कल्पना की थी, जिसमें नई प्रौद्योगिकी के माध्यम से विश्व में मानवता संचार के माध्यम से एकसूत्र में बँध जाएगी। मार्शल मैक्लूहन ने ग्लोबल विलेज अर्थात् वैश्विक ग्राम की संकल्पना की घोषणा की थी। मुद्रण, विद्युत् लहरों, वायु में लहरों और शून्य में गतिमान लहरों, कैमरे के माध्यम से चित्र एवं चलचित्र, टेलीविजन और इंटरनेट इन्हीं सभी की कल्पना कुछ-न-कुछ मार्शल मैक्लूहन ने की थी। बड़ा प्रश्न यह उठा था कि मैक्लूहन ने वैश्विक नगर या शहर शब्दावली का प्रयोग न करते हुए, वैश्विक ग्राम की संकल्पना दी थी, क्योंकि शहर और नगर में व्यक्ति एक-दूसरे से कम या शून्य जुड़े हुए होते हैं, परंतु एक ग्रामीण परिवेश में उस ग्राम का हर व्यक्ति हर अन्य व्यक्ति से किसी-न-किसी रूप में संबंधित और प्रभावित होता है। नई प्रौद्योगिकी वैश्विक ग्राम की संकल्पना को साकार करती हुई दिखती है।

परंतु मैक्लूहन की संकल्पना कोई नवाचार या आविष्कार नहीं था। हजारों वर्ष पूर्व हमारे अनेक ऋषियों ने अनेक रूप में न केवल मनुष्य के बंधुत्व के वैश्विक स्तर को देखा था, परंतु उन्होंने तो हर जीव और निर्जीव को संबंधित होने का विज्ञान प्रस्तुत किया था, जिसको हम 'वसुधैव कुटुंबकम्' के रूप में आज समझने का प्रयास करते हैं। पूर्ण विश्व एक ही परिवार है, यह कल्पना हजारों वर्ष पूर्व हो गई थी, क्योंकि उस समय के मनुष्य को यह संवेदना थी कि एक तथ्य परमात्व है और उसी परमात्व का अंश हरेक जीव में चेतना के रूप में है और निर्जीव में अचेतन रूप में उपस्थित है। वर्तमान में जो अनेक तकनीकों पर आधारित मीडिया की रचनाएँ बनी हैं, उनसे मनुष्यों के पारस्परिक संचार, संवाद एवं जुड़ाव की कल्पना साक्षात् हो रही है। पहले समाचार-पत्रों, पत्रिकाओं और पुस्तकों ने मनुष्य को न केवल वर्तमान में, परंतु भविष्य की पीढ़ियों से भी जोड़ा, फिर रेडियो और टेलीफोन ने स्वर के माध्यम से भौतिक दूरियों को समाप्त किया। छायाचित्र, चलचित्र एवं टेलीविजन ने शब्दों और दृश्यों के माध्यम से भूत, वर्तमान और भविष्य के संबंधों को व्यापक किया और चलभाष एवं विश्व व्यापक जाल

(डब्ल्यू.डब्ल्यू.डब्ल्यू.) ने इस जुड़ाव को निरंतरता एवं सर्वव्यापकता प्रदान की।

एकात्म मानव-दर्शन की संकल्पना एवं वर्तमान मीडिया की रचना को एक साथ मनन का विषय बनाएँ तो एक अनुभूति ऐसी होती है कि मानो एकात्मता का भौतिक स्वरूप कम या अधिक मीडिया के माध्यम से रचित है। जब एक ही शब्द, एक ही चित्र, एक ही भाव क्षण भर में पूरे विश्व के हर मानव तक पहुँचने की स्थिति बन जाएगी, तो क्या ऐसा नहीं कहा जा सकता कि एक ही चेतना के माध्यम से हर मनुष्य के पास एक ही संवेदना प्राप्त हुई? एकात्म होने का बोध भी टेक्नोलॉजी के माध्यम से संभव हो सकता है, केवल वैसा विश्वास और दृष्टि चाहिए।

जब मानव के एकात्म होने का ज्ञान प्राप्त नहीं होता है तो मानव सभ्यता में कुछ रचनाएँ बनती हैं। जिन सभ्यताओं में पूँजीवाद या उस पर आधारित विश्वास दृढ़ हुए, वहाँ मनुष्य की सामूहिकता को उपभोक्ता के रूप में देखा गया और मनुष्यों की बनाई हुई आवश्यकताओं को पूर्ण करने के लिए अंतहीन एवं दिशाविहीन उत्पादन करने के अनेक प्रयोजन बने। भौतिक सुखों को प्राप्त करना ही मनुष्य जीवन का उद्देश्य माना गया, तो प्रतिस्पर्धा इतनी बढ़ी कि पूँजीवाद में अस्तित्ववाद ही मुख्य वैचारिक अधिष्ठान बन गया। व्यक्ति की स्वयं की स्वतंत्रता, अपना ही विकास और स्वार्थ ही जीवन का आधार बने, परंतु सबकुछ प्राप्त करने के पश्चात् भी मनुष्य व्यक्तिगत रूप से और सामूहिक रूप से अपने को अंधी गली के शून्य में पाता है। इतना सबकुछ होने के बाद भी क्या? दूसरी ओर एक और वैचारिक अधिष्ठान पिछली दो-तीन सदियों में प्रभावी रूप से स्थापित हुआ, जिसे साम्यवाद और कहीं समाजवाद और कहीं मार्क्सवाद कहा जाता है। पूँजीवाद में जहाँ व्यक्ति को आर्थिक इकाई माना गया, वहीं साम्यवाद में व्यक्ति मात्र एक राजनीतिक प्राणी है, जिसको स्वयं के लिए नहीं, स्वार्थ के लिए नहीं, परंतु सामूहिकता के लिए कार्य करना था। इस व्यवस्था में कहीं-कहीं तो जन्म देनेवाली माँ को भी अपने बच्चे का पालन-पोषण करने का अधिकार नहीं था, क्योंकि नवजात शिशु तो सामूहिक संपत्ति माना गया। जिस प्रकार पूँजीवाद सृष्टि की प्रकृति के प्रतिकूल विचारधारा थी, बिल्कुल उसी प्रकार से साम्यवाद भी प्रकृति के सिद्धांतों का विपरीत अनुकरण था। परिणाम पूँजीवाद और साम्यवाद का एक ही निकला कि मनुष्य पशु ही रह गया, भोगमात्र ही उसके जीवन का उद्देश्य रह गया और प्रतिस्पर्धाएँ तथा आपसी मतभेद इतने बढ़े कि चारों तरफ हिंसा-ही-हिंसा, अशांति, दुःख और दरिद्रता का ही बोलबाला हो गया।

पूँजीवाद की व्यवस्था में मानव-संवाद को भी उपभोग का विषय माना। समाचार-पत्र का पाठक या टेलीविजन का दर्शक मात्र उपभोक्ता रह गया, जिसको सूचित रखने के लिए कुछ लोगों को सूचनाओं के उत्पादन एवं वितरण के ठेके दिए गए। व्यक्ति की संवाद की आवश्यकताएँ क्या हैं, यह महत्त्वपूर्ण नहीं रहा। समाचारों और विचारों के उत्पादन का उद्योग निर्णय करता है कि नागरिकों को क्या बताया जाना चाहिए। इसमें विभिन्न उद्योग उत्पन्न हुए और आपसी प्रतिस्पर्धाओं में व्यक्ति को भ्रमित करने के अनेक उद्योग कार्यरत हैं। दूसरी ओर साम्यवादी व्यवस्थाओं में यह माना गया कि राज्य का ही कर्तव्य और अधिकार है कि आम नागरिक को कितना और कैसे जाग्रत् करना। पूरा-का-पूरा सूचना-तंत्र एकाकी रहा और समय के अनुसार व्यक्तियों और विचारों को महिमामंडित करके स्थापित करने के प्रयास हुए। साम्यवाद में तो लोकतंत्र का भी ढकोसला नहीं रहा। राजनीतिक और सामाजिक व्यवस्थाएँ एकांगी हो गईं और मनुष्य केवल मात्र पशु ही रह गया। मीडिया ने साम्यवाद को धोखा सिद्ध करने में अपनी महत्त्वपूर्ण भूमिका निभाई। हालाँकि यह मीडिया पूँजीवाद का ही उत्पादन था। रेडियो और टेलीविजन की तरंगें देशों की सीमाओं को नहीं जानतीं, इसलिए जब साम्यवादी व्यवस्थाओं में पूँजीवादी व्यवस्थाओं के दर्शन होना प्रारंभ हुए, तो साम्यवादी व्यवस्थाएँ टूटनी प्रारंभ हुईं, जिसको ग्लास नास्ट और प्रेस ट्रवाइका के रूप में जाना गया।

यदि एकात्मता को मनुष्य जीवन का वास्तविक और प्रकृति के अनुकूल दर्शन माना जाए, तो सूचना प्रौद्योगिकी के विभिन्न माध्यमों से सामाजिक संवाद की ऐसी व्यवस्थाओं की कल्पना की जा सकती है, जो वर्तमान व्यवस्थाओं से पूर्णतः भिन्न होगी। पहली बात तो यह स्पष्ट होती है कि एकात्म मानव-दर्शन के अनुसार मीडिया न तो व्यापार हो सकता है और न ही शासन द्वारा समाज पर नियंत्रण का साधन, क्योंकि न तो व्यक्ति केवल मात्र उपभोक्ता है और न ही व्यक्ति केवल मात्र राजनीतिक इकाई है। दो मनुष्य या दो समूहों का आपसी संवाद न तो बिकाऊ हो सकता है, न ही शोषण का साधन। संवाद की मूल प्रवृत्ति तो समभाव की है, सहभागिता की है। संवाद तो ऐसे राग प्रस्तुत करता है, जिससे सम अर्थात् एक जैसा होने के रस उत्पन्न होते हैं। यहाँ एक जैसा होने का अर्थ यह है कि परस्पर विचारों को न केवल सहन करना, परंतु उनका आदर भी करना। एकात्मता का भाव रखते हुए ही समानता और समरसता का भाव उत्पन्न हो सकता है। संवाद के माध्यम से विवाद उत्पन्न हो, यह तो प्रकृति के अनुकूल मानवीय व्यवहार नहीं है, प्रकृति

तो हमें संवाद के माध्यम से समाधान ढूँढ़ने का मार्ग बताती है। इसलिए एकात्म मानव-दर्शन के अनुसार मीडिया न तो व्यापार हो सकता है और न ही बहस-बहस और वितंडा करने का मंच।

प्राचीन भारतीय समाज में सामाजिक संवाद के लिए व्यवस्थाएँ बनी थीं, हालाँकि आज की प्रौद्योगिकी संभवतः उस समय नहीं थी। हर प्रांत-बस्ती में मंदिर और देवालयों की व्यवस्था थी, जहाँ कथाओं, प्रवचनों और उपदेशों के माध्यम से समाज में संवाद बनता था। संवाद में सूचनाओं की प्रभुता कम थी, ज्ञान-विज्ञान और विद्या का अर्जन और विसर्जन अधिक था। समय-समय पर अनेक उत्सवों पर भी समाज के एकत्रीकरण, सामाजिक संवाद के लिए एवं व्यक्ति की आध्यात्मिक उन्नति के साधन थे। एक ओर तो मेलों और ऐसे ही प्रयोजनों में भौतिक उन्नति और आवश्यकताओं के साधन प्राप्त होते थे, वहीं धार्मिक उत्सवों में मनुष्य को अध्यात्म की ओर अग्रसर करने का साधन था। हर संक्रांति और अमावस्या को नदियों और जलाशयों पर एकत्र होकर स्नान करने का भी एक अवसर संवाद की व्यापकता का एक साधन था। ये केवल स्थानीय स्तर तक सीमित नहीं थे, बारह वर्ष में कुंभ और छह वर्ष में अर्ध-कुंभ भी ऐसे प्रायोजन थे, जहाँ पर पूरे राष्ट्र के नागरिकों का प्रतिनिधित्व होता था। संतजन उस समय तक अर्जित ज्ञान और विज्ञान को प्रवचनों के माध्यम से कुंभ के यात्रियों को पहुँचाते थे और यात्री अपने-अपने स्थान पर जाकर उनका फिर अपने-अपने स्तर पर प्रसारण करते थे। इस प्रकार से प्रौद्योगिकी के बिना भी पूरा समाज संवादित एवं संवेदित रहता था। ऐसे प्रयोजनों में व्यापार और राजनीति लगभग शून्य थी। व्यापारी अपने वर्षों का संचित लाभ ऐसे कुंभों और प्रयोजनों में समाज के लिए निःशुल्क अर्पित करते थे। राजा भी अपनी राजनीति का प्रचार ऐसे अवसरों पर नहीं करते थे। इससे उलटा वे संतों और विद्वानों के चरणों में बैठकर राजधर्म का ज्ञान प्राप्त करते थे। वर्तमान का मीडिया तो इतना शक्तिशाली है कि बड़े-से-बड़े अणु बम जैसे हथियार भी उसके सामने कमजोर पड़ते हैं। एकात्म मानव-दर्शन के अनुसार मीडिया की रचना और उसका स्वामित्व उद्योगपतियों, व्यापारियों और राज्य के पास होना उचित नहीं है। जिस प्रकार से देवालय, सराय, नाहन और कुंभ जैसे प्रायोजन समाज द्वारा पोषित थे, उसी प्रकार सामाजिक संवाद की व्यवस्थाएँ भी समाज द्वारा ही पोषित होनी चाहिए। आखिर संवादित रहना और सुसंवादित रहना समाज के अपने ही हित का और उत्थान का कार्य है, इसलिए इसे कुछ व्यक्तियों या संस्थाओं के हाथ में दुरुपयोग करने के लिए छोड़ देना

समाज के लिए आत्मघाती है। वर्तमान का मीडिया स्वयं भी इस बात को जानता है, इसलिए समय-समय पर आत्मनिरीक्षण करता है, विश्वसनीयता की बात करता है और जवाबदेह होने का प्रयास करता है। परंतु मूल रचना में पूँजी निवेश, लाभ और लोभ का अंश होने के कारण मीडिया पूँजीपतियों द्वारा पोषित या सरकार द्वारा नियंत्रित मीडिया कभी भी समाज के उत्थान और विशेषकर आध्यात्मिक विकास का साधन नहीं बन सकता। इसलिए जिस प्रकार शिक्षा के क्षेत्र में समाज पोषित संस्थाएँ चाहिए, उसी प्रकार मीडिया के क्षेत्र में भी ऐसी संस्थाएँ चाहिए, जिनको समाज सँभाले और तय करे कि कैसा संवाद इन अद्वितीय प्रौद्योगिकी नवाचारों के माध्यम से उसको समाज में उत्पन्न करना है। समाज को अपने मीडिया का स्वयं निर्माण करना होगा। राज्य या धनी वर्ग का यह दायित्व नहीं है, निर्णय करना होगा कि मीडिया के माध्यम से मानव को दानव की ओर अग्रसर करना है या वर्तमान के नर को नारायण बनाना है। निर्णय तो मुझे और आपको ही करना है।

□

# दीनदयालजी की समाजशास्त्रीय दृष्टि

राष्ट्रीय स्वयंसेवक संघ के सक्रिय कार्यकर्ता होते हुए दीनदयालजी ने राजनीति में प्रवेश किया। सामान्यत: राजनीति में जानेवाले कार्यकर्ताओं पर नए परिवेश का प्रभाव पड़ ही जाता है और वे स्वयंसेवक कम राजनेता अधिक बन जाते हैं। परंतु दीनदयालजी इस विषय में अपवाद रहे और राजनीति में वरिष्ठतम स्तरों पर रहने के बावजूद उनकी दृष्टि एवं जीवन-शैली एक स्वयंसेवक की ही रही। शोध एवं विश्लेषण का विषय यह होना चाहिए कि ऐसे क्या कारण होते हैं कि राजनीति में अच्छे-से-अच्छा कार्यकर्ता भी फिसल जाता है और दीनदयालजी के ऐसे क्या गुण थे, जिनके कारण वे राजनीतिक फिसलन से बचे रहे। राष्ट्रीय स्वयंसेवक संघ के द्वितीय सर संघचालक माधवराव सदाशिव गोलवलकर (गुरुजी) से भी एक कार्यकर्ता ने प्रश्न किया था कि राजनीति में जाने से कार्यकर्ताओं में नकारात्मक परिवर्तन क्यों आ जाता है ? प्रश्न का उत्तर देते हुए गुरुजी ने कहा था कि राजनीति एक हमाम है, जिसमें सब लोग स्नान करते हैं, फ़र्श पर फिसलन होती है और जो भी अतिरिक्त सावधानी नहीं रखता, वह फिसल ही जाता है। दीनदयालजी क्यों नहीं फिसले, यह समझना महत्त्वपूर्ण है!

दीनदयालजी के राजनीति में जाने से पहले के एवं राजनीति के समय के उद्बोधनों एवं लेखों को देखें तो यह स्पष्ट होता है कि मौलिक विचार को स्थिर रखते हुए उनकी दृष्टि में लगातार विकास हुआ। परंतु राजनीतिक और गैर-राजनीतिक जीवन में वैचारिक या व्यावहारिक भेद कहीं नहीं दिखता। यदि कहा जाए कि दीनदयालजी ने वर्तमान राजनीतिक विकृतियों से न केवल अपने को दूर रखा, प्रत्युत उनकी दृष्टि भी राजनीतिक कम और सामाजिक एवं सांस्कृतिक अधिक रही। राजनीति में रहते हुए भी दीनदयालजी का वैचारिक अधिष्ठान समाजशास्त्रीय

रहा। जब वे साम्यवाद, समाजवाद एवं पूँजीवाद की तुलनात्मक व्याख्या करते हैं तो आर्थिक और राजनीतिक विश्लेषण कम होता है, परंतु इन विचारधाराओं के सामाजिक एवं सांस्कृतिक पक्ष को उन्होंने अधिक उभारा। साम्यवाद में व्यक्ति को राजनीतिक यूनिट मानने के आधार को चुनौती देते हुए, उन्होंने हर व्यक्ति के सामाजिक एवं सांस्कृतिक व्यवहार के महत्त्व पर बल दिया। पूँजीवाद में जब व्यक्ति को एक आर्थिक यूनिट मानकर चलते हैं, उसकी विवेचना दीनदयालजी ने मानव समाज की सामूहिकता में संघर्ष नहीं, परंतु सहयोग पर बल देते हुए की है। भारत के प्राचीन ग्रंथों में मानव-समाज एवं राष्ट्र की जो कल्पनाएँ बताई गई हैं, उनको आधुनिक संदर्भ में स्वामी दयानंद, स्वामी विवेकानंद, महर्षि अरविंदो एवं गुरु गोलवलकर ने वर्तमान संदर्भ में प्रस्तुत किया है। वहीं से संदर्भ लेते हुए, दीनदयालजी ने राष्ट्र की परिकल्पना का आधार न तो अर्थ को माना और न ही राजनीति को माना और सांस्कृतिक राष्ट्रवाद की परिकल्पना को विश्व के सम्मुख प्रभावी ढंग से रखा। राजनीति में रहते हुए मुख्यधारा से विपरीत विचार को प्रतिपादित करने का साहस दीनदयालजी जैसा व्यक्ति ही कर सका।

दीनदयालजी का एक विचार, जिसके विषय में बहुत कम चर्चा होती है, वह था—मानव-समाज की रचना का स्वरूप। दीनदयालजी ने मानव-समाज की पश्चिम की सभी परिकल्पनाओं को नकारते हुए बार-बार अखंड मंडलाकार रचना की बात की है। समझने के लिए यह कहा जा सकता है कि मानव-समाज की रचना का स्वरूप नाग की कुंडली से मिलता है अर्थात् भिन्न-भिन्न वृत्त नहीं हैं, परंतु लगातार निरंतर चलनेवाली वृत्ताकार रचना है और हर पल इसका आकार बढ़ता है। इस विषय को थोड़ा अधिक व्याख्या की आवश्यकता है।

मार्क्स के विचार के अनुसार, मानव-समाज एक विखंडित आपसी संबंध-विहीन भीड़ है, जिसमें एक वर्ग अपना आधिपत्य जमाने के लिए स्वार्थपूर्ण नियमावलियों एवं प्रथाओं को लागू करता है। यह ऐसा ही है, जैसे कि एक टिड्डी दल आसमान में बादल की तरह बढ़ता जाता है, दिखने में सारा झुंड एकता का भ्रम पैदा करता है, परंतु वास्तव में टिड्डों का एक-दूसरे के प्रति कोई दायित्व या भावनात्मक संबंध नहीं होता है। मरे हुए साथी को मिलकर वे खा भी लेते हैं, परंतु मानव-समाज में पारस्परिकता एवं संबंध ही मुख्य आधार हैं।

पश्चिम के समाजशास्त्री मानव समाज की एक अलग रचना प्रस्तुत करते हैं। जिसे समकेंद्रित गोलाकार रचना (कंसेंट्रिक) कहा जाता है। उनके अनुसार केंद्र में

व्यक्ति है, जिसका अपना एक आभामंडल है। उसके बाद का वृत्त परिवार का है, परिवार के बाद का गोला जाति या कुनबे का है, फिर नगर, ग्राम, प्रांत, राष्ट्र, संपूर्ण मानवता एवं सृष्टि। इस प्रकार से क्रमपूर्वक रचना को मानकर सामाजिक व्यवहार एवं अधिकारों की बात की जाती है, जिसके अनुसार व्यक्ति ही सर्वोपरि है और उसके निजी अधिकार सबसे महत्त्वपूर्ण हैं। इस रचना में विभिन्न स्तरों पर संबंधों के विकास की व्याख्या अपूर्ण एवं विकृत रूप ले लेती है। हर संबंध को व्यापार की तरह एक अनुबंध माना जाता है। पश्चिम की धारणाओं के अनुसार पति-पत्नी का संबंध, माता-पिता और बच्चों का संबंध, बहन-भाई का संबंध, सभी को अनुबंध के रूप में समझाने का प्रयास रहता है।

इस समकेंद्रित गोलाकार रचना में पश्चिम के समाजशास्त्रियों ने संशोधन किया है और विभिन्न वृत्तों में प्रवेश द्वार बनाए, जो अलग-अलग स्तर पर आदान-प्रदान के द्योतक हैं। समकेंद्रित सामाजिक रचना की सबसे बड़ी समस्या यह है कि इसमें समाज में निरंतरता के बोध का सर्वथा अभाव है। हर स्तर पर स्वतंत्र अस्तित्व को महत्त्व दिया गया है और संशोधित प्रारूप में प्रवेश द्वारों के माध्यम से उस निरंतरता का आभास दिया है। पश्चिम की इस रचना के अनुसार डार्विन के क्रमिक विकास के सिद्धांत अर्थात् 'जीने के लिए संघर्ष अनिवार्य' एवं 'शक्तिमान का ही वर्चस्व' को सामाजिक जीवन में भी लागू किया जाता है, परंतु मानव समाज की रचना का सत्य यह समकेंद्रित गोलाकार रचना प्रदर्शित करने में असफल है।

भारतीय चिंतन में अखंड मंडलाकार रचना को सृष्टि के अनेक समूहों का आधार बताया गया है और दीनदयालजी ने भी पूँजीवाद, साम्यवाद और समाजवाद को चुनौती देते हुए, इसी प्रकार की रचना की प्रस्तुति प्रभावी ढंग से की है। न केवल मनुष्य-मनुष्य में, परंतु प्राणी-प्राणी में भी निरंतर एक-दूसरे पर निर्भरता और पारस्परिक सहयोग अखंड मंडलाकार रचना के अनुसार प्रदर्शित होती है। अखंड मंडलाकार रचना अनादि एवं अनंत है। पिछले क्षण से यह क्षण अधिक समृद्ध है। संपूर्ण पुरातनता वर्तमान को प्रभावित करती हुई, अपने आधार पर ही भविष्य की रचना करती है। ऐसी अखंड मंडलाकार रचना के अनुसार, न केवल मानव समाज, परंतु संपूर्ण सृष्टि की रचना की प्रस्तुति दीनदयालजी ने बार-बार की है। आज पश्चिम के समाजशास्त्री एवं मनोवैज्ञानिक भी इसी रचना को समझने का प्रयास कर रहे हैं।

□

# 'धर्म' शब्द पर संवाद की सार्थकता

हमारी इस सृष्टि का एक शाश्वत नियम है कि सबकुछ परिवर्तनशील है। शाश्वत नियमों के अतिरिक्त। प्रकृति के इन स्थायी नियमों को ही धर्म माना गया है। प्रकृति के नियमों का पालन करना ही धार्मिक होना है। इसके अतिरिक्त धर्म में कुछ नहीं है। जो इस सृष्टि को धारण करता है, अर्थात् संसार का पोषण करता है और जीवन की सभी प्रक्रियाओं की निरंतरता को बनाए रखता है, वही धर्म है। यदि प्रकृति के नियम अपरिवर्तनीय हैं तो धर्म परिवर्तन कैसे हो सकता है, इसलिए धर्म परिवर्तन की बात करना विवेकहीनता का चिह्न है।

जहाँ प्रकृति के समस्त नियम शाश्वत एवं चिरस्थायी हैं, वहीं मनुष्य द्वारा निर्मित कुछ भी स्थायी नहीं है। मनुष्य जो बनाता है, जो सोचता है, जो करता है—सभी में बदलाव होना भी प्रकृति का एक नियम है। मनुष्य के मन को तो वैसे भी चंचल और चलायमान कहा गया है। मन का विचार हर क्षण बदलता है। मन के भावों के अनुसार विचार बदलते हैं, जोकि कभी जल्दी, कभी देर में बदलते ही हैं। मनुष्य को कभी दूज का चाँद अच्छा लगता है और कभी पूर्णिमा का, और कभी दोनों ही अच्छे लगते हैं और उदास मन के लिए दोनों ही आकर्षण खो देते हैं। विचारों की बारंबारता से और उनके प्रति रुझान होने से मन की धारणाएँ बनती-बदलती हैं। विवेकानंद के विषय में बार-बार सुनने-पढ़ने से और उनके जीवन के दृष्टांतों की जानकारी से भारतीय अध्यात्म के प्रति सकारात्मक धारणा बनती है। इसी प्रकार, विचारों के माध्यम से धारणाएँ टूटती हैं और विखंडित भी होती हैं। पिछले एक वर्ष में संपन्न चुनावों में विचारों के आधार पर देश की एक मुख्य राजनीतिक पार्टी के प्रति धारणाएँ खंडित हुईं और राजनीति में बदलाव आया।

मन और मस्तिष्क में निर्मित धारणाओं के आधार पर ही मत और विश्वास

निर्मित होता है। संस्कारों के निर्माण की भी यही प्रक्रिया है। अपने अध्यापक के विषय में सुविचार जब मन में आते हैं तो विद्यार्थी की उसके प्रति सकारात्मक धारणा बनती है। समय के अनुसार यदि वैचारिक खंडन नहीं होता है तो वही धारणा प्रेम और श्रद्धा का रूप ले लेती है। परंतु विचार हो या धारणा या विश्वास या संस्कार, बदलते भी हैं, खंडित भी होते हैं और उनका पुनर्निर्माण भी होता ही है। ये सब परिवर्तनशील हैं। परिवर्तित होते रहना ही इनकी प्रकृति है। इनके अस्तित्व का आधार है। भारतीय समाज में तो परिवर्तनों की शृंखलाओं के ही उत्सव मनाए जाते हैं।

दूसरी ओर प्रकृति के नियमों को देखें तो वे तो शाश्वत हैं। प्रकृति का एक महत्त्वपूर्ण नियम प्रकृति द्वारा निर्मित हर चीज का परिवर्तनशील होना है। जो बना है, वो बदलेगा ही और नष्ट भी होगा ही। हमें लगता होगा कि सूर्य चिरस्थायी है और अपरिवर्तनीय है। परंतु विज्ञान और अध्यात्म दोनों के अनुसार सूर्य की ऊर्जा पहले बढ़ती रही और अब कम हो रही है। प्रकृति के एक नियम की बौद्ध-ग्रंथों में अत्यंत स्पष्ट रूप से व्याख्या की गई है। पाँचवीं शताब्दी के दक्षिण भारत के बौद्ध विद्वान् नागार्जुन ने 'प्रतीत्यसमुत्पाद' का अद्वितीय विचार दिया है, अर्थात् इस सृष्टि की हर चीज शेष हर चीज से संबंधित है। यही नहीं, हर चीज शेष सृष्टि की हर चीज पर निर्भर भी है। आज का उदाहरण लिया जाए, तो यदि मनुष्य द्वारा निर्मित उद्योग पृथ्वी के वातावरण के तापमान को 0.1 डिग्री सेंटिग्रेड भी बढ़ाते हैं तो ग्लेशियर कुछ मीटर पीछे चले जाते हैं। नदियों में जल का प्रवाह बढ़ जाता है। समुद्र का तल उठ जाता है। कुछ भूमि जलमग्न हो जाती है, कुछ जीव-जंतु नष्ट हो जाते हैं। मनुष्य के लिए कुल पृथ्वी कुछ कम हो जाती है, जिससे बस्तियों का जनसंख्या घनत्व कुछ बढ़ जाता है, परिणामस्वरूप सामाजिक संबंध बदल जाते हैं। कृषि की भूमि और वनों की जमीन मनुष्य के निवास के लिए कम कर दी जाती है, पेड़-पौधों की संख्या कम हो जाती है, जिससे वनस्पति कम कार्बन डाई-ऑक्साइड लेती है और कम ऑक्सीजन बनाती है और यह प्रक्रिया चलती ही जाती है। यह निर्भरता ही धर्म का आधार है। जिसके कारण से धर्म सह-अस्तित्व, सहयोग, सद्भाव, शांति, प्रेम और अहिंसा की बात करता है। यही तो धर्म के तत्त्व हैं। विभिन्न पंथ, विश्वास और पूजा-पद्धतियाँ इन्हीं तत्त्वों को कम-ज्यादा लेकर अपना आधार बनाए हुए हैं।

इस प्रकार से इस सृष्टि की प्रकृति के कई नियम और हैं और उन नियमों को समझकर पालन करना ही धर्म है और उनका उल्लंघन करना अधर्म है। मनुष्य

के स्तर पर सोचा जाए, तो या तो धर्म के अनुसार सोच–समझ और कर्म होगा या अधर्म के अनुसार। परिवर्तन जो होगा तो धर्म और अधर्म के बीच होगा और इसके लिए कोई कानून बनाना शेखचिल्ली का सपना ही है।

प्रश्न यह है कि आखिर इतना विवाद धर्म के नाम पर क्यों है? लगता है कि यह अज्ञान के कारण ही है। धर्म की वास्तविकता की नासमझी के कारण है। मन के विचार स्वयं भी बदल सकते हैं और कोई दूसरा भी विचारों को बदलने का प्रयास कर सकता है। परंतु क्या विचार बदलने पर कानून के द्वारा प्रतिबंध लगाया जा सकता है? विचार धारणाओं का निर्माण करते हैं, धारणाएँ स्वयं भी बदलती हैं और अन्यों के प्रभाव से भी बदल सकती हैं। क्या धारणाओं के परिवर्तन को संसद् के अधिनियम के द्वारा प्रतिबंधित किया जा सकता है? धारणाओं के आधार पर विश्वास बनते हैं, जिनको भी दूसरों द्वारा प्रभावित किया जा सकता है।

एक बच्चा परिवार के संस्कारों के अनुसार शिवभक्त है। युवा होने पर वह साथ–ही–साथ काली का भक्त भी हो जाता है और बड़ा होने पर वर्तमान धर्मनिरपेक्ष शिक्षा के प्रभाव में उसका विश्वास डाँवाँडोल हो सकता है। प्रौढ़ अवस्था में किसी संत पुरुष के प्रभाव में वह निर्गुण का उपासक बन सकता है। क्या इस परिवर्तन पर रोक लगाई जा सकती है?

जिस तथाकथित 'धर्म' की हम बात करते हैं, वह वास्तव में एक पंथ है या एक बड़े समूह का विश्वास है या एक महापुरुष में विश्वास है या फिर एक विशेष पूजा–पद्धति के प्रति समर्पण है। हर मनुष्य स्वतंत्र है कि वह क्या करे या कुछ न करे। इसी प्रकार हर पंथ और हर मनुष्य स्वतंत्र है कि वह अपने विश्वास की चर्चाएँ अन्य मनुष्यों से करे। इसी प्रकार अपने विचार, धारणा और मत को अधिकतम लोगों तक पहुँचाना भी मानव समाज की एक अनिवार्य प्रवृत्ति है। साम्यवादियों ने अपना विस्तार किया और समाजवादियों ने भी अपना प्रभाव क्षेत्र बढ़ाया। राष्ट्रवादी संस्थाएँ भी अपने समूह को विस्तृत करने में प्रयत्नशील रहीं। बौद्ध मत ने अपने विश्वासों को आम जन तक पहुँचाने के लिए भिक्षुओं को पूरे संसार में भेजा। अन्य पंथों ने भी यह कार्य किया। कुछ ने शक्ति का प्रयोग किया और छल–कपट का भी प्रयोग किया। मूल प्रश्न यह है कि अपने विश्वास को प्रचलित करने के लिए किसने धर्म किया और किसने अधर्म किया? शक्ति, लालच, छल–कपट का प्रयोग करना निश्चित ही अधर्म है, जिसको सभ्य और विकसित समाज नकारता है और इसका विरोध भी करता है। यदि समाज के व्यक्ति विवेकशील हैं तो वे इन प्रलोभनों के

चक्कर में नहीं आते और शक्ति, छल-कपट का भी मुकाबला करते हैं।

एक और विषय महत्त्वपूर्ण है। मनुष्य को विकसित और सभ्य तब माना जाता है, जब वह उपलब्ध विकल्पों में से श्रेष्ठ को पहचानने और अपनाने में सक्षम हो। प्रकृति का नियम अर्थात् धर्म है कि सभी विकल्प उपलब्ध हों और मनुष्य को अपने विवेक के अनुसार श्रेष्ठतम विकल्प चुनने की स्वतंत्रता हो। इस चुनाव में छल-कपट, डर और दबाव न होना ही एक सभ्य और विकसित समाज की पहचान है। महाभारत में दुर्योधन और अर्जुन के संवाद में दुर्योधन मानता है कि उसकी प्रवृत्ति अधर्म की है और कृष्ण और भीम जैसे महापुरुष भी उसका मत परिवर्तन नहीं कर पाए थे। हमारी बहुत बड़ी भूल यह हुई है कि हमने मत, संप्रदाय और पूजा-पद्धति को धर्म का नाम दे दिया। इसमें अंग्रेजी भाषा की भी भूमिका है। जैसे 'रिलिजन' शब्द धर्म का पर्याय न होते हुए भी उसे हमने भारतीय शब्द धर्म के स्थान पर प्रयोग करना प्रारंभ किया और न केवल धर्म शब्द का वास्तविक अर्थ भूल गए, हमारा समाज धर्म विमुख भी हो गया।

1974 में जब इंदिरा गांधी ने भारत के संविधान की प्रस्तावना में 'सेकुलरिज्म' शब्द डाला तो हिंदी में धर्मनिरपेक्ष शब्द का प्रयोग नहीं हुआ, बल्कि पंथनिरपेक्ष शब्द डाला गया। इस प्रकार इस मान्यता को बल मिला कि धर्म एक विशाल दर्शन है, जबकि पंथ उसका सीमित और कभी विकृत रूप है। हमने तो सनातन धर्म, जिसमें आस्थाएँ और पूजा-पद्धतियाँ केवल सूक्ष्म भाग हैं, को भी पंथों और मतों के समान मानकर भयंकर भूल की है।

आज जब हम पंथ, मत या पूजा-पद्धति पर विमर्श करते हैं तो धर्म शब्द का दुरुपयोग नहीं करना चाहिए। बल्कि इस विचार का अधिकतम प्रचार-प्रसार होना चाहिए कि प्रकृति के विज्ञान आधारित नियमों को मानना तो हर मनुष्य का कर्तव्य है। मत, पंथ या पूजा-पद्धति कोई भी हो सकती है।

□

# संस्कृति ही राष्ट्रत्व का आधार

भगवद्गीता के अध्याय 4, श्लोक 7 तथा 8 में इस संसार में एक सीमा से अधिक अधर्म के बढ़ने की स्थिति में अवतार के द्वारा पुन: धर्म की स्थापना करने के सिद्धांत का उद्घोष किया गया है। श्रद्धालु इस वक्तव्य पर विश्वास करके आशावान बने रहते हैं। शंकालु कई प्रकार के प्रश्न करते हैं। परंतु श्रद्धालु हो या अविश्वासी सहज रूप से जिज्ञासा तो जागती ही है कि कब माना जाए कि धर्म की स्थापना हो गई है और किन परिस्थितियों में यह तय माना जाए कि अधर्म एक सीमा से बढ़ गया है, क्योंकि सभी को अवतारी पुरुष के अवतरण की प्रतीक्षा रहती है। यह मनुष्य की स्वाभाविक प्रवृत्ति है। वह हिंदू हो या किसी अन्य विश्वास का अनुयायी, दुष्ट और राक्षस प्रवृत्ति का व्यक्ति भी समाज के भले की कामना हृदय के किसी-न-किसी कोने में करता ही है। गहन अध्ययन, विश्लेषण और मंथन से अनुभूति होती है कि सांस्कृतिक राष्ट्रत्व की अनुपस्थिति ही अधर्म है।

कोई ऐसा लिटमस टेस्ट तो है नहीं, जिसके उपयोग से कहा जाए कि अमुक समाज में अमुक दिन धर्म या अधर्म की स्थापना हो गई। ऐसा लगता है कि प्रकृति ही निर्णय करती है कि कब पाप का घड़ा भर जाएगा और मानव के जीवन में हस्तक्षेप करने की आवश्यकता है। इन्हीं प्राकृतिक प्रक्रियाओं के माध्यम से एक या अधिक ऐसे देवपुरुष मानव जीवन में आते हैं, जो सुंदर मानव समाज की दीर्घकालीन चलनेवाली रचना करते हैं।

दर्शन का भी प्रश्न है और व्यावहारिकता की भी जिज्ञासा है कि धर्म-अधर्म की व्याख्या कैसे की जाए। कई विद्वानों, दार्शनिकों, महापुरुषों, अवतारी पुरुषों ने अनेक रूपों में यह व्याख्या की है, परंतु साधारण बुद्धि में धर्म-अधर्म की कसौटी स्पष्ट नहीं है। वर्तमान युग में तो किसी पुस्तक या किसी पुरुष के द्वारा कही गई

तथाकथित बातों को धर्म मान लिया जाता है। मंदिर, मसजिद या चर्च में नियमित रूप से जाना ही क्या धर्म की स्थापना है? पूजा स्थलों पर न जाना, परंतु सदाचार का पालन करना क्या अधर्म है? यहाँ तक कि जेहाद और क्रूसेड के नाम पर नरसंहार करने को भी धर्म की स्थापना करने की मान्यता अनेक समुदायों में है। साधारण बुद्धि के किसी भी विश्वास के व्यक्ति को यह जमता नहीं है। यह भी समझ नहीं आता कि संख्यात्मक प्रजातंत्र धार्मिक है या समाजवाद या साम्यवाद धर्म का लक्षण है। महात्मा गांधी ने तो शासन रहित राज्य को ही धर्म माना था। इसलिए जब हम किसी भी समाज जीवन की बात करें तो समाज में क्या करने योग्य है, अर्थात् धर्म क्या है और क्या नहीं करना, अर्थात् क्या अधर्म है, इनकी विस्तृत और स्पष्ट समझ होना आवश्यक लगता है।

बदरीशाह दुलधरिया ने सन् 1921 में दैषिक शास्त्र नाम की पुस्तक लिखी थी, उससे संदर्भ लेकर धर्म-अधर्म की व्याख्या कुछ समग्र एवं स्पष्ट दिखती है। मनुष्य की शासनिक स्वतंत्रता को लेखक ने धर्म माना और परतंत्रता की जो उनकी व्याख्या है, उसे अधर्म को समझने का साधन मिलता है।

अधर्म की स्थिति तीन परिस्थितियों के संयोग से बनती है—

## 1. समष्टिगत तामस

समाज की बुद्धि में क्रमशः इतना परिवर्तन हो जाता है कि हर सोच, हर व्यवहार और हर नीति प्रकृति के नियमों के विरुद्ध हो जाते हैं। समस्त चेष्टाएँ विपरीत दिशा में ही जाती हैं, जिनके कारण से दुष्ट प्रवृत्तियों के मनुष्यों का अभ्युदय होता है। हर क्षेत्र में प्रकृति विपरीत स्वभाव के मनुष्यों का ही बोलबाला होता है। केवल शासन तंत्र ही आसुरी प्रवृत्तियों के हाथ में नहीं जाता, परंतु समाज, शिक्षा और धर्म के क्षेत्र में भी ह्रास होता है। दुर्जन सम्मान पाते हैं और सज्जनों का अपमान और अवहेलना होती है। प्रकृति के अनुकूल व्यवहार रखनेवाले अपराधी होते हैं और सृष्टि को हानि पहुँचाने वाले कार्य पुरस्कृत होते हैं। अन्यायी राजतंत्र स्वीकार्य रहता है और विवेकशील पुरुष और स्त्री हाशिए पर आ जाते हैं।

सामाजिक संवाद में असत्य की स्वीकार्यता बढ़ती है, अपशब्दों का प्रयोग मान्य हो जाता है और संबंधों का आधार स्वहित ही रह जाता है। पारिवारिक रचनाएँ टूटना प्रारंभ होती हैं। व्यापार में लाभ के स्थान पर अत्यधिक लोभ ही उद्देश्य बन जाता है। जीवन के लिए आवश्यक उपभोग की वस्तुएँ गौण हो जाती हैं, परंतु

कृत्रिम आवश्यकताएँ जाग्रत् की जाती हैं। संपन्नता और दिखावा मान-सम्मान का मापदंड बन जाता है। सेवा का भाव नौकरी में बदल जाता है। कार्य-कुशलता और कार्य-संस्कृति में गिरावट आती है। समाज में वरिष्ठ नागरिकों का अपमान एवं उद्दंड युवा शक्ति का प्रभामंडल बढ़ता है। विभिन्न समाजों और देशों में युद्ध की स्थितियाँ लगातार बनती रहती हैं। नरसंहार एवं प्रकृति का विनाश निरंतर होता है। धर्मांधता तो बढ़ती ही है, परंतु धर्म में आध्यात्मिकता का स्थान आडंबर एवं कर्मकांड ले लेता है। आवश्यकता से अधिक जन संचय आत्म जीवन का उद्देश्य बनता है, जिससे वंचित वर्ग की संख्या में वृद्धि होती जाती है। ऐसी समष्टिगत स्थितियाँ अधर्म के लक्षण भी हो सकते हैं एवं कारण भी।

## 2. सत्संस्कारों का अभाव

जब समाज में आसुरी प्रवृत्तियाँ अधिक प्रचलित एवं प्रभावशील हो जाती हैं तो नवांगतुक बच्चों का पालन-पोषण भी दूषित हो जाता है। कई समाजों में तो पितृ-ऋण अर्थात् संतान उत्पन्न करना ही स्वभाव में नहीं रहता, क्योंकि बच्चों को पालने के लिए जो श्रम होता है, उससे डर लगता है। माता-पिता को बच्चे पालने का समय नहीं है या बहुत कम रहता है और भाड़े की माताएँ नौकरी की तरह माँ का कार्य संपन्न करती हैं। या फिर बच्चे सामूहिक रूप से पालने का कार्य सम्मानजनक हो जाता है। देखकर और अनुभव करके बच्चों को जो संस्कार आते हैं, उसमें सत्य का पालन, ईमानदारी और सदाचार का अभाव रहता है। अधर्म के लक्षण के अनुसार संस्कार देने की भूमिका में वेतन पानेवालों की संख्या और प्रभाव बढ़ जाती है। बचपन में ही सहयोग, सहभागिता एवं सदाचारी होने के लिए नकारात्मक भाव बना दिए जाते हैं। प्रारंभिक काल के संस्कार ही ऐसे दिए जाते हैं, जिनमें अधिकारों के प्रति अधिक चेतना और कर्तव्यों का बोध कम-से-कम रहता है। वैचारिक कट्टरता चरम सीमा तक पहुँच जाती है और कम उम्र के बच्चों के संस्कार भी ऐसे हो जाते हैं कि वे संहार करने के लिए आत्महत्या करने के लिए तत्पर रहते हैं। धर्म का वातावरण न होने के कारण समाज की संपत्ति का विनाश करने में शौर्य और बहादुरी का भाव बनता है। शिक्षा कुछ सीखने और आत्मजागृति के स्थान पर रोजगार कमाने का एक फूहड़ सा माध्यम बन जाती है।

अधर्म का एक बड़ा लक्षण स्त्री-पुरुष के संबंधों में इस प्रकार से दिखता है, जहाँ व्यभिचार को पाप या अपराध मानने की प्रवृत्ति क्षीण हो जाती है। पुरुष

के लिए हर स्त्री ही उपभोग की वस्तु दिखती है एवं हर स्त्री को पुरुष का सहारा जीवन में शारीरिक एवं भौतिक आनंद ही समझ में आता है। संस्कारों में भाई-बहन, बंधुत्व, बड़ा-छोटा, गुरु-शिष्य, राजा-प्रजा जैसे संबंधों में अनेक विकृतियाँ हो जाती हैं। कुल मिलाकर कुसंस्कारों एवं संस्कारविहीनता का प्रचलन धर्मविहीन समाज में विकास का सूचक माना जाता है।

## 3. विपरीतार्थी राज्य

बदरीशाह दुलधरिया ने एक अत्यंत महत्त्वपूर्ण मार्गदर्शन किया है। उनके अनुसार यदि समाज में समष्टिगत तामस का प्रभात्र है और सत्संस्कारों का अभाव है तो भी अधर्म की प्रभावशीलता को रोका जा सकता है, बशर्ते कि राजा अर्थात् शासक राजधर्म का पालन करे। परंतु जब अधर्म का राज होता है तो प्रशासन की प्रवृत्तियाँ प्रजा के हित में न होकर उसे दीन और हीन बनाने की रहती है। नागरिक के जीवन में अत्यधिक हस्तक्षेप राज्य करता है। न्याय व्यवस्था बाहुबलियों के पक्ष में हो जाती है।

राजा पाप और पुण्य में भेद करने के लिए अक्षम हो जाता है। सामाजिक जीवन में प्रकृति की अनुकूलता समाप्त करके उसमें बनावटी साधनों के द्वारा प्रतिकूलता ही राज्य का उद्देश्य बन जाता है। मनुष्य की मौलिक आवश्यकताओं की पूर्ति करना राज्य भूल जाता है, परंतु राज्य के संसाधनों का उपयोग धनाढ्य वर्ग के नियंत्रण में हो जाता है। आम नागरिक को स्वतंत्रता का भ्रम उत्पन्न करके उसकी सोच, उसके अधिकारों और उसके जीवन पर अधिक-से-अधिक नियंत्रण करने को ही सुशासन मान लिया जाता है। राज्य के नियम यदि न्याय और प्रकृति के प्रतिकूल भी हों तो भी उनका पालन विधिवत् होता है और उल्लंघन दंडनीय। विद्वान् एवं ज्ञानी पुरुष-स्त्रियों से श्रमिक के कार्य करवाएँ जाते हैं एवं विवेकहीन एवं कौशलहीन वर्ग शासन के निर्णायक रहते हैं। दलित एवं वंचित वर्ग के प्रति शासन के दायित्वों की उद्घोषणा तो बहुत होती है, परंतु राजकीय कार्य-प्रणाली इस प्रकार बनती है कि वंचित और संपन्न में भेद बढ़ता ही जाए। विरोध के स्वर को राजा के प्रति अपराध मानकर कठोर दंड दिए जाने का प्रावधान रहता है। एक बड़ा विशेष वर्ग प्रचार के माध्यम से कुशासन को कुशल शासन के रूप में प्रस्तुत करने का सामाजिक संवाद उत्पन्न करता है। जन संवाद के नए-नए साधन उत्पन्न होते हैं, परंतु उनका उपयोग अधार्मिक प्रवृत्ति को स्वीकार्य करवाने में होता है। भ्रष्टाचार

के माध्यम से आर्थिक लूटमार, सामाजिक व्यभिचार और सांस्कृतिक दुराचार बढ़ता है। समाज के संसाधनों को समाज से बाहर रखने का प्रचलन विधिसम्मत न होते हुए भी बढ़ता ही जाता है। प्रजा का शोषण अविकास की स्थितियों एवं आम नागरिक का कष्टमय जीवन यह सब भी अधर्म के लक्षण भी है एवं कारण भी।

अनेक विद्वानों ने धर्म और अधर्म के व्यावहारिक रूप को एक और तरह से भी प्रस्तुत किया है। ऐसा माना जाता है कि किसी भी समाज में चार सत्ताओं का होना अनिवार्य है—

1. राजसत्ता
2. आर्थिकसत्ता
3. ज्ञानसत्ता
4. धर्मसत्ता

वर्तमान युग में जनसंचार के माध्यमों के बढ़ते हुए प्रभाव को देखते हुए, मीडिया को भी एक सत्ता अर्थात् पाँचवीं सत्ता माना जाता है।

यह बात तो सत्य है कि समाज में सभी सत्ताओं का होना अनिवार्य है, अन्यथा व्यवस्थाएँ नहीं चल सकतीं। व्यवस्थाओं के लिए शासन व्यवस्था तो चाहिए ही, आर्थिक व्यवस्थाएँ भी जीवन के लिए अनिवार्य हैं, ज्ञान अनिवार्य है, क्योंकि वह ही तो मनुष्य को पशु से भिन्न रूप देता है और धर्म तो मनुष्य को प्रकृति के अनुकूल चलाते हुए उत्थान के मार्ग पर ले जाता है। परंतु किसी भी समय कौन सी सत्ता का प्रभाव सर्वोच्च शिखर पर है, वह इस पर निर्भर करेगा कि समाज में धर्म की व्यवस्था है या अधर्म की।

राजसत्ता का अधिक प्रभाव होने से तानाशाही की स्थितियाँ पैदा होती हैं और समाज का या व्यक्ति का विकास अवरुद्ध होता है। वैसे भी एक व्यक्ति या छोटे समूह का समाज की व्यवस्थाओं पर एकमात्र नियंत्रण होना प्रकृति के नियमों के प्रतिकूल है। प्रकृति का सिद्धांत तो सबकी सहभागिता और सहयोग का है। इसलिए जिस समाज में राजसत्ता बाकी तीन सत्ताओं से अधिक शक्तिशाली हो, वहाँ अधर्म का बोलबाला क्रमशः होना अनिवार्य है। ऐसा भी कहा जा सकता है कि अधर्म की सत्ता होने पर राजसत्ता अधिक शक्तिशाली होती है।

जब समाज में धन, संपत्ति और संपदा के आधार पर व्यवहार एवं व्यवस्थाएँ बनें तो भी अर्थसत्ता अधिक शक्तिशाली होती है और अज्ञान और अधर्म की वृद्धि होती है। चार पुरुषार्थ—धर्म, अर्थ, काम, मोक्ष में भी अर्थ के अत्यधिक प्रभाव के

कारण कामनाएँ बढ़ती हैं और कामनाएँ बढ़ती हैं तो धर्म लुप्त होता है और मोक्ष का प्रयास तो संभव ही नहीं रहता। बहुत गंभीर अधर्म की स्थिति उत्पन्न होती है, जब आर्थिकसत्ता और राजसत्ता का आपसी सहयोग हो जाता है। आर्थिकसत्ता ही राज सत्ता को नियंत्रित कर लेती है और आर्थिक संपन्न व्यक्ति ही शासक का रूप ले लेता है। पूर्ण रूप से अधार्मिक परिस्थितियाँ उत्पन्न हो जाती हैं।

ज्ञानी और विवेकशील व्यक्ति जब सत्ता में आते हैं तो मनुष्य अपने प्राकृतिक प्रवृत्तियों की ओर उन्मुख होते हैं। धन का लोभ नहीं रहता, जीवन का उद्देश्य सत्ता प्राप्त करना या अधिक-से-अधिक धनाढ्य बनाना नहीं रहता, बल्कि ज्ञान भक्ति और योग के माध्यम से मोक्ष की प्राप्ति करना ही जीवन का उद्देश्य बन जाता है।

अत्यंत सुंदर एवं ईश्वरीय परिस्थितियाँ बनती हैं, जब समाज में धर्म के अनुसार व्यवस्थाएँ बनती हैं। क्योंकि धर्म, पूजा-पाठ, कर्मकांड या किसी एक पुस्तक का अक्षरशः पालन करना नहीं है। इसके विपरीत, इस सृष्टि की जो मूल प्रकृति है, उसके अनुसार और अनुकूल चलने को ही धर्म व्यवस्था कहा जाता है। इसलिए जब समाज में धर्म आधारित दर्शन का वर्चस्व स्थापित होता है तो राजसत्ता और अर्थसत्ता की शक्ति तो न्यूनतम हो जाती है, मनुष्य की वास्तविकताओं को समझकर नर से नारायण बनाने की प्रवृत्तियाँ ही समाज रचना का आधार एवं मुख्य उद्देश्य बन जाती हैं।

इसलिए कृष्ण, अर्जुन के माध्यम से पूरी मानवता को संदेश देते हुए दिखते हैं कि क्यों अधर्म सृष्टि का विनाशक है, इसलिए अधर्म को एक सीमा से अधिक बढ़ने से रोकने के लिए अवतार के रूप में महापुरुष का आना अनिवार्य है। इसलिए महापुरुष हर उस समय आते हैं, जब-जब अधर्म का घड़ा भर जाता है।

विद्वतजनों के चिंतन और मनन का विषय यह निकलता है कि ऐसी सामाजिक, राजनीतिक एवं आर्थिक व्यवस्थाएँ कैसे बनें, जिनसे मानव समाज में प्रकृति के प्रति अधिक-से-अधिक अनुकूलता बने। यह अनुकूलता दीर्घकालीन रहे, प्रकृति से प्रतिकूलता अर्थात् अधर्म को प्रतिस्थापित होने से रोका कैसे जाए और यदि अधर्म जम जाए तो उसका उपाय क्या किया जाए? इन प्रश्नों के उत्तर खोजते हुए, विद्वान् राष्ट्रीय व्यवस्थाओं का चिंतन करते हैं। वर्तमान में दार्शनिक एवं व्यावहारिक पक्ष पर दो प्रचलित व्यवस्थाएँ भिन्न-भिन्न रूप में मानव समाज में दिखती हैं।

पूँजीवाद व्यवस्था का आधार अर्थ है एवं हर मानव को एक उपभोक्ता के रूप में देखा जाता है। सभी व्यवस्थाएँ मानव के उपभोग की अधिक-से-अधिक

पूर्ति करने के साधन निर्माण करती हैं। आवश्यकताएँ बढ़ती जाती हैं, बढ़ाई जाती हैं और वस्तुओं का निर्माण विक्रय एवं विपणन की अर्थव्यवस्था समाज की मुख्य एवं सर्वोच्च सत्ता बन जाती है। क्योंकि मानव संवेदनशील है और समझता है कि मनुष्य केवल उपभोक्ता नहीं है, इसलिए पूँजीवादी व्यवस्था में विभिन्न अनुपातों में सामाजिक दायित्व का समावेश हुआ है। यूरोप के कुछ देशों में कल्याणकारी राज्य (वेलफेयर स्टेट) का प्रचलन बढ़ा है। जब राज्य हर मनुष्य के जीवनयापन के साधनों का दायित्व अपने ऊपर ले लेता है, सुखद स्थितियाँ बनती हैं, परंतु हर मनुष्य की आधारभूत पहचान उपभोक्ता की ही रहती है। पूँजीवाद का विपरीत दर्शन एवं व्यवस्था साम्यवाद की है, जिसमें हर मनुष्य को सत्ताशील माना जाता है और समाज की सामूहिक सत्ता को राज्य मानने की कल्पना रहती है। मूल भाव सबकी सहभागिता और सबके सहयोग का ही है। हर नागरिक के अधिकार भी हैं, परंतु उनसे अधिक उसके कर्तव्य होने का भी आभास रहता है। पूँजीवाद में देश की संपत्ति पर नागरिकों के बिखरे हुए अधिकार का प्रचलन रहता है तो साम्यवादी व्यवस्था में सभी संसाधन राज्य की संपत्ति माने जाते हैं और आवश्यकता होने पर अनुमति अनुसार नागरिक उनका उपयोग कर सकते हैं। पिछली कुछ सदियों में साम्यवादी व्यवस्थाओं के प्रयोग अनेक देशों में हुए, परंतु व्यावहारिक रूप से सामूहिक सहयोग एवं सामूहिक दायित्व जो साम्यवाद की आत्मा है, कहीं सफल नहीं हो पाए। साम्यवाद को स्थापित करने के लिए रूस और चीन में विशाल नरसंहार भी हुए, परंतु उन सभी देशों में जिन्होंने अपने को साम्यवादी घोषित किया। वर्तमान में घोषित या अघोषित रूप से उन्होंने साम्यवादी स्थितियों को निस्तेज करके कुछ-न-कुछ वैकल्पिक रचनाएँ, जो पूँजीवाद की गंध देती हैं, को अपनाया है।

परंतु एक विकट त्रासदी पूरे मानव समाज के सम्मुख इस वक्त उपस्थित है, क्योंकि न तो पूँजीवाद और न ही साम्यवाद और न ही इनके मिश्रित रूप जैसे समाजवाद इत्यादि मानव समाज की समस्याओं के पूर्ण हल निकालने में सफल हुए हैं। हर व्यवस्था में असंतोष एवं अतृप्ति का भाव है। जब पूँजीवाद और साम्यवाद की वैकल्पिक व्यवस्थाओं पर मंथन होता है तो हजारों वर्ष पूर्व भारत में जिस अत्यंत श्रेष्ठ संस्कृति का निर्माण हुआ था, उसकी व्यवस्थाओं की ओर सहज ही ध्यान जाता है। इसी संदर्भ में धर्म और अधर्म के विषय भी उभरते हैं, जिनकी विस्तृत व्याख्याएँ हुई हैं और कृष्ण ने उसका उपाय भी बताया है। धर्म की स्थापना करना अर्थात् क्या करना? अधर्म का विनाश करना तो कैसे करना? इन प्रश्नों के उत्तर

ढूँढ़ते हैं तो भारतीय ज्ञान परंपरा स्पष्ट रूप से मार्गदर्शन करती है कि मनुष्य प्रकृति का ही अंग है, इसलिए वह प्राकृतिक ही बना रहे और प्रकृति के अनुसार ही चले।

भारत के प्राचीन ज्ञान ग्रंथों में वेद पुराण, उपनिषद्, रामायण, महाभारत आदि सभी में एक विषय तो स्पष्ट उभरता है कि मनुष्य उपभोक्ता नहीं है। मनुष्य के जीवन का उद्‌देश्य किसी भी प्रकार की सत्ता प्राप्त करना है। मनुष्य के हाथ और मस्तिष्क की रचना ऐसी है कि वह औजार, हथियार एवं यंत्र बना भी सकता है और प्रयोग भी कर सकता है, जो इस सृष्टि के अन्य जीव-जंतु नहीं कर सकते हैं। परंतु मूल रूप से मनुष्य केवल मात्र यंत्र निर्माता नहीं है। आज के सर्व प्रचलित विश्वास के अनुसार प्रौद्योगिक मनुष्य सर्वशक्तिमान है और ऐसी भी कल्पना की जाती है कि यंत्र मनुष्य को अपना दास बनाकर उस पर नियंत्रण करेंगे। वेद आधारित दर्शन में मनुष्य के जीवन में प्रौद्योगिकी को न्यूनतम महत्त्व दिया गया है। मूल रूप से मनुष्य को बौद्धिक और सांस्कृतिक प्राणी माना गया है और उसके जीवन का उद्‌देश्य भी बौद्धिक विकास का है। भारतीय ज्ञान परंपरा से प्रभावित अनेक विद्वानों ने बारंबार मत प्रकट किया है कि मनुष्य आध्यात्मिक प्राणी है।

बुद्धि का विकसित रूप मनुष्य को प्राप्त होने के कारण मनुष्य शारीरिक आनंद के लिए अनेक भौतिक रचनाएँ कर सकता है और उसने की भी हैं। महाभारत में तो इसके अनेक उदाहरण मिलते हैं। मनुष्य बुद्धि का प्रयोग करके शेष समाज पर एकमात्र नियंत्रण भी बना सकता है। रावण ने यही किया था। भौतिक विकास एवं सत्ताशील बनना मनुष्य की बुद्धि का एक परिणाम रहता है। आज के पश्चिम का दर्शन चाहे वह पूँजीवाद का कोई रूप हो या साम्यवाद का भौतिक उत्थान एवं सत्ता की प्राप्ति और विभाजन के चारों ओर घूमता है। भारत की ज्ञान परंपराएँ भौतिक वस्तुओं तथा अर्थ एवं राजनीतिक सत्ता को मानव जीवन के लिए अनिवार्य तो मानती हैं, परंतु केवल यही है, इस बात का वे तीव्र विरोध करते हैं। पुरुषार्थ हो तो चारों हों, केवल अर्थ और काम से मानव का जीवन नहीं चलना चाहिए। बुद्धि का प्रयोग प्रकृति को समझने और उसके अनुसार जीवन बनाने का भी हो सकता है और यही भारतीय संस्कृति का एक मुख्य स्तंभ है। ऋषियों-मुनियों ने ज्ञान मार्ग पर चलते हुए ऐसी बौद्धिक क्षमताएँ विकसित की हैं, जिनसे वे प्रकृति के रहस्यों की अनुभूति कर लेते थे। अणु की रचना का ज्ञान, उनको बिना किसी प्रयोगशाला के हो गया था। मानव-शरीर की रचना, कार्य-पद्धति, व्याधियाँ और उनका निवारण भी प्राचीन भारतीय संस्कृति में भलीभाँति समझ लिया गया था। चूँकि बुद्धि विकसित

होती है, तो अर्थ और काम की कामनाएँ शून्य हो जाती हैं या क्षीण हो जाती हैं। बुद्धि का प्रयोग करके मनुष्य समाज में कई प्रकार की वैचारिक एवं भौतिक रचनाएँ भी करता है। इन्हीं रचनाओं को संस्कृति कहा जाता है। एक बुद्धि प्रकृति के नियमों के विरुद्ध रचनाएँ करती हैं और दूसरी बुद्धि प्रकृति सम्यक् रचनाएँ करती है। दुर्भाग्य से दोनों रचनाओं को संस्कृति मान लिया जाता है। भारतीय ज्ञान परंपरा में पहली को अपसंस्कृति और दूसरी को संस्कृति कहा जाता है। परंतु मनुष्य की बुद्धि और मन केवल रचनाओं तक सीमित नहीं रहते, उनका मन और बुद्धि तो शोधपरक हैं। बुद्धि इस प्रश्न का भी उत्तर देती है कि यह मनुष्य क्या है, कौन है, कहाँ से आया और कहाँ जाएगा? इन्हीं कारणों से ऋषियों-मुनियों ने वर्षों के अन्वेषण के बाद निष्कर्ष निकाला कि मनुष्य की रचना केवल मात्र शरीर, मन और बुद्धि से नहीं है, परंतु मनुष्य इस सृष्टि का एक अत्यंत सूक्ष्म प्राणी है, जिसमें वही चेतना विद्यमान है, जो सृष्टि के अन्य जीव-जंतुओं और वनस्पतियों में है। यहाँ तक माना जाता है कि चेतना इन जड़ पदार्थों में भी है, भले ही वह सुप्त अवस्था में है। मनुष्य के संदर्भ में इस चेतना को आत्मा कहा गया है और मनुष्य के जीवन का उद्देश्य यह माना गया है कि आत्मा को मुख्य चैतन्य के साथ मिलाना ही मानव के जीवन का उद्देश्य है, जिसकी मोक्ष प्राप्ति, निर्वाण की प्राप्ति आदि कई शब्दों में व्याख्या की गई है। प्रकृति के नियमों के अनुसार संस्कृति का निर्माण एवं उनके नियमों के अनुसार सामाजिक रचनाएँ ही सांस्कृतिक राष्ट्रत्व की व्याख्या कहलाती हैं।

इस सृष्टि की एक विशेषता मनुष्य जानते हुए भी समझ नहीं पाता, वह है विविधता एवं अनेकता। एक पेड़ पर हजारों पत्ते होते हैं, परंतु एक समान होते हुए भी कोई दो पत्ते एक जैसे नहीं होते। करोड़ों मनुष्य हैं, परंतु कोई दो मनुष्य शत-प्रतिशत एक जैसे हों, यह संभव नहीं है। अनेक नदियाँ हैं, परंतु हर नदी की अपनी ही विशेषता है। कुछ भी केवल एक नहीं है, परंतु एक न होते हुए भी पूरी सृष्टि में एकात्म भाव अवश्य है। पेड़ के पत्ते में विभिन्नता होते हुए भी उनको जल एवं भोजन एक ही पेड़ से प्राप्त होता है और हर पत्ता भोजन बनाकर पेड़ को ही प्रदान करता है। भारतीय ज्ञान परंपरा सिद्ध करती है कि मानव में विभिन्नता एवं अनेकता होते हुए भी सब में एकरूपता का भाव अवश्य ही होता है। मानव होना ही सबको आपस में जोड़ता है, परंतु हमारे ऋषियों-मुनियों ने सिद्ध किया है कि एक विराट् परमात्मा का अंश हरेक मनुष्य में है, जिससे एकात्मता का सृजन होता है। जब मनुष्य की सोच इस एकात्म भाव के आधार पर बनती है और वह अपनी पहचान

उसी परमात्मा के एक अंश के रूप में समझता है तो इस पहचान के कारण एकात्म राष्ट्रत्व की रचना होती है।

बौद्ध विद्वान् नागार्जुन ने इसी एकात्मता को 'प्रतीत्यसमुत्पाद' की शब्दावली में समझाया है। इसके दो अर्थ हैं—एक तो इस सृष्टि में हर कुछ-हर कुछ से जुड़ा हुआ है। दूसरा यह कि सबकुछ एक-दूसरे पर निर्भर है। पृथ्वी का तापमान 0.1 बढ़ता है तो ग्लेशियर अधिक पिघलते हैं, ग्लेशियर अधिक पिघलते हैं तो नदियों में पानी बढ़ता है, नदियों में पानी बढ़ता है तो समुद्र का जल स्तर ऊँचा हो जाता है, जिससे कुछ भूखंड पानी में डूब जाता है और वहाँ के जीव-जंतु एवं वनस्पति समाप्त हो जाती है। यह निर्भरता एवं जुड़ाव लगातार हजारों-करोड़ों वर्ष चलते हैं। जब हम एक पेड़ को काटते हैं तो वायुमंडल में ऑक्सीजन कुछ मात्रा में कम होती है और इसके अनेक परिणाम देखने को मिलते हैं।

जब मानव-समाज के जीवन का आधार इस विश्वास पर होता है कि हम अकेले नहीं हैं, सृष्टि की हर वस्तु हमसे जुड़ी हुई है। हम भी उस पर निर्भर हैं और वह भी हम पर निर्भर है तो एक भिन्न प्रकार कि सामाजिक रचना होती है, जिसे सांस्कृतिक राष्ट्रत्व कहना चाहिए। इसे राष्ट्रवाद नहीं कहना चाहिए, क्योंकि यह कोई संकुचितवाद नहीं है, यह तो पृथ्वी का रहस्य है। इसी सांस्कृतिक राष्ट्रत्व को स्थापित करना न केवल राज्य का धर्म है, परंतु अर्थसत्ता, ज्ञानसत्ता और धर्मसत्ता भी इसी को प्राप्त करने के लिए संकल्पित हों।

□

# बौद्धिक योद्धाओं के प्रणेता दीनानाथजी बत्रा

सनातन भारतीय जीवन-दर्शन वैसे तो सरल, सहज और आसानी से ग्राह्य है, परंतु सदियों के बौद्धिक क्षरण के कारण हिंदू मानसिकता पर इतना गर्द चढ़ गया है कि अब सहज भी अत्यंत दुर्लभ हो चुका है। इस बौद्धिक गर्द को झाड़कर स्वयंस्फूर्त बुद्धि और विवेक को जाग्रत् करने का कार्य संस्कारों से होता है। वर्तमान भारत के शिक्षा और संस्कार के क्षेत्र में उदीयमान सूर्य श्री दीनानाथ बत्रा ने सनातन भारतीय जीवन के मूल्यों को पश्चिम के प्रभाव से मुक्त मस्तिष्क से समझने-समझाने का सफल प्रयास किया है। अध्यापक होने के नाते दीनानाथजी का कार्य अधिकतर शिक्षा के क्षेत्र में रहा है, परंतु शिक्षा को उन्होंने न केवल ज्ञानवर्धन की सीमा से निकालकर विद्या, विवेक और संस्कारों के निर्माण का साधन बनाया, वरन उसके माध्यम से समस्त प्रकृति से समन्वित जीवन की रचना करने का मार्ग भी प्रशस्त किया है। 'तेजोमय भारत' के माध्यम से उन्होंने बचपन से ही राष्ट्र एवं समाज के प्रति अगाध श्रद्धा, प्रेम एवं समर्पण के भाव को जाग्रत् किया है। न केवल शिक्षा, परंतु अन्य सांस्कृतिक, सामाजिक एवं राजनीतिक विषयों के प्रति भारतीय दृष्टिकोण उनके वक्तव्यों, लेखों एवं चर्चाओं में स्पष्ट दृष्टिगत होता है।

समाज के तथाकथित पढ़े-लिखे श्रेष्ठ वर्ग की भूमिका के विषय में उन्होंने स्पष्ट सनातन दृष्टि प्रस्तुत की है। बार-बार उन्होंने इस सिद्धांत की व्याख्या की है कि न तो बुद्धि का अभिमान (बुद्धिमान) होना चाहिए और न ही बुद्धि को जीविकोपार्जन का साधन बनने देना होगा (बुद्धिजीवी)। वास्तव में, जाग्रत् बुद्धि का तो अपना धर्म है, जो प्रकृति के नियमों को भलीभाँति समझकर नई पीढ़ी को समझाने और उसका परिष्कार करने का है। इसीलिए दीनानाथजी बुद्धिमान एवं

बुद्धिजीवी शब्दावलियों को नकारते हुए, बुद्धिधर्मी शब्द का प्रयोग करना अधिक उचित मानते हैं। वास्तविकता यह है कि आदर्श बुद्धिधर्मी का प्रतिरूप दीनानाथजी स्वयं हैं।

राष्ट्रीय स्वयंसेवक संघ से बाल्यकाल से ही संस्कारित एवं प्रशिक्षित दीनानाथजी का जीवन केवल बौद्धिक नेतृत्व प्रदान करने तक ही सीमित नहीं रहा। उन्होंने उदाहरण प्रस्तुत किया है कि किस प्रकार से विद्वत्ता एवं विवेक को आधार बनाकर सामाजिक कार्य में भी सफल एवं सार्थक प्रयोग किए जा सकते हैं। अपने अध्यापन के जीवन-काल में उन्होंने अनेक प्रयोग करके विद्यार्थियों के व्यक्तित्व में समाज और राष्ट्र के प्रति दायित्व-बोध के संस्कार दिए हैं। अध्यापक जीवन के सभी सफल प्रयोगों को उन्होंने पुस्तिकाओं के रूप में लिपिबद्ध किया है और बचपन से ही भविष्य के राष्ट्र समर्पित सफल जीवन की नींव रखने की कार्य-प्रणाली की विस्तृत व्याख्या की है। इसके लिए दीनानाथजी मुख्य रूप से दो सिद्धांत सूत्र रूप में प्राय: सभी को गुरुमंत्र की तरह देते हैं—दैनिक जीवन में देशभक्ति और दैनिक जीवन में अध्यात्म। दोनों के मिश्रण से जो व्यक्तित्व बनता है, वह शुद्ध भारतीय आत्मा है।

दीनानाथ बत्राजी भारतीयता के विषयों को भावनात्मक स्तर पर कम और तार्किक स्तर पर अधिक प्रस्तुत करते हैं। जन्मदिन पर बच्चे मोमबत्ती न जलाएँ, इसके लिए वे पश्चिम की प्रथा की निंदा न करके, बौद्धिक स्तर पर अनुचित सिद्ध करते हैं। विद्या की लालसा करनेवाले शिक्षार्थियों के लिए संस्कृत का ज्ञान वे केवल इसलिए अनिवार्य नहीं मानते कि संस्कृत प्राचीन भारत की भाषा रही है, परंतु वे इसे इस आधार पर समझाते हैं कि प्राचीन भारतीय ग्रंथ ज्ञान और विद्या के अनंत भंडार हैं और उन तक पहुँचने के लिए संस्कृत का ज्ञान अनिवार्य है।

भारतीय समाज में भारतीयता के आधार पर ही जीवन रचना हो, ऐसा उनका दृढ़ विश्वास है, जिसके लिए वे एक बौद्धिक योद्धा के रूप में भी उभरकर आए हैं। उन्होंने भारतीयता को मिथ्या प्रस्तुत करनेवाली पुस्तकों, चाहे वे विदेशियों द्वारा लिखी गई हों या भारतीयों द्वारा, का सफल विरोध किया है। यह कहना अतिशयोक्ति नहीं होगी कि आज का प्रकाशक हिंदुत्व और भारतीयता से संबंधित किसी पुस्तक के प्रकाशन के पूर्व यह विचार करना अनिवार्य समझेगा कि क्या इसकी विषय-वस्तु दीनानाथ बत्रा के मापदंडों पर खरी उतरती है या नहीं! हिंदुत्व विरोधी पुस्तकों का उन्होंने केवल विरोध ही नहीं किया, परंतु अपनी लेखनी से उनके विकल्प भी

राष्ट्र को दिए हैं। अनेक राज्य सरकारों ने उनके परामर्श को मानते हुए विद्यालयों की शिक्षा में उनके द्वारा लिखित पुस्तकों का अध्यापन आरंभ किया है। इसे भविष्य के एक नए भारतीय समाज की रचना का शुभारंभ माना जा सकता है।

दीनानाथजी की कार्यशैली में सक्रियता के तीन स्तर स्पष्ट होते हैं—प्रथम स्थान बौद्धिक सक्रियता का है, जिसमें अध्ययन और श्रवण के आधार पर व्यक्तिगत स्तर पर चिंतन और मंथन करने का आग्रह वे करते हैं। कई विद्वान् इसे बौद्धिक जुगाली का नाम भी देते हैं। इस बौद्धिक क्रिया से वैचारिक सक्रियता की उत्पत्ति होती है, जिसके अंतर्गत नए विचारों की उत्पत्ति, पूर्व के विचारों की पुष्टि एवं अनुचित सोच का ध्वंस आता है। अनेक विद्वान् लोग अपने जीवन कार्य को अधिकतम इन दो स्तरों पर ही सीमित कर लेते हैं, परंतु दीनानाथजी ने सामाजिक सक्रियता को वैचारिक और बौद्धिक सक्रियता का आधार बनाकर प्रस्तुत किया है। उनका मानना है कि चिंतकों की समाज में महत्त्वपूर्ण भूमिका है, परंतु सभी विचारक समाज क्षेत्र में सक्रिय हों, ऐसा संभव नहीं है। उनका कहना है कि सोचना भी सक्रियता है, परंतु हमारे चिंतन में उदारता, सहनशीलता और बहुआयामी दृष्टि होनी चाहिए। उन्होंने बौद्धिक कार्यकर्ता के सात गुण बताए हैं—

1. चिंतन का स्वभाव
2. विचारों की स्पष्टता
3. शैक्षणिक दक्षता
4. सामाजिक सक्रियता के लिए जोश
5. संवाद के माध्यम से न केवल दिल जीतना, परंतु दिमाग भी जीतना
6. तर्क करने की निपुणता
7. खंडन करने की क्षमता

समाज के अधिक शिक्षित वर्ग के बुद्धिधर्म की एक भूमिका दीनानाथजी सामाजिक विमर्श के प्रसार में भी मानते हैं। पंचनद शोध संस्थान जैसी संस्थाओं की स्थापना और उनके कार्यों में आपकी सक्रिय सहभागिता रही है। टेलीविजन की चर्चाओं में एंकर करनेवालों के द्वारा विवाद एवं वितंडावाद उत्पन्न करने की प्रवृत्ति की वे बारंबार भर्त्सना करते हैं। उनका मानना है कि सामाजिक संवाद का रूप सत्संग के समान होना चाहिए, जिसमें सुसंवाद के माध्यम से विषयों का विश्लेषण हो और संभव हो तो सहमति बने। असहमत होते हुए भी विरोधी पक्ष का यथोचित मान-सम्मान विमर्श में रहे, ऐसा विमर्श दीनानाथजी प्रस्थापित करते हैं।

स्वयंसेवक होते हुए अध्यापन, विद्या भारती, पंचनद शोध संस्थान, शिक्षा बचाओ आंदोलन एवं शिक्षा संस्कृति उत्थान न्यास आदि अनेक संस्थाओं के माध्यम से दीनानाथजी ने अपने राष्ट्र के भारतीयकरण के आंदोलन को जो दिशा और योगदान दिया है, वह अनुकरणीय है। भारतीयता विरोधी शक्तियों के विरुद्ध दीनानाथजी आज एक सफल बौद्धिक योद्धा एवं सामाजिक कार्यकर्ता की अडिग चुनौती के रूप में विद्यमान हैं।

□

# प्रकृति से संबंधों का उत्सव है गोवर्धन पूजा

प्राचीन ऋषियों, मुनियों ने मानव को ऐसा मौलिक दर्शन दिया है, जिसमें मनुष्य जीवन को उत्सव मानकर जीता है और इन उत्सवों से अपने अंदर नव-स्फूर्ति का संचार कर लेता है। हर वर्ष अनेक ऐसे उत्सव आते हैं, जो आभास कराते हैं कि हम प्रकृति का ही एक अभिन्न अंग है, इसलिए प्रकृति के अनुसार ही जीवनयापन से मानवता का विकास है। कार्तिक मास में दीपावली, करवाचौथ, धनतेरस, रूप चौदस, अन्नकूट, भाईदूज, आँवला नवमी, बैकुंठ चतुर्दशी तथा कार्तिक पूर्णिमा जैसे अनेक पूजन और त्योहारों के साथ एक महत्त्वपूर्ण उत्सव गोवर्धन पूजा का है। वास्तव में, गोवर्धन पूजा मनुष्य एवं प्रकृति के अटूट संबंधों का पर्व है। यह पर्व संदेश देता है कि समस्त प्रकृति पर्वत, नदियाँ, वन्य प्राणी, पेड़-पौधे सभी ही देव तुल्य हैं एवं पूज्य हैं। आमजन को समझाने के लिए इस उत्सव का प्रसंग कृष्ण की लीला से जुड़ा हुआ है, जब कृष्ण ने गोपियों और बृजवासियों की रक्षा अतिवृष्टि से की थी। कृष्ण का स्पष्ट संदेश था कि वर्षा होने या न होने में प्रकृति की भूमिका है, न कि कोई दैविक वरदान या श्राप।

भारत के सभी प्राचीन ग्रंथों में प्रकृति और उसके विभिन्न अवयवों का संवर्धन करने का उपदेश बार-बार दिया जाता है, परंतु बुद्ध धर्म ने इसकी प्रस्तुति अति उत्तम की है। भगवान् बुद्ध के अनुयायी दक्षिण भारत के संत नागार्जुन ने 'प्रतीत्यसमुत्पाद' शब्दावली का प्रयोग करके इसकी सुंदर व्याख्या की है। इसके दो अर्थ निकलते हैं—पहला यह कि इस सृष्टि में सबकुछ अन्य सब पर निर्भर है कुछ भी या किसी का भी पूर्ण स्वतंत्र अस्तित्व नहीं है। दूसरा अर्थ, इससे भी

महत्त्वपूर्ण रहस्य का उद्घाटन करता है अर्थात् सबकुछ सबसे जुड़ा हुआ है । इंटरनेट के इस 'कनेक्टेड' विश्व में सृष्टि का यह रहस्य अधिक समझ में आता है। गोवर्धन पूजा भी इसी जीवन मीमांसा का व्यावहारिक पक्ष प्रस्तुत करती है।

पशुओं में पूरी सृष्टि में एक ही पशु ऐसा है, जिसका पूर्ण जीवन एवं समूचा वंश सृष्टि की सेवा में लगता है। इस वंश की जननी गाय को इसीलिए हम सब 'गौमाता' के नाम से पुकारते हैं। गऊ का न केवल दूध परंतु उसका मूत्र एवं गोबर भी मनुष्य के लिए अत्यंत उपकारी और लाभकारी है। गौ का गोबर अत्यधिक उपजाऊ खाद बनाने में काम आता है। गौवंश के दोनों नर और मादा अर्थात् बैल और गऊ मानव के लिए हजारों वर्षों से जीवनदायक की भूमिका में हैं। पारंपरिक रूप से खेती का आधार ही एक जोड़ी बैल माने गए हैं। यही नहीं, यातायात का साधन भी बैल आधारित ही था।

आधुनिक वैज्ञानिकों ने आयुर्वेद के इन सिद्धांतों को सिद्ध करके देख लिया है कि गौमाता के मूत्र पर आधारित अनेक औषधियाँ आज के रोगों का सफल उपचार करती हैं। रूस के वैज्ञानिक यह जानकर आश्चर्यचकित रह गए कि गाय के गोबर से लेप किए हुए कपड़े और घर अणु ऊर्जा की हानिकारक किरणों से बचाव करते हैं। हमारे देश के अनेक अर्थशास्त्रियों ने ऐसे व्यावहारिक मॉडल तैयार किए हैं, जिनका प्रयोग करने से सीमित मात्रा में गौवंश का पालन करने से परिवारों का पालन-पोषण अत्यंत सुविधा से संभव है। गाय के गोबर पर आधारित जैविक कृषि एवं गोबर गैस यंत्र ग्रामीण क्षेत्रों में मौलिक परिवर्तन का सूत्रपात कर रहे हैं। मनुष्य के लिए गौवंश का महत्त्व और उपयोग इतना अधिक है कि हमारे ऋषियों-मुनियों ने कामधेनु की कल्पना की, अर्थात् सभी आवश्यकताओं की पूर्ति करनेवाला सृष्टि का यह अत्यंत सरल एवं सहज जीव—गौमाता।

यही कारण है कि भारतीय समाज में दीपावली के आनंदमय उत्सव के पश्चात् गोवर्धन पूजा का प्रावधान है, मानो मनुष्य गौवंश का आभार प्रकट कर रहा हो कि हे गौमाता, तेरे ही कारण मैं हूँ। इसीलिए भारतीय जीवन-दर्शन के सार को स्वयं महात्मा गांधी ने प्रकट करते हुए कहा कि प्रकृति में हम सबके लिए सबकुछ है, परंतु हमारे लोभ के लिए कुछ भी नहीं है। हमें प्रकृति का पोषण करना चाहिए, न कि शोषण। इसलिए गौवंश का वध करके व्यापार करना केवल मात्र पाप नहीं है, परंतु यह तो पूरी सृष्टि के प्रति अपराध है। एक दृष्टि से यह आत्मघात है। इसलिए गोवर्धन पूजा के इस शुभ उत्सव पर हम सबको गौमाता

के वंश के प्रति अपना श्रद्धा भाव प्रकट करते हुए उसके संरक्षण एवं संवर्धन का संकल्प लेना चाहिए। यही पूजा है और इसी का आनंद है। गोवर्धन पूजा के माध्यम से प्रकृति के पूजन का ही संदेश हमारे मनीषियों ने दिया है और हमें चाहिए कि समस्त प्रकृति को देवतुल्य मानकर उसका पूजन करें।

□

# सामाजिक संवाद का सशक्त माध्यम

**—सूचना एवं प्रसारण मंत्रालय**

प्रशासन एवं जनमानस में वैचारिक एवं सूचनाओं की सहभागिता लोकतंत्र की अनिवार्यता है। भारत सरकार की नीतियों, कार्यक्रमों एवं उपलब्धियों के प्रचार एवं प्रसार का दायित्व केंद्र सरकार के सूचना एवं प्रसारण मंत्रालय का है। इस अति महत्त्वपूर्ण विभाग का दायित्व जिन वरिष्ठ राजनीतिज्ञों ने समय-समय पर सँभाला है, उनमें प्रमुख हैं—श्री वसंत साठे, श्रीमती इंदिरा गांधी और श्री लालकृष्ण आडवाणी। वर्तमान में श्री प्रकाश जावड़ेकर सूचना एवं प्रसारण मंत्रालय का कार्यभार मंत्री के रूप में देख रहे हैं। इस मंत्रालय में कई मीडिया इकाइयाँ हैं, जो न केवल समाचार एवं विज्ञापन के प्रबंध का कार्य करती है, परंतु फील्ड पब्लिसिटी जैसे मीडिया विभाग भी हैं, जिनका कार्य जनमानस से प्रत्यक्ष वार्त्ता करके केंद्र सरकार एवं आम आदमी के बीच संवाद सेतु बनाने का है। मानव की संवाद की दुनिया में क्रांतिकारी परिवर्तन हुए हैं और वास्तविक दुनिया के साथ-साथ एक आभासी जगत् का भी निर्माण हुआ है, जो जनमानस के जीवन में अत्यंत महत्त्वपूर्ण भूमिका निभा रहा है। मोबाइल, टेलीफोन, नेट या नेट के बिना मोबाइल, नेट आधारित इंटरनेट ट्विटर और फेसबुक जैसे सामाजिक संवाद के माध्यमों से प्रसारित इन सूचनाओं ने व्यक्ति से व्यक्ति को जोड़ने का ऐसा कार्य किया है, जैसा मानव के इतिहास में पहले न तो हुआ है और न ही इसकी कल्पना की गई थी। संवाद के इन अभूतपूर्व परिवर्तनों से भारत सरकार का सूचना एवं प्रसारण मंत्रालय लगभग अछूता ही रह गया है। केंद्र में कोई भी सरकार हो और विशेषकर ऐसी सरकार, जो जनमानस के कल्याण के प्रति सबसे अधिक समर्पित है, उसके

लिए सूचना एवं प्रसारण मंत्रालय के माध्यम से आम जनता से संवाद करने का अभूतपूर्व ढाँचा उपलब्ध है। केवल संवाद के नवीन युग के अनुसार संगठनात्मक परिवर्तन एवं उद्‌देश्यों को पुन: परिभाषित करने की आवश्यकता है।

एक समय में आकाशवाणी एवं दूरदर्शन पूर्ण रूप से सूचना एवं प्रसारण मंत्रालय के अधीन कार्य करते थे। परंतु अभिव्यक्ति की स्वतंत्रता एवं मीडिया की स्वायत्तता को ध्यान में रखते हुए प्रसारण की दोनों संस्थाओं को प्रसार भारती ट्रस्ट के अधीन कर दिया गया। परंतु वास्तविक स्वायत्तता तो तब भी अधूरी रह गई, क्योंकि नई रचना में अर्थव्यवस्था का प्रावधान जानबूझकर नहीं किया गया, जिससे भारत सरकार पर निर्भरता बनी रहे। दूरदर्शन और आकाशवाणी का एक मुख्य कार्य समाचारों का प्रसारण एवं समसामयिक विषयों पर संवाद आयोजित करने का भी है। प्रसार भारती से पूर्व स्थिति को यथावत् रखते हुए समाचार प्रसारण का मुख्य काम भारतीय सूचना सेवा के जिम्मे ही रहा। यह सेवा केंद्रीय प्रशासनिक सेवाओं में से एक है और इसके अधिकारी भारत सरकार के कर्मचारी ही रहे। परिणाम यह हुआ कि प्रसार भारती का जो मूल उद्‌देश्य समाचारों में निष्पक्षता, वस्तुनिष्ठता एवं संतुलन रखने का था, वह पूर्णत: अनदेखा हो गया और समूचा उपक्रम सत्ताधारी पार्टी एवं उसके नेतृत्व का भोंपू बनकर रह गया।

पिछली शताब्दी के 60 एवं 70 के दशक में जो भूमिका आकाशवाणी ने कुछ क्षेत्रों के विकास में, विशेषकर कृषि की क्रांति ने निभाई, वह सब दूर की बात हो गई और देश के दोनों मुख्य जन प्रसारण के माध्यम मीडिया के बाजार में अप्रासंगिक से हो गए। भारतीय सूचना सेवा के अधिकारियों का प्रशिक्षण एवं उन्मुखीकरण भी सूचनाओं के प्रबंधक के रूप में हुआ, जबकि उनका वास्तविक कार्य संवाद विशेषज्ञ के रूप में होना चाहिए था। दूरदर्शन एवं आकाशवाणी का ढाँचा विश्व की प्रसारण संस्थाओं के मुकाबले सबसे बड़ा है। देश के कोने-कोने में एवं सुदूर क्षेत्रों में भी इसके केंद्र हैं और इनका सिग्नल पहुँचता है। उपकरण के मामले में भी दोनों प्रसारण संस्थाएँ उत्कृष्ट हैं, परंतु परोसी जानेवाली सामग्री अपूर्ण, पक्षपाती एवं विकृत है। मनोरंजन के लिहाज से भी दूरदर्शन एवं आकाशवाणी अपनी क्षमताओं के अनुसार न तो कलात्मक स्तर पर श्रेष्ठ है और न ही वैचारिक दृष्टि से राष्ट्रहित में।

एक व्याधि, विशेषकर दूरदर्शन को, और लगी। बजाय जनसंवाद की शैली में और जनहित में कार्य करने के, दूरदर्शन ने निजी टी.वी. चैनलों की भोंडी नकल

शुरू कर दी। परिणामस्वरूप दूरदर्शन न तो जनहित का चैनल बन सका और न ही पूरी तरह से व्यावसायिक या व्यापारिक चैनल। दूरदर्शन एवं आकाशवाणी के उद्देश्यों को वर्तमान परिस्थिति के अनुसार परिभाषित करके कार्यरत व्यावसायिक मानव संसाधन की सोच एवं कार्यशैली की भी नवीन व्याख्या करने की आज महती आवश्यकता है।

सूचना एवं प्रसारण मंत्रालय का एक और महत्त्वपूर्ण विभाग है—पत्र सूचना कार्यालय (पी.आई.बी.)। इसकी स्थापना समाचार-पत्रों एवं पत्रिकाओं को सरकारी समाचार एवं सूचनाएँ देने के लिए हुई थीं। ऐसी सामग्री पहले प्रेस विज्ञप्ति के रूप में बाँटी जाती थी और अब इंटरनेट के माध्यम से भेजी जाने लगी। केंद्रीय सरकार के हर मंत्रालय एवं बड़े विभाग में एक अधिकारी इस कार्य के लिए नियुक्त होता है। राज्यों एवं बड़े नगरों में भी पत्र-सूचना कार्यालय कार्यरत है। बदलते परिवेश में समाचारों की तुरंत उपलब्धता के चलते पत्र-सूचना कार्यालय अप्रासंगिक लगने लगे हैं। परंतु इसका अर्थ यह नहीं है कि केंद्र सरकार में एक ऐसे विभाग की आवश्यकता नहीं है, जो विभिन्न निजी जनसंचार माध्यमों का उपयोग करते हुए, जनता तक केंद्रीय सरकार से संवाद बना सके। विकास संबंधी संवाद में समाचार-पत्रों, पत्रिकाओं एवं समाचार चैनलों के माध्यम से जनमानस की सहभागिता लेना अत्यंत महत्त्वपूर्ण कार्य पत्र--सूचना कार्यालय कर सकते हैं, केवल रचना एवं उद्देश्यों में वांछित परिवर्तन करना होगा।

इसी प्रकार हजारों करोड़ के बजटवाला विज्ञापन एवं दृश्य प्रचार निदेशालय (डी.ए.वी.पी.) है। यह निदेशालय भारत सरकार की विभिन्न योजनाओं का विज्ञापनों के माध्यम से प्रचार-प्रसार करता है। अनेक समाचार-पत्र एवं पत्रिकाएँ तथा टी.वी. चैनल इसके माध्यम से करोड़ों का बजट प्राप्त करते हैं। सिद्धांततः पब्लिसिटी के माध्यम से लोकतंत्र में जनमानस की विकास में सहभागिता बखूबी बनाई जा सकती है। परंतु डी.ए.वी.पी. तो न केवल चहेतों को विज्ञापन के माध्यम से उपकृत करने का जरिया बन गया है, वरन् भ्रष्टाचार का भी एक मुख्य स्रोत है। एक ओर पी.आई.बी. का कार्य समाचार एवं लेखों के माध्यम से विकास का संवाद बनाना है। वहीं डी.ए.वी.पी. को यही कार्य विज्ञापन के द्वारा करना होता है। प्रश्न केवल यह है कि संवाद सत्ताधारी पार्टी का, कुछ नेताओं का या कुछ असफल योजनाओं का हो या इसके माध्यम से अंत्योदय की कल्पना को साकार करने के लिए अंतिम जन से भी संवाद स्थापित कर उसकी विकास में सहभागिता सुनिश्चित हो।

सूचना एवं प्रसारण मंत्रालय का एक अत्यंत महत्त्वपूर्ण विभाग, जो वर्षों से उपेक्षित पड़ा हुआ है, वह है—क्षेत्रीय प्रचार निदेशालय। इसकी एक अत्यंत सुंदर एवं प्रभावी रचना थी। योजना के अनुसार देश के हर जिले में एक क्षेत्रीय प्रचार कार्यालय होगा, जिसमें एक प्रशिक्षित अधिकारी गाँव-गाँव जाकर जनमानस से प्रत्यक्ष बात करेगा, प्रदर्शनियों के माध्यम से विकास की योजनाओं की जानकारी देगा और सहभागिता के लिए प्रेरित करेगा एवं इसके लिए टी.वी. और फिल्म के माध्यमों का भी उपयोग करेगा। यही नहीं, क्षेत्रीय प्रचार संस्था का कार्य जनमानस के मन को टटोलकर और फीडबैक को केंद्र तक पहुँचाने का है। यह कार्य गाँव और ग्रामीण क्षेत्रों में अधिक है। इस पूरे विभाग को कई बार बंद करने की भी योजना बनाई गई। सौभाग्यवश यह विभाग बंद तो नहीं हुआ, परंतु सब प्रकार के साधनों की कमी से लगभग क्रियाहीन ही पड़ा है। वास्तव में, अनुभव भी बताता है और शोध से यह तथ्य सामने आया कि प्रत्यक्ष वार्त्ता ही संवाद का सबसे अधिक प्रभावशाली साधन है। कल्पना करें कि देश के हर जिले में एक सक्षम फील्ड पब्लिसिटी ऑफिसर हो, जो महीने में कम-से-कम 20 दिन सरकार द्वारा दिए गए वाहन का प्रयोग करके गाँव-गाँव तक जाकर न केवल केंद्र सरकार की बात जनमानस से करे, परंतु जनमानस की बात भी व्यवस्थित रूप से एकत्र कर क्षेत्रीय कार्यालयों के माध्यम से केंद्र तक पहुँचाए। इससे बेहतर फीडबैक न तो जनमत संग्रह के अध्ययन कर सकते और न ही सरकारी खुफिया संस्थाएँ। देश के हर जिले में केंद्रीय सरकार की एक टोली यदि आम आदमी से संवाद की निरंतरता का निर्माण करती है तो सारा राष्ट्र ही सुसंवादित होकर राष्ट्र के कार्य में सहभागी हो सकता है।

केंद्रीय सूचना सेवा में 489 अधिकारी वर्तमान में कार्यरत हैं। इन सबका कार्य केंद्र सरकार के सूचना संवाहकों का है, परंतु इस समय वे सब 'अधिकारी' की मानसिकता से कार्य करते हैं। इसी प्रकार अनेक कलाकार, लेखक, नाटककार एवं कुशल वक्ता सूचना-प्रसारण मंत्रालय के विभिन्न विभागों में कार्यरत हैं। जिस प्रकार के विकास की कल्पना वर्तमान केंद्रीय सरकार करती है, उसमें सामाजिक संवाद का महत्त्वपूर्ण कार्य है। सूचना और प्रसारण मंत्रालय के विभागों में वर्तमान की आवश्यकता के अनुसार संशोधन करने के साथ-साथ सोशल मीडिया विभाग की स्थापना करके बिल्कुल वैसे ही संवाद की निरंतरता कायम की जा सकती है, जैसा संवाद चुनाव के समय जनमानस में बना था। यदि सूचना एवं प्रसारण मंत्रालय

इस कार्य के लिए अपने को तत्पर पाता है, तो न केवल अनूठा उदाहरण प्रस्तुत किया जा सकता है, परंतु जनमानस की जिस सहभागिता की प्रधानमंत्री अपेक्षा करते हैं, उसको भी साकार किया जा सकता है।

भारत राष्ट्र के पुनरुत्थान के लिए राजनीतिक क्षेत्रों में जो अनुकूल वातावरण बना है, उसके लिए सूचना एवं प्रसारण मंत्रालय की मुख्य भूमिका तभी हो सकती है, जब इस मंत्रालय का पूर्ण रूप से नवीनीकरण हो। सबसे महत्त्वपूर्ण बात यह है कि निजी मीडिया तीव्र गति से सामाजिक संवाद का व्यापारीकरण करता जा रहा है। बाजार आधारित अर्थव्यवस्था के निर्माण की बजाय बाजार आधारित समाज ही निर्मित होता दिखता है। सूचना एवं प्रसारण मंत्रालय के माध्यम से सामाजिक संवाद के व्यापारीकरण को रोका जा सकता है। धीरे-धीरे एकात्म मानववाद आधारित सामाजिक रचनाओं के निर्माण में तीव्रता लाई जा सकती है।

□

# श्रीकांत जोशी : लक्ष्य को समर्पित एक सहज कार्यकर्ता

मा. श्रीकांतजी जोशी संघ के वरिष्ठ कार्यकर्ता एवं अधिकारी हैं, यह जानकारी मुझे थी, परंतु 1996 में पंचनद शोध संस्थान के हिसार अध्ययन केंद्र की एक संगोष्ठी में साक्षात् उनसे परिचय हुआ। संगोष्ठी में मा. श्रीकांतजी ने उत्तर-पूर्व की स्थिति पर जो ऐतिहासिक जानकारियाँ दीं, उससे सभागार में उपस्थित सभी विद्वान् चकित एवं भौचक्के रह गए। उत्तर-पूर्व में वर्षों के कार्य का अनुभव और उसका राष्ट्रवादी दृष्टिकोण से विश्लेषण बहुत ही अद्‍भुत था। कार्यक्रम के पश्चात् ऐसा लगा कि जैसे माननीय जोशीजी ने मुझे अपने संरक्षण में ले लिया। शीघ्र ही उनको अखिल भारतीय प्रचार प्रमुख का दायित्व मिला और उनसे निरंतर संपर्क बढ़ता गया। संवाद केंद्रों के कार्यकर्ताओं के प्रशिक्षण के दो कार्यक्रम उनके मार्गदर्शन में विश्वविद्यालय में संपन्न हुए। संवाद केंद्रों की संकल्पना जोशीजी ने धीरे-धीरे आगे बढ़ाई और उन्होंने विमर्श करने की अपनी कार्यशैली का प्रत्यक्ष उदाहरण प्रस्तुत किया।

वर्ष 2001-02 के आसपास औपचारिक एवं अनौपचारिक चर्चाओं में हिंदुस्थान समाचार का विषय बार-बार उठता रहा। एक बार दिल्ली बुलाकर उन्होंने कुछ समीक्षा के बाद मुझसे कहा कि पूरी जानकारियाँ एकत्र करके और विचार करके बताओ कि क्या हिंदुस्थान समाचार समिति को पुन: कार्यरत करना चाहिए? और यह भी आकलन करो कि क्या इसको कार्यरत किया जा सकता है या नहीं? मैंने पूछा कि आप मुझे इस कार्य के लिए कितना समय देते हैं तो उन्होंने हँसते हुए कहा कि या तो दौड़ते हुए धीरे चलो या चलते हुए दौड़ो। मैं संकेत समझ गया और दो सप्ताह में ही मैंने अपना अध्ययन पूरा किया और टेलीफोन पर उन्हें बताया कि

हिंदुस्थान समाचार को फिर से जाग्रत् तो करना ही चाहिए, परंतु यह कार्य इतना कठिन है कि असंभव ही लगता है। उन्होंने कहा कि कुछ समय बाद मैं हिसार आ रहा हूँ और तब इस विषय पर चर्चा करेंगे, तब तक आप थोड़ा और गंभीरता से चिंतन करें। लगभग एक महीने के पश्चात् जोशीजी हिसार पधारे और तीन घंटे से अधिक इस विषय पर चर्चा हुई और जोशीजी ने बताया कि हिंदुस्थान समाचार को पुनः खड़ा करना है, यह निर्णय हो चुका है। अब तो इसके लिए प्रयास करने प्रारंभ करने हैं।

मुझे याद है, पहाड़गंज के कार्यालय में एक बैठक हुई, जिसमें कॉरपोरेट की दुनिया से तीन लोग आए थे और उन्होंने हिंदुस्थान समाचार को कॉरपोरेट की दृष्टि से निर्माण करने का प्रभावी प्रस्ताव रखा। काफी देर चर्चा हुई और जोशीजी ने बिना कुछ कहे बैठक समाप्त कर दी। बाद में, जब मैंने उनसे उनकी खामोशी के बारे में पूछा तो उन्होंने कहा कि हमें समाचारों का व्यापार नहीं करना है और समाचार संवाद समिति को एक सामाजिक कार्य के रूप में खड़ा करना है। मेरे लिए यह वाक्य राम वाक्य की तरह सिद्ध हुआ और उसी दिन से मैंने पत्रकारिता एवं मीडिया के गैर-व्यापारी (नॉन बिजनेस) मॉडल के ऊपर काम करना प्रारंभ किया, जिसके फलस्वरूप भारत में ही नहीं, वरन् मैं सिंगापुर और ऑस्ट्रेलिया में अंतरराष्ट्रीय स्तर पर मीडिया की भारतीय अवधारणा एवं मीडिया के गैर-व्यापारी मॉडल की प्रभावी और सार्थक प्रस्तुतियाँ कर सका। इस कार्य में मेरे लिए ऊर्जा का स्रोत माननीय जोशीजी का वही वाक्य रहा।

समय बीतता गया और धीरे-धीरे हिंदुस्थान समाचार का कार्य बढ़ता गया। अनेक प्रांतों में हिंदुस्थान समाचार के कार्यालय स्थापित हुए एवं पत्रकार नियुक्त हुए, परंतु साथ-ही-साथ हिंदुस्थान समाचार को बहुभाषीय संवाद समिति बनाने का कार्य भी चलता रहा। इस दौरान जब भी कभी भेंट होती थी तो माननीय जोशीजी हिंदुस्थान समाचार में कार्यरत पत्रकारों की पत्रकारिता दृष्टि एवं लेखन की गुणवत्ता के विषय में प्रशिक्षण पर जोर देते थे। कई कार्यक्रमों में प्रशिक्षण का दायित्व उन्होंने मुझे और अन्य कार्यकर्ताओं को सौंपा। एक बात पर उनका आग्रह रहता था कि पत्रकारिता की आत्मा राष्ट्रहित ही होनी चाहिए। यही वे बार-बार हिंदुस्थान समाचार के कार्यकर्ताओं को भी समझाते थे।

माननीय श्री जोशीजी से लगभग 15 वर्ष के संबंधों में तीन बातें ऐसी हैं, जिनका अनुपालन मुझे करने योग्य लगता है। पहला तो ध्येयनिष्ठता है। जोशीजी

अपने लक्ष्यों को तय करने में समय लगाते थे, परंतु एक बार लक्ष्य तय हो जाए तो फिर उनको प्राप्त करने के लिए वे हर कदम उठाते थे। ऐसा ही संस्कार वे अपने सहयोगी कार्यकर्ताओं को भी बिना कहे, परंतु अपनी कार्य-प्रणाली से दे देते थे।

दूसरी शिक्षा जोशीजी से जो सीखने को मिली, वह है—कठिन कार्यों को करने की चुनौती लेना। मुझे ऐसा लगता है कि यदि जोशीजी चाहते तो आसानी से सहज और सरल कार्य करने का भी विकल्प ले सकते थे, परंतु ऐसे समय में जब सबने यह कहा कि हिंदुस्थान समाचार को जीवित करना असंभव है, उन्होंने कहा कि एक वर्ष दीजिए, प्रयास करता हूँ और एक तथाकथित असंभव काम को न केवल करके दिखा दिया, परंतु यह भी सिद्ध किया कि असंभव कार्य को भी सहजता से किस प्रकार किया जा सकता है। कहते हैं कि गंगा से हड्डियाँ वापस नहीं आतीं, परंतु जोशीजी ने तो मृत शरीर में जान डालकर चमत्कार ही कर दिया।

तीसरी शिक्षा कार्यकर्ताओं के सँभाल से संबंधित है। हिंदुस्थान समाचार के लिए अनेक कार्यकर्ताओं को रखने का कार्य निरंतर चलता रहा। कुछ ने अपेक्षा से बेहतर कार्य किया और जोशीजी की सराहना और शाबासी पाई, परंतु कई कार्यकर्ता ऐसे भी रहे, जो अपेक्षाओं पर खरे नहीं उतरे या अपेक्षा के अनुसार कार्य नहीं कर सके। ऐसे बंधुओं और बहनों को मैंने कभी जोशीजी द्वारा डाँटते हुए नहीं देखा। उनको प्यार से समझाते हुए ही उन्होंने उनको रास्ते पर लाया। सबसे बड़ी बात है कि प्रचारक होने के नाते उन्होंने हिंदुस्थान समाचार में कार्यरत किसी भी व्यक्ति को कर्मचारी नहीं माना। सभी को कार्यकर्ता बंधु ही माना, हालाँकि कुछ पत्रकारों ने अपने को कर्मचारी मानने का भी प्रयास किया।

माननीय श्रीकांतजी एक अत्यंत साहसी और कुशल प्रयोगधर्मी थे। छोटे और बड़े लक्ष्यों को प्राप्त करने के लिए वे कभी भी प्रयोग करने से नहीं चूकते थे, परंतु प्रयोग करने से पहले खूब सोच-विचार करते थे।

माननीय जोशीजी से मेरी अंतिम भेंट 22 दिसंबर, 2012 को प्रयागराज में हिंदुस्थान समाचार के निदेशक मंडल की बैठक में हुई। उनका स्वास्थ्य बहुत खराब था, खाँसी के कारण श्वास लेना भी कठिन हो रहा था। मौसम भी बहुत ठंडा था, परंतु फिर भी बैठक में उन्होंने अपने वक्तव्य के माध्यम से मार्गदर्शन दिया। जाते हुए जब मैंने उनको नमस्कार किया तो उन्होंने मेरी तरफ कुछ क्षणों तक आँख से आँख मिलाकर देखा, मानो वे कुछ कहना चाहते हों, परंतु फिर हाथ से जाने का इशारा किया। वे आँखें मुझे अभी भी साक्षात् दिखती हैं और जब भी मन में

कोई प्रश्न होता है तो उन आँखों में मैं उसका उत्तर ढूँढ़ने का प्रयास करता हूँ। परंतु समस्याओं के हल तो उनके जीवन से ही हम सबको प्राप्त हो जाते हैं।

मा. जोशीजी के लिए हमारी सबसे बड़ी श्रद्धांजलि यही होगी कि हिंदुस्थान समाचार मीडिया के जगत् में समाचारों और विचारों का एक मुख्य और विश्वसनीय स्रोत बने। देश-विदेश की सभी मुख्य भाषाओं में इसका कार्य संपन्न हो। सभी समाचार माध्यमों का कार्य इस समिति के द्वारा विश्व को प्राप्त हो। राष्ट्रवादी विचार एवं व्यवहार के निर्माण के लिए ऐसी संवाद समिति की आवश्यकता पूर्व की अपेक्षा वर्तमान में सर्वाधिक है। शायद जोशीजी ने इस प्रकार के भविष्य को देख लिया था, उनकी उसी दृष्टि को हम सभी को समझना चाहिए।

□

# तमोगुण से तपोगुण की यात्रा

एक परिवार है, जिसकी चार पीढ़ियाँ राजनीति में हैं, पाँचवीं पीढ़ी की तैयारी है। तीसरी पीढ़ी के युवा नेता से पूछा कि आपका परिवार साधारण परिवार से वर्तमान में अत्यधिक संपन्न परिवार बन चुका है। नोटों को गिनने के लिए भी कर्मचारी रखें हैं, फिर भी बोरियों में ठूँसने की जरूरत पड़ती है। यह तो बताओ, कितना धन आपके परिवार को चाहिए? व्यक्ति गंभीर प्रकृति का है, प्रश्न ने उसको सोच में डाल दिया। कहने लगा, 'गुरुजी, सोचकर बताऊँगा।' बहुत अरसे तक उसके दर्शन नहीं हुए। लगा कि बुरा मान गया, परंतु अचानक एक दिन आया, कुछ समय बैठकर वापस जा रहा था तो कहने लगा, 'गुरुजी, आपने उत्तर नहीं पूछा।' कहा कि छोड़ो भाई, कठिन प्रश्न था, पर उसने कहा कि मुझे तो जवाब देना है। उसका उत्तर साधारण मनुष्य की मूल प्रवृत्ति का जीता-जागता प्रमाण है। उसने कहा, 'गुरुजी, जितना ज्यादा होता है, उतना ही कम लगता है।' जाहिर है कि धन-संपदा का इतना संग्रह सद्कर्मों से तो नहीं होता। आवश्यकता से अधिक धन-संपदा एकत्र करने का मार्ग पाप ही हो सकता है।

मनुष्य पाप क्यों करता है? वह बुरे काम क्यों करता है? यही प्रश्न गीता में अर्जुन कृष्ण से करते हैं (अध्याय 3, श्लोक 36)। इस जिज्ञासा का समाधान कृष्ण ने किया, जो सनातन सत्य के रूप में आज भी प्रासंगिक है और भविष्य में भी रहनेवाला है। अर्जुन का प्रश्न तो और भी मार्मिक था, उसने पूछा था कि मनुष्य स्वयं न चाहते हुए भी बलात् किससे प्रेरित होकर पाप का आचरण करता है? अगले 7 श्लोकों में कृष्ण ने दुष्कर्मों के करने का संपूर्ण मनोविज्ञान अर्जुन को समझाया है। रजोगुण अर्थात् भौतिक संसाधनों और सत्ता का लोभ ही पापकर्म को प्रेरित करता है। कामनाओं की प्रकृति ऐसी होती है कि उनकी जितनी पूर्ति करें, वे उतनी ही बढ़ती हैं, "जितना अधिक होता है, उतना ही कम लगता है।" कृष्ण ने यह

भी बताया कि न चाहने पर भी मनुष्य पाप का आचरण क्यों करता है। जिस प्रकार धुआँ अग्नि को छिपा देता है, शीशे को मिट्टी के छोटे कण ढक देते हैं, उसी प्रकार ज्ञान को अदृश्य या अप्रभावी करने के लिए कामनाएँ अपना कार्य करती हैं। यहाँ तक कि अत्यंत ज्ञानी और विद्वान् पुरुषों के उच्च कोटि के ज्ञान को भी कामनाएँ सुप्त कर देती हैं और स्वयं मनुष्य की सोच और व्यवहार को अपने नियंत्रण में कर लेती हैं। कृष्ण ने और भी व्याख्या करते हुए अर्जुन को समझाया कि ये कामनाएँ तीन स्थानों पर वास करती हैं, इंद्रियाँ, मन और बुद्धि कामनाओं के वास स्थान हैं। भौतिक संसाधनों की भूख मन, बुद्धि और इंद्रियों को आच्छादित करके मनुष्य को अनुचित मार्ग पर चलने के लिए बाध्य कर देती हैं।

अर्जुन ने तो समस्या उठाई थी कृष्ण ने समस्या के न केवल कारण को उद्घाटित किया, परंतु उन्होंने इस व्याधि का उपाय भी बताया। यही गीता का एक महत्त्वपूर्ण उपदेश भी है। कृष्ण ने अर्जुन को कहा कि इंद्रियों को वश में करके इन कामनाओं का विनाश करना चाहिए, जिससे कि मन और बुद्धि का ज्ञान और विज्ञान जीवित रह सके। इस प्रक्रिया की व्याख्या करते हुए कृष्ण ने कहा कि इंद्रियों की स्वच्छंदता से काम उत्पन्न होता है। असीमित कामनाओं की पूर्ति न होने पर क्रोध बनता है, जिससे निराशा, घृणा, अलगाव एवं अवसाद की स्थिति उत्पन्न होती है और मनुष्य असामाजिक और अमानवीय व्यवहार करने में लिप्त हो जाता है। इंद्रियों की स्वच्छंदता को नियंत्रित करें तो मन की शुद्धि होती है और शुद्ध मन से बुद्धि जाग्रत् और सचेत हो जाती है। बुद्धि से आगे तो आत्मा ही है। यदि बुद्धि आत्मा के सूक्ष्म, बलवान और श्रेष्ठ चरित्र को समझ लेती है तो मन भी उद्वेलित होने से बचता है, शांत मन इंद्रियों की पकड़ से बाहर रहता है और उनको घोड़े की लगाम की तरह अपने नियंत्रण में रखता है, जिस कारण से मनुष्य न तो तमोगुणी होता है और न ही रजोगुणी, उसकी सोच और व्यवहार तपोगुण से प्रेरित होता है। वास्तव में, आनंदित जीवन के लिए सांसारिक वस्तुओं की आवश्यकता नहीं होती। कामनाओं का प्रबंधन ही जीवन को आनंदमयी बनाने का मार्ग है, तमोगुण से या तो सीधे तपोगुण तक जाने का मार्ग प्रशस्त करना चाहिए या फिर क्रमशः तमोगुण से रजोगुण या फिर रजोगुण से तपोगुण पर जाना। रजोगुण पर विश्राम करना व्यक्ति के स्वयं, समाज, मानवता और सृष्टि के लिए घातक है। विकास की यात्रा का अंतिम पड़ाव तो तपोगुण की साधना है।

□

# राष्ट्र की विजिगीषा जगाने की अनिवार्यता

श्रीकृष्ण के गीता उपदेश से पूर्व का अर्जुन और संवाद के बाद का अर्जुन—दोनों ही एकदम विभिन्न व्यक्ति हैं। कौरव सेना में अपने अग्रजों और संबंधियों को देखकर अर्जुन हतोत्साहित होकर युद्ध न लड़ सकने की बात कृष्ण से कहते हैं। परंतु कृष्ण ने उसका चित्त, मन और मस्तिष्क इस प्रकार बदला कि उसके बाद अर्जुन को विजय-ही-विजय दिखाई दी। अर्जुन की यह यात्रा जिजीविषा से विजिगीषा तक की है, अर्थात् केवल मात्र जीने का उद्‌देश्य या फिर जीवन के हर क्षेत्र में उद्‌देश्यों की प्राप्ति के लिए दृढ़ संकल्पित एवं परिश्रमी होना। मनुष्य के व्यक्तित्व का एक महत्त्वपूर्ण अंग विजिगीषा अर्थात् केवल विजय की ही आकांक्षा हो, अत्यंत महत्त्वपूर्ण है। जिजीविषा अर्थात् केवल जीने की तमन्ना और विजिगीषा विजय की आकांक्षा रूपी गुण व्यक्ति का तो है ही, परंतु राष्ट्र की प्रवृत्तियों के भी द्योतक हैं।

जवाहरलाल नेहरू की विश्व से अनेक आकांक्षाएँ और अपेक्षाएँ रही होंगी, परंतु राष्ट्र विजयी हो, ऐसा उन्होंने सोचा नहीं और इसके कारण 1962 में पूरे राष्ट्र का मस्तिष्क शर्म से झुक गया था। परंतु 1965 के युद्ध में लालबहादुर शास्त्री और 1972 के युद्ध में इंदिरा गांधी ने और 1999 के कारगिल युद्ध में अटल बिहारी वाजपेयी ने विजिगीषा का तीव्र प्रदर्शन करके शत्रु राष्ट्र को पराजित करते हुए, देश का गौरव बढ़ाया।

हर कार्य में श्रेष्ठतम सफलता की प्राप्ति के लिए दृढ़ संकल्प होना एवं अपनी क्षमताओं का विकास करना हर सामाजिक समूह के लिए अनिवार्य है, अन्यथा समय के अनुसार अनेक जातियाँ और संस्कृतियाँ विलुप्त भी हुई हैं। रघुवंश में कालिदास ने राजा के गुणों का वर्णन करते हुए लिखा है कि 'राजा यश प्राप्ति

के लिए विजय की आकांक्षा रखनेवाला होना चाहिए।' परंतु यह भी सत्य है कि विजिगीषा का गुण मनुष्य को जन्म से प्राप्त नहीं होता। इसके लिए प्रारंभ से ही उचित संस्कारों का व्यक्तित्व में समावेश अनिवार्य है। विजिगीषा का गुण प्राप्त करने के अनेक साधन हो सकते हैं, परंतु संघ में शाखा के माध्यम से स्वयंसेवकों में जीत का ही संस्कार डालने का कार्य प्रभावी रूप से होता है। शारीरिक हो या बौद्धिक, गीत हो या समता, चर्चा हो या कार्यक्रमों का आयोजन संघ में स्वयंसेवक श्रेष्ठतम सफलता प्राप्त करने का ही स्वभाव बनाता है। शेष समाज और यहाँ तक कि विरोधी भी इस बात को तो स्वीकार करते ही हैं कि संघ का हर कार्यकर्ता अपने-अपने कार्य में न केवल दक्ष होता है, परंतु उसकी योजना, कार्यविधि एवं कर्मठता उसे सदैव सफलता के मार्ग पर ले जाती है। आवश्यकता तो यह है कि विजिगीषा का गुण एवं स्वभाव राष्ट्र के बच्चे-बच्चे में जाग्रत् हो और शत्रु एवं विरोधी को परास्त करने का दृढ़ संकल्प समाज के हर वर्ग का बने, परंतु राष्ट्र के उत्थान की हर योजना को श्रेष्ठतम सफलता की विजय प्राप्ति हो, ऐसा भी वातावरण बनाने की आवश्यकता है।

इतिहास में अनेक ऐसे उदाहरण हैं, जब विजय की आकांक्षा थी तो सफलता प्राप्त हुई और यदि कहीं संकल्प में दुर्बलता थी तो मुँह की खानी पड़ी। छत्रपति शिवाजी ने यदि पहला वार न किया होता तो अफजल खाँ उनका वध करने या बंदी बनाने में सफल होता। इसी प्रकार जब अलाउद्दीन खिलजी पद्मिनी को देखने महल में आया तो उसका राजपूतों ने वध नहीं किया और बाद में दो हजार राजपूत बहनें जौहर कर अग्नि को समर्पित हुईं और चित्तौड़ मुगलों के अधीन हो गया। यदि उस समय के राजपूतों में विजिगीषा की प्रवृत्ति तीव्र होती तो अलाउद्दीन जिंदा नहीं लौटता। मोहम्मद गौरी को पृथ्वीराज चौहान ने बंदी बना लिया होता या उसका वध कर दिया होता तो शायद भारत का इतिहास ही और होता, क्योंकि विजिगीषा के गुण में उचित अवसर पर शत्रु को नष्ट करने का भी प्रावधान है।

विश्व के वर्तमान परिदृश्य का संदर्भ लें तो एक तथ्य स्पष्ट उभरकर आता है कि मुसलिम जेहाद मानवता के लिए बहुत बड़ी चुनौती बन चुका है। घोषित एवं अघोषित रूप से एक बहुत बड़ा अभियान गैर-मुसलिमों को मूल रूप से नष्ट करने का चल रहा है। परंतु जिन समाजों और राष्ट्रों को इसका सबसे बड़ा खतरा है, वे ही विजिगीषा विहीन हो गए हैं। अधूरे और कमजोर प्रयास करने से जेहाद को नष्ट नहीं किया जा सकता। आज वैसी ही त्रिजिगीषा के प्रदर्शन का समय है,

जैसा हमारे वैज्ञानिकों ने परम कंप्यूटर एवं क्रायोजेनिक इंजन बनाने के लिए किया था और आशा से अधिक सफलता प्राप्त की थी। वह विजय थी, तथाकथित बड़े राष्ट्रों की दादागिरी पर। शत्रु को पहचानकर उसकी रणनीति का विश्लेषण करके, उसकी कमजोरियों का आकलन कर, उसको समूल नष्ट कर, विजय प्राप्त करने का वर्तमान से बेहतर कोई समय नहीं हो सकता।

□

# योग से योगा और आगे...

ऋग्वेद का यह आदेशात्मक उपदेश है कि संपूर्ण विश्व को आर्य बनाना है। यहाँ यह ध्यान रखने की आवश्यकता है कि आर्य शब्द वेदों में जातिसूचक नहीं है। यह एक विशेषण है, जिसका साधारण सा अर्थ है—श्रेष्ठ, महान्, आदर्श इत्यादि। मानव सभ्यता के वर्तमान के काल में यह उपदेश अत्यंत महत्त्वपूर्ण हो जाता है। मानव सभ्यता में कोई भी समय ऐसा नहीं था, जब आज जितनी हिंसा निरंतर और प्रतिदिन हो रही हो। विश्व में दो धार्मिक विश्वासों की जनसंख्या सबसे अधिक है—इसलाम और ईसाइयत। आज विश्व भर में इसलाम का आक्रामक स्वरूप लगभग हर कोने में स्पष्ट दिखता है। एक ओर तो इसलाम गैर-मुसलिमों पर साम-दाम-दंड-भेद का प्रयोग करके मत परिवर्तन के लिए संकल्पबद्ध है। कुरान शरीफ में दी गई अनेक हिदायतों को नजरअंदाज करते हुए, मुसलिम समाज एक बात पर केंद्रित होता है और वह कि अल्लाह का आदेश है कि जो तुम्हारे धर्म को नहीं मानता, उसके पास दो ही विकल्प छोड़ने चाहिए या तो वह इसलाम को कबूल करे या फिर उसका जीवन समाप्त करना ही हर मुसलिम का कर्तव्य है। कुरान शरीफ में यह आदेश है या नहीं, इसकी कोई जाँच करता नहीं है, परंतु आमतौर पर हर मुसलिम बच्चे को यह समझाने का प्रयास रहता है। ईसाई समाज में भी कुछ इसी तरह का प्रचलन है कि जो ईसा पर विश्वास नहीं करता, प्रयास करके उसको ईसाई बनाना ही चाहिए। वेद इससे विपरीत ही मार्ग बताते हैं। इसी कारण से ईसाइयत और इसलाम ने आक्रामक रुख अपनाए हैं, एक-दूसरे को नष्ट करने पर तुले हुए हैं, परंतु उनकी आंतरिक कलह भी आक्रामक और हिंसक है। विभिन्न विश्वासों के मुसलिम एक-दूसरे को ही नष्ट करते हुए दिखते हैं। ईसाइयत का भी कुछ-कुछ यही हाल है, परंतु वेदों में विश्वास रखनेवाला हिंदू बिना खड्ग

और बिना तलवार शांति से अपने विश्वास का विस्तार करने में विश्वास रखता है। यही कारण है कि वेदों में दिया गया योग का ज्ञान और विज्ञान दो वर्ष पूर्व विश्व के लगभग सभी राष्ट्रों ने स्वीकार किया है और 22 जून को पूरे विश्व में करोड़ों लोग योग का अभ्यास करते हैं। विश्व को श्रेष्ठ जीवन देने का यह एक अनुपम कार्य भारत ने बिना किसी योजना और बहुत अधिक प्रयास किए बिना ही संपन्न कर लिया है। योग की स्वीकार्यता मुसलिम देशों में भी है, हालाँकि कुछ कट्टरपंथी मौलवी योग को इसलाम विरोधी बताते हैं। हर्ष की बात है कि ऐसे दिशाभ्रमित कट्टरपंथियों की संख्या और प्रभाव अत्यंत सीमित है।

परंतु योग के वैश्विक स्वरूप को देखते हुए चिंता का विषय भी उठता है। प्रथम तो यह कि अधिकतर संदर्भों में योग केवल मात्र गिने-चुने आसनों तक सीमित रह गया है। पूरे यूरोप और अमेरिका में विक्रम योग या हाट योगा बहुत प्रचलित है। इस व्यवस्था में केवल मात्र 26 आसनों को प्रमुखता दी गई है। यहाँ तक कि प्राणायाम को भी केवल कुछ श्वास क्रियाओं तक सीमित कर दिया गया है। विदेशों में और अब तो भारत में भी जहाँ-जहाँ जिम अर्थात् उपकरणों पर आधारित व्यायामशालाएँ हैं, वहाँ योग का भी प्रावधान कर देते हैं। योग केवल मात्र शरीर को स्वस्थ, दुरुस्त और चुस्त रखने के प्रभावी साधन के रूप में ही वैश्विक स्तर पर जनजीवन तक गया है। मानव को श्रेष्ठ बनाने का अर्थात् आर्य बनाने का तो यह एक बहुत छोटा सा उपाय है। जिस योग की व्याख्या ऋषि याज्ञवल्क्य, व्रात्य, पतंजलि आदि अनेक ऋषियों-मुनियों ने की वह योग तो आत्मदर्शन का है, अपने अस्तित्व को पहचानने का है, आत्मा और परमात्मा के मिलन का मार्ग है, केवल शारीरिक प्रक्रिया नहीं है। इसमें यम, नियम, आसन, प्राणायाम, प्रत्याहार, धारणा, ध्यान और समाधि तो क्रमशः अभ्यास करने का साधन है। इसलिए जहाँ योग पूरे विश्व में स्वीकार्य हुआ है, उसके रूप को और गहराई से समूची मानवता तक ले जाने का कार्य भी भारत का ही है। 'योग' से 'योगा' हो गया, परंतु 'योगा' से फिर से 'योग' को स्थापित करना, हम सबके सम्मुख एक बड़ी चुनौती भी है और दायित्व भी है। कुछ हद तक भारतीय समाज में भी योग के विपरीत योगा का प्रचलन अधिक हो गया है, इसमें वर्तमान के आचार्यों की भूमिका भी अत्यंत महत्त्वपूर्ण रही है। टेलीविजन के माध्यम से हजारों के समूह को आसन करवाने का प्रयास करना एवं उसको योग का नाम देना, यह तो अनुचित है। योग का तो हर सोपान व्यक्तिगत है और गुरु और शिष्य परंपरा में विकसित होना इसकी प्रवृत्ति है।

ध्यान रखना होगा कि क्रमशः विश्व के सभी समाजों में योग का अभ्यास आसनों से आगे बढ़े और अंततः साधना और समाधि का मार्ग प्रशस्त करे।

दूसरी चिंता योग के विषय में उसके व्यापारीकरण की है। आज योग करवाना और सिखाना लाभ का सौदा हो गया है और उसको विभिन्न रूपों में मार्केटिंग के जरिए प्रसारित किया जा रहा है। वाशिंगटन में लेखक ने 7 दिन की योगा क्लास की और हरेक क्लास का शुल्क 50 डॉलर अर्थात् लगभग 3500 रुपए से अधिक था। जो योग उन कक्षाओं में कराया, वह केवल प्रारंभिक आसन ही थे, जिनको यंत्रवत् करने का प्रशिक्षण दिया गया। प्राणायाम के नाम से केवल लंबी और गहरी साँस लेने का अभ्यास करवाया। ॐ के बार-बार उच्चारण पर भी जोर दिया गया, परंतु यह सब करते हुए मन और बुद्धि का क्या करना, इसके विषय में कोई चर्चा नहीं थी। पश्चिम में तो योग के विषय में अनुसंधान भी बहुत कर लिया गया है। हड्डियों के एक प्रसिद्ध चिकित्सक ने तो एक पुस्तक ही बना डाली, जिसमें आसनों की विभिन्न कृतियों में मांसपेशियों की स्थितियों का चित्रों सहित वर्णन किया गया है। यह पुस्तक वहाँ के चिकित्साशास्त्र के महाविद्यालयों में पाठ्य-पुस्तक के रूप में पढ़ाई जाती है।

आजकल योग से जोड़कर मेडिटेशन का भी प्रचलन बढ़ा है। परंतु जैसे योगा, योग का अधूरा स्वरूप है, वैसे ही मेडिटेशन ध्यान की शायद प्रारंभिक अवस्था है। मेडिटेशन का उद्देश्य भी अंतर्मन से योग की स्थिति स्थापित करना नहीं रहता, अधिकतर मेडिटेशन को 'स्ट्रेस मैनेजमेंट' अर्थात् तनाव से मुक्ति के साधन के रूप में समझाया और करवाया जाता है। केवल पश्चिम में ही ऐसा हो रहा हो, ऐसा नहीं है, भारत में भी असंख्य संत-महापुरुष योग और मेडिटेशन की दुकानें चला रहे हैं। उनमें से बहुत से संत विदेशों में भी प्रसिद्धि प्राप्त हैं। हमारे शास्त्रों में तो योग मार्ग को मोक्ष प्राप्ति का और इस सृष्टि के सनातन सत्य को समझने का मार्ग बताया है। आज की सभ्यता पहले शरीर को खराब करती है और फिर आसनों के माध्यम से सुधार करने के प्रयास तक ही सीमित रहती है। उपभोगवाद को बढ़ावा देकर क्रोध और लोभ के कारण मनुष्य तनावग्रस्त होता है और तनाव की मानसिक व्याधि से छूटने के लिए मेडिटेशन का उपाय करवाया जाता है। योग के आंशिक भागों को व्यापार के रूप में प्रसारित करके मनुष्य को श्रेष्ठवान बनाने का कार्य या तो अधूरा रहेगा या फिर विपरीत दिशा में जाएगा।

चिंता का एक और विषय यह है कि बहुत कम तथाकथित योगाचार्य योग

को मूल ग्रंथों से पढ़ते, समझते और सीखते हैं। यहाँ तक कि विद्वानों की टीकाओं पर भी ध्यान कम जाता है, अधूरे एवं विकृत रूप में प्रस्तुत योग की पुस्तकों के आधार पर योग को सीखना और फिर सीखाना अपने आप में खतरे से खाली नहीं है। 'नीम-हकीम खतरा-ए-जान' अल्प ज्ञानी योगाचार्य योग को वास्तविक स्वरूप में प्रस्तुत करने में असमर्थ रहेंगे, इसलिए पूरे देश में योग की शिक्षा का प्रसार तो हुआ है, परंतु वह मौलिक ग्रंथों पर आधारित न होकर तीसरे या चौथे स्तर की व्याख्याओं पर आधारित है। विश्वविद्यालय अनुदान आयोग भी विश्वविद्यालयों में योग के पाठ्यक्रम चलाने एवं शोध करने के लिए आर्थिक सहायता दे रहा है, परंतु विश्वविद्यालय अनुदान आयोग का मूल कार्य उच्च शिक्षा में गुणवत्ता को बनाए रखने का है, इसलिए अनिवार्य रूप से योग की शिक्षा मौलिक ग्रंथों पर आधारित होना अनिवार्य हो।

क्योंकि सनातन भारतीय संस्कृति सृष्टि के मूल सत्य सिद्धांतों पर आधारित है, इसलिए पूरी मानवता को वह स्वीकार्य होगी ही, ऐसा बिना किसी शंका के कहा जा सकता है। क्योंकि भारतवासी इस ज्ञान परंपरा के वारिस हैं, इसीलिए उनके लिए यह अवसर भी है और चुनौती भी है कि वे इस संस्कृति के वास्तविक स्वरूप को विश्व के सम्मुख अपनाने के लिए प्रभावी रूप से प्रस्तुत करें। इसी प्रस्तुति में मनुष्य के संपूर्ण विकास का एक मार्ग योग का है, इसको पहले स्वयं हम समग्रता से समझें और फिर समग्र रूप से ही शेष मानवता को इसका पाठ पढ़ाएँ। आज तो इस पुण्य कार्य के लिए पारंपरिक जनसंचार माध्यम जैसे—रेडियो, टेलीविजन और समाचार-पत्रों के अतिरिक्त इंटरनेट और मोबाइल भी उपलब्ध हैं। मंजिल और मार्ग दोनों ही स्पष्ट दृष्टि में हैं, केवल समर्पित निष्काम कर्म की अपेक्षा हम सबसे है। □

# नारद का वास्तविक परिचय

नारद एक ऐसे पात्र हैं, जो भारतवर्ष के प्राचीन इतिहास के हर काल में महत्त्वपूर्ण भूमिका निभाते हैं। सतयुग में नारद राजा हरिश्चंद्र को आदर्श राजधर्म का मार्ग दिखाते हैं तो त्रेता में वे राम और रावण के माध्यम से दैत्यों (वर्तमान के आतंकी) के समूल संहार के घटनाक्रम को दिशा देते हैं। द्वापरयुग में तो नारद लगभग हर बड़ी घटना-दुर्घटना के सक्रिय सलाहकार के रूप में विद्यमान रहते हैं। भारतीय जनमानस का अत्यंत दुःखद दुर्भाग्य है कि पिछले दो सौ वर्षों में नारद जैसे आदर्श महापुरुष की छवि को विकृत कर दिया गया। दोष हमारा अपना है, मुगलों या अंग्रेजों को इस विकृति का जिम्मेवार नहीं ठहराया जा सकता।

नारद के विभिन्न रूपों को जब गहराई से समझने का प्रयास करते हैं तो स्पष्ट होता है कि उनको हास्यास्पद, जोकर और कलह करवाने में निपुण के रूप में प्रस्तुत करना न केवल बौद्धिक दिवालियेपन का परिचायक है, न केवल सामाजिक अपराध है, परंतु यह घोर पाप भी है। नारद को केवल खबरची के रूप में समाज के सामने रखना भी उनके बहुआयामी व्यक्तित्व के साथ घोर अन्याय है। सर्वाधिक पढ़े जानेवाले हिंदी के समाचार-पत्र ने 'नारदजी खबर लाएँ हैं' नामक स्तंभ अनेक वर्ष चलाया और जनमानस में नारद की छवि गुप्त सूचनाओं के माध्यम से राजनीतिक उथल-पुथल के संवाहक के रूप में बना दी। अब उचित समय और अवसर है, जब हम भारतीय प्राचीन इतिहास को खँगालकर वास्तविक नारद को समझें और समझाएँ।

नारद को प्राचीन भारत के हर काल में श्रेष्ठतम ऋषि के रूप में सम्मानित किया है। भगवद्गीता में कृष्ण अर्जुन को बताते हैं कि विभिन्न व्यक्तियों और वनस्पतियों में सर्वश्रेष्ठ कौन है। समझाने के लिए वह इस शिक्षा को अपने से

जोड़ते हैं। दसवाँ अध्याय के 24-26वें श्लोकों में कृष्ण कहते हैं कि वृक्षों में मैं बरगद का पेड़ हूँ, अर्थात् पेड़ों की श्रेणी में सर्वोपरि बरगद का वृक्ष है। अचल में कृष्ण हिमालय को सर्वश्रेष्ठ मानते हैं और वे कहते हैं, 'ऋषियों में मैं नारद हूँ', अर्थात् कृष्ण के मन में नारद का सम्मान सबसे अधिक है। कृष्ण को भगवान् का ही अवतार माना जाता है या फिर कम-से-कम एक अद्वितीय महापुरुष का स्थान उनको प्राप्त है ही। जिसको लीलाओं के पुरुषोत्तम कृष्ण ने सम्मान दिया हो, ऐसे पात्र को कलह करवानेवाला और हास्य का पात्र प्रस्तुत करना, किसी ऐसे षड्यंत्र की ओर ही इंगित करता है, जिसमें भारतीयों के गौरव बिंदुओं को ध्वस्त करने का प्रयास है।

भारतीय समाज में नारद की कैसी छवि थी, वह महाभारत में भीष्म ने युधिष्ठिर को बताया है। युधिष्ठिर शरशैया पर लेटे भीष्म से पूछते हैं कि ऐसा कौन है, जो सबको प्रिय है, सबके हृदय में प्रसन्नता का संचार करता है, कौन सर्वगुणसंपन्न है और किसको सब उपलब्धियाँ प्राप्त हैं? भीष्म कृष्ण और राजा उग्रसेन के संवाद का संदर्भ देते हैं, जिसमें उग्रसेन ने कृष्ण से पूछा था कि सब लोग नारद की इतनी प्रशंसा क्यों करते हैं? कृष्ण ने जो उग्रसेन को बताया, वही भीष्म ने युधिष्ठिर को कहा। लंबा उत्तर था, एक भाग उद्धृत है, 'नारद का शास्त्रों का ज्ञान और उसका आचार-व्यवहार उच्च श्रेणी का है तो भी उसे न तो घमंड है, न ही वह डींग हाँकता है। क्रोध, धृष्ट व्यवहार, भय और प्रमाद आदि से वे मुक्त है। नारद पूज्य है, क्योंकि वह अपने वचन से मुकरता नहीं है और वह वासनाओं और लोभ से पूर्णता मुक्त है। सब उसका सम्मान करते हैं, क्योंकि नारद अध्यात्म का विद्वान् है, क्षमावान है, सहज है और मधुरभाषी है...' यही नारद का वास्तविक परिचय है और ऐसी ही छवि उनकी वर्तमान में बनानी है।

पिछले कुछ वर्षों में पत्रकारिता के क्षेत्र में नारद की वास्तविकता की व्याख्या बड़े स्तर पर हुई है। जनसंवाद के आदर्श पुरुष के रूप में नारद की पहचान वर्तमान के मीडिया जगत् में क्रमशः बनती जा रही है। उनकी विदूषक और ठिठोलिया की भूमिका लगभग मिटा दी है। नारद का नया रूप एक सर्वश्रेष्ठ सूचनाओं के संवाहक का उभरा है। समाचार जगत् में कार्यरत प्रोफेशनलों को सत्यनिष्ठता, निष्पक्षता और वस्तुनिष्ठता का पाठ नारद के जीवन से सहज प्राप्त हो रहा है। एक अन्य पाठ नारद से लिया गया है, वह समाज हित और राष्ट्र हित से संबंधित है।

भारत में पत्रकारिता की परंपराएँ और सिद्धांत पश्चिम से पहले इंग्लैंड तथा

बाद में अमेरिका से अपनाई गई हैं। सत्यनिष्ठता, निष्पक्षता और वस्तुनिष्ठता पर तो आग्रह रहता ही, परंतु भारतीय मूल्यों के अनुसार समग्र रूप से समाज हित के सिद्धांतों पर पश्चिम का आग्रह नहीं रहता। पश्चिम के मीडिया का ध्येय रहता है—'खबर किसी भी कीमत पर।' पश्चिम के आचार-व्यवहार से प्रभावित हमारा पत्रकार तो यह मानता है कि उसका कार्य समाचार बनाना और प्रस्तुत करना है, उसका समाज पर क्या प्रभाव होता है, उससे उसका कोई लेना-देना नहीं है। पश्चिम का पूरा समाज वर्तमान में मीडिया में राष्ट्र हित और समाज हित की अनिवार्य की माँग कर रहा है। यूरोप और अमेरिका का लगभग संपूर्ण मीडिया मुसलिम देशों के साथ संघर्ष को अपने देश के हित में ही झुकाकर मीडिया में रखता है। नारद के जीवन से भी यही सीखने की आवश्यकता है—केवल सत्य ही प्रस्तुत करना है, असत्य से बचना है, परंतु जो सत्य समाज में बिखराव या निराशा लानेवाला हो, उसको उजागर नहीं करना है।

यहाँ विषय आता है—मीडियाकर्मियों में भरपूर मात्रा में विवेक होने की आवश्यकता। ऐसी समझदारी और ऐसा समर्पण, जो आज की संवाद की व्यवस्थाओं को राष्ट्र के पुनरुत्थान के हेतु प्रयोग करें, नारद से सहज सीखी जा सकती है। नारद केवल मात्र संवाद के वाहक ही नहीं थे, वे सम्मानित आचार्य, गुरु और परामर्शदाता भी थे। विभिन्न साधनों से प्राप्त जानकारी को केवल चटपटा बनाकर बिकने योग्य बनाना यह पत्रकारिता का एक स्तर का हुनर हो सकता है, परंतु इससे भी आगे प्रेषित जानकारी के दुष्प्रभाव का भी आकलन करने की निपुणता समाचार जगत् और उसमें कार्यरत प्रोफेशनलों को होनी ही चाहिए। इसका बहुत सटीक उदाहरण उस समय का है, जब पांडवों ने खांडन वन में सुव्यवस्थित राज्य स्थापित कर लिया और नारद युधिष्ठिर के दरबार में अकस्मात् पहुँचे। स्वागत की औपचारिकताओं के पश्चात् नारद महाराज युधिष्ठिर से राज्य के विषय में प्रश्न पर प्रश्न पूछते हैं। न तो नारद उत्तर की अपेक्षा करते हैं और न ही राजा उत्तर देते हैं। परंतु लगभग 150 प्रश्नों में नारद ने सुशासन, गुडगवर्नेंस के सभी सूत्र युधिष्ठिर को दे दिए। युधिष्ठिर तो स्वयं ज्ञानेश्वर और धर्म आधारित राज्य चलाने के मर्मज्ञ थे, परंतु यह संदर्भ इसलिए महत्त्वपूर्ण हैं क्योंकि समाज के बुद्धिजीवी वर्ग का दायित्व केवल प्रशासन का अनुसरण करना ही नहीं है, समय-समय पर नीतियों और क्रियान्वयन का आकलन भी होना चाहिए। मीडियाकर्मी बुद्धिजीवी वर्ग में हैं, परंतु शर्त यह है कि वह बुद्धिमान, अध्येता और विवेकशील हों।

नारद से एक और पाठ लेना चाहिए। सर्वविदित है कि नारद सभी लोकों में किसी भी दरबार, घर और शयनकक्ष में प्रवेश पाते थे। उनके पास कोई नारायण का दिया हुआ पहचान-पत्र या प्रवेश-पत्र नहीं था। वे स्वयं में एक सर्व स्वीकार्य 'बरैंड' थे। वर्षों के सराहनीय कार्य के बाद ही तो यह छवि बन पाई होगी। आज के आचार्यों और मीडियाकर्मियों के लिए यह मार्गदर्शिका है, चुनौती है।

एक और मिथक को स्पष्ट करना आवश्यक है। नारद एक व्यक्ति नहीं हो सकते। प्राचीन काल में मनुष्य की आयु एक हजार वर्ष भी मान लें तो भी एक ही नारद तीनों युगों में नहीं हो सकते। विश्वसनीय अनुमान यह लगाया जा सकता है कि हर काल में समाज में एक ऐसा व्यक्ति होता था, जो शास्त्रों का पूर्ण ज्ञाता, भूत-वर्तमान और भविष्य का निपुण विश्लेषक, त्यागी-तपस्वी, प्रवास-प्रिय, संगीतज्ञ और मधुरभाषी, पूर्ण रूप से स्वार्थहीन और परमात्मा का भक्त—इन सभी योग्यताओं एवं गुणों से संपन्न हो, वह नारद का कार्य करता था। हालाँकि वर्तमान में सामाजिक संवाद के लिए नारद जैसे कार्य के लिए व्यवस्था नहीं है, फिर भी रिजर्व बैंक के गवर्नर, नियंत्रक-महालेखा परीक्षक, मुख्य सूचना आयुक्त और मुख्य चुनाव आयुक्त अपने-अपने क्षेत्र में मिलता-जुलता कार्य ही करते हैं। इस परिषद् के अध्यक्ष का कार्य कुछ-कुछ ऐसा हो सकता है, पर नहीं है।

आज न केवल भारत में, अपितु पूरे विश्व में मीडिया की रचना, कार्य और परिणामों के विषय में चिंता है और विकल्पों की खोज है। दर्शक-पाठक-श्रोता, प्रशासन, मीडिया के मालिक, मीडियाकर्मी—सभी मीडिया की वर्तमान स्थिति से असंतुष्ट हैं। एक अवसर है कि भारतीय ज्ञान और संवाद परंपराओं तथा नारद के मूल्यों एवं कार्यशैली पर आधारित वर्तमान में उपलब्ध यंत्रों के प्रयोग से ऐसी मीडिया रचना बनाएँ, जो मनुष्य समाज को समग्र संवाद के माध्यम से एकात्म बनाएँ और मानव की क्रमिक विकास को दिशा और गति देकर नर से नारायण बनने का मार्ग प्रशस्त करें। नारद भी तो नारायण-नारायण का मंत्र ही मानवता को दे गए हैं।

□□□